Thomas Mirow (Hrsg.)

Wende in Europa: Ausblick auf eine neue Zeit

Berichte zur Lage der Nation

MURMANN

Klimaneutral
Druckprodukt
ClimatePartner.com/12752-1803-1001

Zum Ausgleich für die entstandene CO2-Emission bei der Produktion dieses Buches unterstützen wir die landesweite Bereitstellung von energieeffizienten Biomassekochöfen in Uganda. Die verbesserten Kochöfen verbrauchen erheblich weniger Brennmaterial und verringern so die Luftverschmutzung und die Umweltzerstörung, während gleichzeitig Treibhausgasemissionen eingespart werden.

Bibliografische Information der Deutschen Nationalbibliothek
Die Deutsche Nationalbibliothek verzeichnet diese Publikation in der Deutschen Nationalbibliografie; detaillierte bibliografische Daten sind im Internet über http://dnb.de abrufbar.

Lektorat: Evelin Schultheiß, Kirchwalsede
Druck und Bindung: Steinmeier GmbH & Co. KG, Deiningen
Printed in Germany

ISBN 978-3-86774-738-7

INHALTSVERZEICHNIS

Vorwort

Von Thomas Mirow

»Deshalb hat die Deutsche Nationalstiftung den Auftrag, … die Idee der deutschen Nation als Teil eines vereinten Europas zu stärken.«

(aus der Präambel zur Satzung der Deutschen Nationalstiftung)

»Les trente glorieuses«, die glorreichen Dreißig, so lautet ein in Frankreich populärer Begriff für den erstaunlichen Wiederaufstieg des Landes in den ersten drei Nachkriegsjahrzehnten. Dreißig vielleicht nicht glorreiche, aber doch überaus erfolgreiche Jahre liegen auch hinter uns Deutschen – friedlich wiedervereint und als Stützpfeiler einer stabilen Sicherheitsordnung respektiert, mit einer weithin anerkannten Führungsrolle in einem zusammenwachsenden Europa, getragen von einer beachtlich wettbewerbsfähigen Volkswirtschaft, die es ermöglichte, zugleich den Aufbau Ost und den weiteren Ausbau des Sozialstaats zu finanzieren.

Doch immer klarer wird nun: Die Zwanzigerjahre haben es auch in diesem Jahrhundert in sich. Deutschland und Europa bekommen es mit einem ganzen Bündel existenzieller Herausforderungen und drängender Fragen zu tun. Wie sich behaupten in einer ungeordneten, multipolaren Welt mit einem autoritär geführten China, das globale Supermacht sein will? Wie reagieren auf ein imperiales Russland, das mit militärischer Gewalt die nach dem Ende des Kalten Kriegs entstandene europäische Friedensordnung und ihre anerkannten staatlichen Grenzen grundlegend infrage stellt? Wie eine verlässliche atlantische Partnerschaft gestalten, wenn sich die Vereinigten Staaten außenpolitisch immer stärker Asien zuwenden und sich in ihrem Innern die gesellschaftliche und politische Spaltung stetig weiter vertieft? Wie die drängende Transformation von Wirtschaft und Gesellschaft zu Klimaneutralität und Digitalisierung bewältigen, ohne gefährliche soziale Verwerfungen zu riskieren? Wie mit den durch Kriege und Klimawandel sprunghaft anwachsenden globalen Migrationsbewegungen umgehen?

Jede einzelne dieser Entwicklungen wäre herausfordernd genug, um den ohnehin schon brüchiger gewordenen »Contrat social« in unseren Gesellschaften auf eine harte Probe zu stellen. Jetzt aber greifen Krisen und Umbrüche auf vielfältige Weise ineinander und drohen, die Grundfeste europäischer Gesellschaftsmodelle zu erschüttern.

An entsprechenden Warnzeichen herrscht schon heute kein Mangel. In Frankreich wurde Präsident Macron im April mit deutlich kleinerem Stimmenvorsprung vor seiner rechtsextremistischen Herausforderin gewählt als noch vor fünf Jahren. In den anschließenden Wahlen zur französischen Nationalversammlung verlor er seine parlamentarische Mehrheit. In Italien wurde Ministerpräsident Mario Draghi, Garant für ein verlässliches, reformbereites Italien, von den populistischen Kräften seiner Koalition gestürzt. In Großbritannien musste Premier Boris Johnson nur drei Jahre nach seinem fulminanten Wahlsieg zurücktreten – prima facie aufgrund seiner unseriösen Regierungsführung, aber wesentlich doch auch, weil sich der Brexit und die Coronapandemie in seinem Land zu einer bedrohlichen wirtschaftlichen und sozialen Krise verknüpft haben. Und bei uns in Deutschland sind die zwei traditionellen Volksparteien so geschwächt, dass sich erstmals drei, in vielen Grundüberzeugungen höchst unterschiedliche Parteien zusammenfinden mussten, um eine Bundesregierung zu bilden.

Russlands blutiger Angriffskrieg gegen die Ukraine – mit allen seinen direkten und indirekten schwerwiegenden Folgen für viele Teile der Welt – hat die epochalen Umbrüche unserer Zeit noch einmal dramatisch zugespitzt und dynamisiert. Wir stehen am Beginn einer neuen Zeit – und es ist kaum absehbar, wie Europa darauf reagiert: Werden die Zentrifugalkräfte noch weiter zunehmen? Droht nach dem Brexit eine lähmende Infragestellung der europäischen Einigung auch aus anderen Hauptstädten? Oder wird die wachsende Unordnung in der Welt zum Weckruf, der die Europäer veranlasst zusammenzustehen?

Unbestreitbar dürfte sein: Die Europäische Union ist für die Bewältigung der vor uns liegenden Aufgaben nicht gut gerüstet. Schon im Mai 2021, gut anderthalb Jahrzehnte nach dem gescheiterten »Europäischen Konvent«, hat die EU deshalb unter dem Titel »Konferenz zur Zukunft Europas« einen groß angelegten Bürgerdialog auf den Weg gebracht, der vor einigen Monaten mit der Formulierung von 49 »Forderungen« abgeschlossen wurde. In ihrem Mittelpunkt steht das Bemühen, bestehende Demokratiedefizite zu beheben und die Handlungsfähigkeit der Europäischen Union zu stärken. SPD, Grüne und FDP haben sich in ihrem Koalitionsvertrag vom November 2021 in diesem Zusammenhang zu weitreichenden Zielen bekannt. Dort heißt es: »die Konferenz sollte in einen verfassungsgebenden Konvent münden und zur Weiterentwicklung zu einem föderalen europäischen Bundesstaat führen.«

Nur wenige Monate später erscheint die deutsche Regierung in dieser Frage deutlich zurückhaltender. Kein Wunder. Deutschland dürfte mit einer solchen Sicht der Dinge weitgehend allein stehen. Die meisten EU-Mitgliedstaaten halten wenig von einer europäischen Föderation. War in den 1960er-Jahren Charles de Gaulle der Vorkämpfer eines »Europas der Vaterländer« und trat später das Vereinigte Königreich immer verlässlich auf die »Integrationsbremse«, sind es heute vor allem – wenngleich bei Weitem nicht ausschließlich – die mitteleuropäischen Staaten, die entschieden für eine Fokussierung auf Formen der intergouvernementalen Zusammenarbeit eintreten, für nationale Souveränität statt transnationaler Vergemeinschaftung (und – im Falle von Ungarn und Polen – zugleich für autokratische Führung statt liberaler Demokratie).

In zentralen Themenfeldern, etwa in der Wirtschafts- und Währungspolitik, in der Außen- und Sicherheitspolitik, in Fragen von Asyl und Zuwanderung geht es deshalb im Kern immer wieder um die Frage nach der Bereitschaft, nationale Souveränitätsrechte zugunsten einer größeren europäischen Handlungsfähigkeit abzugeben. Die intensive Debatte um die Ausweitung der Bereiche, in denen in der EU mit qualifizierter Mehrheit entschieden werden kann, zeigt: Gerade vor dem bedrohlichen Hintergrund des Krieges in der Ukraine spitzt sich ein Konflikt erneut zu, der unseren Kontinent seit den 1950er-Jahren begleitet – das Pro und Contra eines schrittweise föderierten und integrierten Europas versus einem Europa der Zusammenarbeit weitgehend souveräner Nationen.

Auch in diesem Jahr haben wir wieder führende Köpfe unserer Zeit – unter ihnen Mitglieder des Senats der Deutschen Nationalstiftung – gebeten, mit ihrer jeweiligen Expertise in relevanten Themenfeldern diese Fragen aufzugreifen, die gegenwärtige Situation sorgfältig zu analysieren und realistische Perspektiven für ein gestärktes Europa zu formulieren.

In ihrem Beitrag, der diesen Band eröffnet, geht die Politikwissenschaftlerin Daniela Schwarzer detailliert auf das historische Ringen zwischen europäischer Solidarität und nationalstaatlicher Verantwortung ein. Der frühere deutsche Außenminister und SPD-Vorsitzende Sigmar Gabriel analysiert mit einem weiten Blick die strukturellen Verschiebungen in der Weltpolitik. Der ehemalige stellvertretende NATO-Generalsekretär Heinrich Brauß beschreibt in seinem Beitrag, was geschehen muss, damit Europa seine äußere Sicherheit stärken und verteidigen kann. In einem von Martin Klingst geführten Interview äußert sich die Schriftstellerin Juli Zeh ausführlich zur Wende in Europa aus der Sicht einer engagierten Vertreterin der Zivilgesellschaft und der Kultur. Piotr Buras, Leiter einer wichtigen Warschauer Denkfabrik, schildert in seinem Text die in vielerlei Hinsicht sehr andere osteuropäische Sicht der Dinge. Anna Katharina Mangold von der Europa-Universität Flensburg befasst sich eingehend mit der Europäischen Union als Rechts- und Wertegemeinschaft, gerade auch mit Blick auf Polen und Ungarn. Klaus Regling, bis vor kurzem Chef des ESM in Brüssel, analysiert Stärken und Schwächen der Europäischen Wirtschafts- und Währungsunion. Petra Bendel, Politikwissenschaftlerin an der Universität Erlangen-Nürnberg, setzt sich intensiv mit den Herausforderungen auseinander, denen sich Europa im Bereich von Flucht und Migration stellen muss.

Gebündelt ergeben diese vielseitigen und vielschichtigen Analysen erste, oft noch tastende Ausblicke auf eine neue Zeit, die ganz zu verstehen uns allen noch einiges abverlangen dürfte. Dabei eilt es. Schon jetzt feststehende demografische und ökonomische Entwicklungen werden ein Europa, das sich nicht entschieden zusammentut und gemeinsam handelt, an den Rand des globalen Geschehens drängen – und damit einhergehend wohl auch seine Werte. Prinzipien, die uns lieb und teuer sind, doch auf deren vorherbestimmte universale

Ausbreitung zu vertrauen, sich als schwerwiegender Irrtum herausstellen könnte.

Allen Autorinnen und Autoren danke ich herzlich für ihre klugen, gedankenreichen Beiträge, Dr. Agata Klaus, der Geschäftsführerin unserer Stiftung, für die engagierte Betreuung des gesamten Projekts, der Berthold Leibinger Stiftung und Prof. Dr. Rüdiger Grube für ihre überaus großzügige Förderung, unseren Partnern beim Murmann Verlag für die erneute engagierte verlegerische Unterstützung und ganz besonders Martin Klingst, der durch seine professionelle Gesprächsführung im Interview mit Juli Zeh und mit seiner umfassenden, sorgfältigen und dabei stets respektvollen Redaktionstätigkeit maßgeblich zum Entstehen dieses Bandes beigetragen hat.

Mit Blick auf die Vielfalt von Meinungen zu einer gendergerechten Sprache hat der Herausgeber auf die Vorgabe einheitlicher Richtlinien verzichtet. Die Texte spiegeln auch insofern das individuelle Sprachgefühl der Autorinnen und Autoren wider.

Ein »Weiter so« ist kein Zukunftskonzept

Was Europa jetzt braucht: engere Zusammenarbeit, Schutz der gemeinsamen Prinzipien und starke nationale Regierungen

Von Daniela Schwarzer

Ein gutes halbes Jahrhundert nach Beginn der europäischen Integration steht die Europäische Union (EU) unter enormem Druck, im Inneren wie auch international. Eineinhalb Jahrzehnte voller Krisen haben den europäischen Kontinent erschüttert – von der Finanz-, Wirtschafts- und Verschuldungskrise, der Migrationskrise und dem Brexit über die Covid-Pandemie bis zu Russlands Krieg in der Ukraine und dem Zerfall der europäischen Sicherheitsordnung. All diese Krisen haben Spuren hinterlassen. Die EU hat sie alle überlebt und sich dabei noch selbst gestärkt. Doch gleichzeitig sind die Fliehkräfte in der Gemeinschaft größer geworden.

Spannungen haben zwischen den Regierungen ebenso wie innerhalb von Gesellschaften zugenommen, die Zersplitterung der Parteiensysteme, politische Polarisierung und Volatilität sind gewachsen. Europaskeptische Parteien sind heute fest in den Parlamenten verankert. In vielen Mitgliedstaaten waren oder sind sie an Regierungen beteiligt.

In einer Zeit, in der politische Entscheider*innen, Expert*innen, Vertreter*innen von Wirtschaft und Zivilgesellschaft angesichts der internationalen Herausforderungen und der fortbestehenden Krisenanfälligkeit der EU dringend eine Stärkung der Union fordern, in einem Moment, in dem die Konferenz zur Zukunft Europas in einem demokratischen Verfahren 49 konkrete Schritte für eine Vertiefung der Gemeinschaft vorgelegt hat, drängen andere umso lauter darauf, die EU zurückzubauen.

Wenn es einen Konsens gibt, dann diesen: Die EU sollte nicht so bleiben, wie sie ist. Doch ob in Zeiten globaler Umbrüche, harten Systemwettbewerbs und transnationaler Bedrohungen eine größere europäische Handlungsfähigkeit oder die Rückbesinnung auf nationale Ansätze vielversprechender ist, darum dreht sich ein Großteil der politischen Auseinandersetzung unserer Zeit. Die Frage nach dem Spannungsverhältnis zwischen einer starken Europäischen Union und nationaler Souveränität hat sich nie dringlicher gestellt.

Ob in Zeiten globaler Umbrüche, harten Systemwettbewerbs und transnationaler Bedrohungen eine größere europäische Handlungsfähigkeit oder die Rückbesinnung auf nationale Ansätze vielversprechender ist, darum dreht sich die politische Auseinandersetzung unserer Zeit.

Dabei wird seit Beginn der Integration das Verhältnis zwischen Nationalstaat und EU kontrovers diskutiert. Es ging in der Nachkriegszeit und es geht in der EU immer noch um Einbindung und eine bewusste Machtbeschränkung der Nationalstaaten, es geht um Kompetenzübertragung auf ein einmaliges supranationales Gebilde, es geht um die Kompatibilität von nationalen Verfassungen und gemeinsamen Entscheidungen, es geht um demokratische Legitimation und die Rolle des Souveräns.

Besondere Bedeutung hat angesichts eines zunehmend konflikt- und krisenreichen internationalen Umfelds die Frage, wie die Anpassungs- und damit Überlebensfähigkeit sowohl unserer Wirtschafts- und Sozialmodelle als auch unserer Demokratie gewährleistet werden können – und welche Rolle die EU dabei spielen kann und soll. Vor allem eine Erkenntnis erfordert grundlegendes Umdenken: Der Rückbau der EU oder ein Verlassen der Gemeinschaft bedeutet heute nicht mehr automatisch einen Rückgewinn nationaler Gestaltungskraft. Denn unter den veränderten internationalen Rahmenbedingungen ist es für nationale Regierungen allein noch schwieriger als in der Gemeinschaft der 27, ihre Kernleistungen wie die Wahrung von Sicherheit, Wohlstand und Resilienz von Demokratie und Rechtsstaat zu erbringen.

Dieser Beitrag diskutiert das Verhältnis zwischen Nationalstaat und Europäischer Union – zunächst im Rückblick auf die Entwicklung seit den 1950er-Jahren und dann ganz besonders hinsichtlich der aktuellen und künftigen Herausforderungen. Er argumentiert, dass angesichts veränderter internationaler Herausforderungen eine stärkere EU besser aufgestellt ist, um die Interessen des Souveräns zu schützen, als es Nationalstaaten alleine wären. Er schließt mit Vorschlägen, wie die EU demokratischer regiert und handlungsfähiger werden kann.

Rückblick: Anfänge und Dynamiken des supranationalen Abenteuers EU

Die europäische Integration ist seit ihrem Beginn ein Friedensprojekt. Auf dem kriegserschütterten Kontinent galt es, die Zusammenarbeit in den Bereichen voranzubringen, deren Vergemeinschaftung einen erneuten Krieg unwahrscheinlicher machen und Kooperation fördern würden. Zunächst wurde darum 1952 die Gemeinschaft für Kohle und Stahl geschaffen, fünf Jahre später Euratom und die Europäische Wirtschaftsgemeinschaft.

Das zweite Ziel war es, wirtschaftspolitische Fehler zu vermeiden, die die Europäer in den 1930er-Jahren begangen hatten. Anstatt damals gemeinsam eine europäische oder gar globale Konjunkturpolitik als Reaktion auf die Weltwirtschaftskrise mitzugestalten, hatten die Regierungen europäischer Staaten durch wirtschaftlichen Nationalismus die Krise verschlimmert und so den sozioökonomischen und politischen Nährboden für Diktaturen gestärkt.

Nicht nur die Nachkriegsverfassung der Bundesrepublik Deutschland, sondern auch die Verfassungen Frankreichs und Italiens sahen daher Einschränkungen der nationalen Souveränität zugunsten europäischer Zusammenarbeit vor. Laut der Präambel des Grundgesetzes, das mit der Wiedervereinigung 1990 zur gesamtdeutschen Verfassung wurde, ist es der Wille des deutschen Volkes, in einem vereinten Europa dem Frieden der Welt zu dienen. Hoheitsrechte können auf Grundlage von Artikel 24, Absatz 1 auf die Europäische Gemeinschaft übertragen werden, deren Maßnahmen ohne staatliche Umsetzungsakte unmittelbar rechtlich bindend sind.

Laut Grundgesetz ist es der Wille des deutschen Volkes, in einem vereinten Europa dem Frieden der Welt zu dienen. Hoheitsrechte können nach Artikel 24, Absatz 1 auf die Europäische Gemeinschaft übertragen werden, deren Maßnahmen rechtlich bindend sind.

Von Anfang an war die europäische Integration als ein Prozess angelegt: Bereits der Vertrag von 1957 beschreibt in der Präambel als seinen Zweck, »die Grundlagen für einen immer engeren Zusammenschluss der europäischen Völker zu schaffen«. Zwar scheiterte 1958 die europäische Verteidigungsunion an den Souveränitätsbedenken Frankreichs, doch dann kam in der Weiterentwicklung der Gemeinschaft in den folgenden Jahrzehnten »eins zum anderen«. So wurden zum Beispiel der Binnenmarkt und die gemeinsame Handelspolitik und Wettbewerbspolitik in der Wirtschaftsunion verknüpft. Das Argument, dass ein gemeinsamer Markt durch Koordinierung der nationalen Wirtschaftspolitiken begleitet werden muss, wurde später auch bei der Einführung des Euro angeführt, da er Wechselkursschwankungen beendete, die den Wettbewerb im Binnenmarkt verzerrten.

Der Euro wiederum braucht für sein gutes Funktionieren eine Koordination der nationalen Wirtschafts- und Haushaltspolitiken, einen tieferen Finanzmarkt und eine Bankenunion. Im Sinne dieser funktionalen Integrationslogik, von der sich die Europäer*innen neben Stabilität wirtschaftliche Vorteile versprachen, haben die Mitgliedstaaten nach und nach weitere Kompetenzen auf die Gemeinschaft übertragen. Schritt für Schritt bewegten sie sich so in eine europäische Volkswirtschaft, für 19 der heute 27 EU-Staaten gar mit einem gemeinsamen Geldwesen.

Nach der Einheitlichen Europäischen Akte von 1987, die den Binnenmarkt mit seinen vier Grundfreiheiten, dem freien Verkehr von Waren, Personen, Dienstleistungen und Kapital, voranbrachte, ist der Vertrag von Maastricht von 1992 der wichtigste Meilenstein der Integrationsvertiefung. Er schreibt den Beginn der Währungsunion im Jahr 1999 fest, elf Staaten gaben nach Erfüllung der Konvergenzkriterien ihre nationale Geldpolitik zu diesem Zeitpunkt auf. Am 1. Januar 2023 werden es mit dem Beitritt Kroatiens 20 Staaten sein.

Der Maastricht-Vertrag gründete auch die Europäische Union, die drei Säulen umfasst: neben die Europäische Gemeinschaft, die der Kern der EU mit den umfassendsten europäischen Kompetenzen ist, traten die gemeinsame Außen- und Sicherheitspolitik und die verstärkte Zusammenarbeit in inneren Angelegenheiten – beides souveränitätssensible Bereiche, in denen nur intergouvernemental gearbeitet wurde, also ohne Kompetenzübertragung und Mehrheitsentscheidungen. Neu und relevant ist außerdem, dass der Maastricht-Vertrag die politische Teilhabe von EU-Bürgerinnen und -Bürgern im EU-System weiterentwickelt. Sie dürfen zum Beispiel seither – unabhängig von ihrer Staatsangehörigkeit – in einem anderen EU-Staat bei Kommunal- und Europa-Wahlen wählen und sogar kandidieren, sofern sie hier einen Wohnsitz haben.

Die Bereitschaft zur europäischen Zusammenarbeit – mit und ohne Kompetenzübertragung von der nationalen Ebene an die Gemeinschaft – erklärt sich zum einen durch die Vorteile, die sich aus gemeinsamem Handeln in einer sich auch damals wandelnden Welt ergeben. Denn die globale Lage war in den 1990er-Jahren nicht nur durch das Ende des Kalten Krieges gekennzeichnet. Eine globale Machtverschiebung in Richtung Asien hatte begonnen, und die Frage kam auf, welche Bedeutung beide Entwicklungen für die außen- und sicherheitspolitische Orientierung der USA und ihre Rolle als Förderer und Sicherheitsgarant eines starken Europas haben könnten.

Zum anderen wurde nach der deutschen Wiedervereinigung das Ziel wichtiger, große Staaten auf dem Kontinent so tief einzubinden, dass die nationale Übermacht einzelner, insbesondere Deutschlands, das wegen seiner Wirtschaftskraft und Einwohnerzahl mit Abstand größte EU-Land, eingeschränkt wird. Dieses Motiv war bereits in den 1950er-Jahren der entscheidende Integrationstreiber und wird seither in der deutschen Europapolitik sehr ernst genommen. Entsprechend wurde 1992 die Verwirklichung eines vereinten Europas mit der Einführung des neuen Grundgesetzartikels 23 zum Staatsziel der Bundesrepublik. Daraus folgt der Verfassungsauftrag, bei der Entwicklung einer Europäischen Union mitzuwirken, die den »demokratischen, rechtsstaatlichen, sozialen und föderativen Grundsätzen und dem Grundsatz der Subsidiarität verpflichtet ist und einen dem Grundgesetz im wesentlichen vergleichbaren Grundrechtsschutz gewährleistet«.

Erweiterungen, Vertiefungsrückschläge und Brexit

Parallel zur Vertiefung wuchs die Gemeinschaft immer weiter, 2004 traten zehn Staaten bei, 2007 zwei weitere, 2013 einer, sodass die EU schließlich 28 Mitglieder zählte. Aus Sicht der Mitgliedstaaten, die von Anfang an in der EU dabei waren, bedeutet das Wachstum von sechs auf 28 Staaten einen deutlichen relativen Machtverlust in der Gemeinschaft, insbesondere auf den Politikfeldern, in denen es kein nationales Veto mehr gibt, sondern mit qualifizierter Mehrheit entschieden wird. Besonders Frankreich hat über die Jahrzehnte immer wieder mit dieser Entwicklung gehadert, auch weil es sich die Osterweiterung der EU weniger als etwa Deutschland ökonomisch zunutze gemacht hat.

Zudem wuchsen die Sorgen, wie entscheidungsfähig diese größere Union, wie effizient das gemeinsame Handeln sein würden. Nachdem sich über Jahrzehnte Vertiefungs- und Erweiterungsschritte abgewechselt und einander bedingt hatten, stand zu Beginn des neuen Jahrtausends die Frage im Raum, wie sich angesichts eines Dutzends neuer Beitrittskandidaten Handlungsfähigkeit und Legitimität der EU gewährleisten ließen. Einige kritische Stimmen stellten die Erweiterungsfähigkeit der EU grundsätzlich infrage. Zehn Jahre nach der Unterzeichnung von Maastricht wurde schließlich 2002 ein Konvent einberufen mit dem Ziel, der EU eine Verfassung zu geben. Zwei Jahre später wurde in Rom der Verfassungsvertrag unterzeichnet, der alle bestehenden Verträge, Erklärungen und Protokolle in einem neuen Grundlagendokument zusammenfasste. Mehr als 700 Vertragsartikel wurden auf 448 reduziert, die EU sollte zusätzliche Kompetenzen erhalten und ihr Entscheidungssystem demokratischer und handlungsfähiger werden.

Es folgten vier politisch schwierige Jahre, in denen der Vertrag in Referenden in Frankreich und den Niederlanden abgelehnt, dann nachverhandelt und leicht abgespeckt wurde, zunächst wiederum am irischen Referendum scheiterte, schließlich aber als Lissabon-Vertrag am 1. Dezember 2009 in Kraft trat. Zu der Beziehung zwischen Nationalstaaten, Nation und Europäischer Union enthält der Lissabon-Vertrag zwei interessante Punkte. Da ist erstens die Weiterentwicklung der Idee der »immer tieferen Gemeinschaft«. Die Präambel nimmt explizit Bezug auf das Subsidiaritätsprinzip, das bereits mit dem Maastricht-Vertrag eingeführt wurde, und erklärt »den Prozeß [sic] der Schaffung einer immer engeren Union der Völker Europas, in der die Entscheidungen entsprechend dem Subsidiaritätsprinzip möglichst bürgernah getroffen werden, weiterzuführen«.[1]

Noch folgenreicher aber ist zweitens Artikel 50 des Lissabon-Vertrags, der es Mitgliedstaaten ermöglicht, im Einklang mit ihren verfassungsrechtlichen Vorschriften aus der Union auszutreten. Damit beendet der Vertrag die Linearität von bis dato 55 Jahren Integrationsgeschichte, eine »immer engere Union« ist seither nicht mehr der einzige Weg nach vorne. Die Rückgabe von an die EU übertragener Souveränität an Nationalstaaten wird denkbar und rechtlich möglich. Die britischen Konservativen haben so, gestützt von einem Referendum und einer Brexit-Partei, ihr Land aus der EU geführt, nachdem sie die EU nicht so hatten verändern können, wie sie es wollten. Andere europäische Regierungen könnten dem britischen Beispiel folgen, obgleich der Brexit und die schwerwiegenden Folgen für Großbritannien wie auch für die EU zeigen, wie schwierig beim Austritt aus einer so tief integrierten Gemeinschaft schon rein faktisch die Rückgewinnung nationaler Handlungsfähigkeit ist. Für Eurozonenstaaten wäre der Austritt aus der Gemeinschaft noch deutlich komplizierter und könnte die Währungsunion insgesamt gefährden, da Finanzmarkt- und Wirtschaftsakteure das Vertrauen in die Gemeinschaft verlieren und eine marktgetriebene Krise die Währung zerbrechen lassen könnten.

Die Rückschläge in nationalen Referenden, eine als immer skeptischer wahrgenommene Bevölkerung, die lauter werdenden europakritischen Parteien sowie der Brexit auf Grundlage des Lissabon-Vertrags haben die an sich mehrheitlich proeuropäischen Eliten zunehmend gelähmt. Seit nunmehr fast 20 Jahren gelten darum größere Integrationsschritte mit weiteren Souveränitätstransfers als politisch kaum realisierbar. Wie ein Kaninchen vor der Schlange haben politische Entscheider*innen Angst vor der Stimme des Volkes. Angesichts der fortgeschrittenen Integrationstiefe ist es immer schwieriger geworden, für die weitere Stärkung Europas erfolgreich zu werben. Denn jeder weitere Schritt der Vergemeinschaftung oder Vertiefung würde sofort hochsensible Fragen der nationalen Souveränität berühren – und neue hitzige Debatten auslösen.

Die Rückschläge in nationalen Referenden, eine als immer skeptischer wahrgenommene Bevölkerung, die lauter werdenden europakritischen Parteien sowie der Brexit haben die an sich mehrheitlich proeuropäischen Eliten zunehmend gelähmt.

Weiterentwicklung durch Krisenmanagement

Dass die EU auf einer nunmehr über ein Jahrzehnt alten Vertragsbasis funktioniert, bedeutet jedoch nicht, dass sich die Gemeinschaft und ihr Verhältnis zu den Mitgliedstaaten oder auch das Verhältnis der

Mitgliedstaaten untereinander nicht verändert hätten. Im Gegenteil: Die 15 Krisenjahre, die Europa seit dem Überschwappen der Finanzkrise im Jahr 2008 aus den USA erlebt hat, haben die Gemeinschaft stark geformt.

In vielen Krisen wiederholte sich das gleiche Muster: In einer ersten Reaktion handelten nationale Regierungen allein und europäisch unabgestimmt. Später entdeckten sie – auch dank der Initiativen und Vorschläge der europäischen Institutionen, vor allem der Europäischen Kommission – die Vorteile oder sogar die Notwendigkeit europäischer Lösungen und beendeten nationale Alleingänge. Diese Fähigkeit zur Selbstkorrektur und die Weiterentwicklung des EU-Instrumentariums hat die Gemeinschaft in jeder einzelnen Krise gestärkt.[2]

Zwei Beispiele: Die Eurozone hat sich etwa durch die Schaffung der europäischen Finanzaufsicht in Reaktion auf die Finanzkrise ab 2008 und etwas später mithilfe der Bankenunion besser aufgestellt, um Risiken frühzeitig erkennen und stabilisieren zu können. Als Antwort auf die Staatsverschuldungs- und Bankenkrise ab 2010 hat die Eurozone Schritt für Schritt finanz- und fiskalpolitische Instrumente entwickelt, um das Krisenmanagement zu unterstützen, das anfänglich fast ausschließlich in den Händen der einzigen föderalen Institution, der Europäischen Zentralbank (EZB), lag. Besonders wichtig war die Schaffung des Europäischen Stabilitätsmechanismus (ESM), der neben der EZB zum zweiten wichtigen Krisenmanager in der Eurozone wurde: Er stellt, sofern dies notwendig ist, in finanzielle Schwierigkeiten geratenen Mitgliedstaaten der Eurozone unter wirtschaftspolitischen Bedingungen eine Finanzierung zur Verfügung, um die Stabilität der Eurozone zu sichern.

Als Folge der Finanz- und Verschuldungskrisen wurden mit Blick auf die Kompetenzverteilung und Interdependenz in einer Währungsunion – ohne politische Union – viele Schwächen sichtbar, die manche

Kritiker*innen bereits vor Einführung des Euro bemängelt hatten: Eine Währungsunion ohne politische Union und ohne ausreichend starke Finanzinstrumente bleibt ein Risiko für einzelne Mitgliedstaaten, die angesichts der Asymmetrie einer gemeinsamen Geldpolitik ohne europäische Wirtschafts- und Haushaltspolitik auf nationaler Ebene makroökonomische Steuerungsfähigkeit verloren und ihr »wirtschaftspolitisches Schicksal« nicht mehr voll in der Hand haben.

Die Währungsunion ist außerdem ein Risiko für die anderen Staaten der Eurozone, da unverantwortliche Politik einzelner Regierungen über den Vertrauensverlust der Märkte zu einem systemischen Risiko für die gesamte Gemeinschaft werden kann. Eine unfertige Währungsunion ist nicht nur krisenanfällig, sondern es stellen sich, wie die Eurokrise gezeigt hat, auch Legitimationsfragen – und zwar in Geber- wie in Schuldnerländern gleichzeitig.

Zwei Perspektiven illustrieren das: Aus der Sicht Griechenlands, also einem Nehmerland, wurden die strengen Auflagen, die mit den Hilfspaketen einhergingen, als illegitim und als Brüsseler Diktat empfunden. Dies galt nicht nur für Sparauflagen oder die Reform der Sozialsysteme, sondern ebenso für den Privatisierungsdruck, dem sich die Athener Regierung ausgesetzt sah und der mangels anderer Interessenten zum Verkauf strategischer Infrastruktur wie etwa des Hafens von Piräus an chinesische Investoren führte, eine Maßnahme, die Chinas Einfluss in der EU über den Zugang zu den Regierenden in Athen stärkte. Die linksradikale griechische Partei Syriza konnte mit ihrer harten Kritik an der EU und dem Internationalen Währungsfonds innenpolitisch punkten, sie polarisierte stark gegen andere EU-Regierungen, insbesondere Deutschland, und hielt gar ein Euroaustrittsreferendum ab, dessen Ergebnis sie allerdings, obwohl eine Mehrheit der Griech*innen dafür stimmte, später ignorierte.

Aus der Perspektive der Geberländer hingegen galt Griechenlands laxe Politik seit Eintritt in die Eurozone wie auch das Schummeln bei der Überprüfung, ob beim Beitritt zur Eurozone auch alle Konvergenzkriterien erfüllt waren, als äußerst illegitim. Die Frage, warum für ein Land gezahlt werden soll, das »seine Hausaufgaben nicht gemacht« und europäische Regeln verletzt habe, führte zu hitzigen Debatten und großem Unmut. Allerdings: In welchem Ausmaß die Staaten, die in der Krise auf der Geberseite standen, durch ihre Politik die Ungleichgewichte in der Eurozone mitverursacht hatten, wurde kaum diskutiert. Kritik an erfolgreichen Wirtschaftsmodellen, ungeachtet der negativen Auswirkungen für andere Eurozonenmitglieder, galt als unberechtigt.

Nicht nur zwischen Regierungen, auch in den Medien und in der öffentlichen Meinung wuchsen Kritik und Polarisierung. Die Spannungen zwischen Nord- und Südeuropa, zwischen Geber- und Nehmerstaaten drohten phasenweise den Blick auf die Vorteile der Integration zu verstellen. In Deutschland zum Beispiel entstand mit der Eurokrise die »Alternative für Deutschland« (AfD). Sie war in ihren Anfängen vor allem euro- und europakritisch, entwickelte sich dann aber zu einer rechtsradikalen Partei mit einem umfassenden politischen Programm und forderte bei den Bundestagswahlen 2021 den Austritt Deutschlands aus der EU.

Zugleich aber stiegen als Folge der Krisen im Euroraum sowohl bei Entscheidungsträger*innen als auch unter Politikberater*innen und in der Öffentlichkeit das Verständnis von Interdependenz und systemischen Risiken. Trotz des griechischen Grexit-Referendums und der deutschen Diskussion über einen möglichen Rausschmiss des Landes aus der Eurozone ist den Bevölkerungen weit klarer geworden, dass Risiken in einem Land schnell auch die anderen treffen können – und wie wichtig darum gemeinsames Handeln im Euroraum ist. Die Schaffung neuer Instrumente und Maßnahmen, die die europäische Rahmensetzung für nationale Politik und finanzielle Solidarität stärken, haben die Integration auch ohne eine Vertragsrevision vertieft. Die Spuren der Krise sind aber nach wie vor sichtbar, und darum bleibt auch das Gebot für beide Seiten, Geber wie Nehmer, ihre Politik an die gemeinsamen Bedingungen des gemeinsamen Währungsraums anzupassen und die Eurozone zu vervollständigen.

Neue Instrumente zur Stärkung der nationalen Politik und finanziellen Solidarität haben die Integration vertieft. Die Spuren der Krise bleiben aber sichtbar, also ist es erforderlich, dass Geber wie Nehmer ihre Politik an den gemeinsamen Währungsraum anpassen und die Eurozone vervollständigen.

Ein zweites Beispiel, wie in einer Krise nationale Alleingänge mithilfe von Integrationsschritten korrigiert und dadurch Probleme gelöst werden können, zeigt der Umgang mit der Coronapandemie. Als Covid-19 im Frühjahr 2020 in Europa zu wüten begann, gefährdeten die ersten Reaktionen der nationalen Regierungen erschreckend schnell die Errungenschaften des Binnenmarkts, denn die EU hatte weder die Instrumente, um die Bevölkerungen vor der grenzüberschreitenden Pandemie zu schützen, noch die Möglichkeiten, nationale Politiken so aufeinander abzustimmen, dass die Offenheit der Märkte und der Grenzen wirksam verteidigt werden konnte. Da nicht die Europäische Union, sondern nur die nationalen Regierungen für Schutz und Krisenmanagement zuständig waren, gingen die Schlagbäume runter und setzten der Freizügigkeit von Personen und dem freien Verkehr von Gütern und Dienstleistungen phasenweise ein Ende. Statt sich solidarisch zu zeigen und jenen Bevölkerungen in der EU zu helfen, die Unterstützung am dringendsten brauchten, horteten nationale Regierungen Masken und anderes Material. Dass die Europäische Kommission am Anfang kaum mehr tat, als vor einer Schließung der Grenzen zu warnen, kann nicht überraschen, denn die Gesundheitspolitik zählt nicht zu den vergemeinschafteten EU-Kompetenzen.

Gleichwohl führten die hohen menschlichen Kosten dieser rein nationalen Herangehensweise, die Gefahren für den Binnenmarkt und die Art und Weise, wie China die europäische Hilflosigkeit medial ausschlachtete, allmählich dazu, dass die EU-Staaten, teils mit Unterstützung der Europäischen Kommission, umsteuerten. Der verbesserte Austausch von Informationen, die enge Zusammenarbeit im grenznahen Bereich, die gemeinsame Beschaffung und Verteilung von Impfstoffen durch die Europäische Kommission, der Transport von schwer erkrankten Coronapatient*innen über Ländergrenzen hinweg zeigten schon wenige Monate nach Beginn der Pandemie ein anderes, ein solidarisches Europa. Das sichtbarste Zeichen dafür ist der auf eine französische und deutsche Initiative zurückgehende 750 Milliarden Euro schwere Wiederaufbaufonds NextGenerationEU, der die verheerenden wirtschaftlichen Folgen der Pandemie abmildern soll.

Der verbesserte Austausch von Informationen, die enge Zusammenarbeit im grenznahen Bereich, die gemeinsame Beschaffung und Verteilung von Impfstoffen, der Transport von Coronapatient*innen über Ländergrenzen hinweg zeigten in der Pandemie ein anderes, ein solidarisches Europa.

Dieser Fonds ist aus dreierlei Gründen wegweisend für die EU: Erstens dient er nicht nur dem Krisenmanagement, sondern auch der Finanzierung der zwei besonders dringenden Transformationen unserer

Zeit in den Bereichen Klimaschutz und Digitalisierung. Zweitens nutzt er Finanzierungsinstrumente, die es der EU erlauben, Geld für Zukunftsaufgaben gemeinsam zu bestmöglichen Konditionen auf den Märkten aufzunehmen. Und drittens ist der Fonds Ausdruck europäischer Solidarität, die nicht aus Altruismus geschieht, sondern realpolitisch begründet ist. Denn hält Europa im Inneren nicht zusammen, dann kann die Gemeinschaft in einer zunehmend von Krisen und geopolitischem Wettbewerb geprägten Welt ihre Interessen nicht wirksam verteidigen.

An diesen beiden Krisen, der Euro- und der Coronakrise, zeigt sich geradezu exemplarisch die Gefahr einer nur partiellen oder unvollständigen Integration: Immer wieder wurden in der europäischen Vereinigungsgeschichte Grenzen abgebaut und die Integration einzelner Segmente (Märkte, Geldwesen, grenzüberschreitende Mobilität der Bevölkerung) vorangebracht – allerdings ohne zugleich auf europäischer Ebene auch ausreichende politische Steuerungsinstrumente zu schaffen. In Krisensituationen kann die EU dem geografischen Raum, den sie umschließt, mangels der Übertragung von Kompetenzen und Durchsetzungsmechanismen keinen wirksamen Schutz gewähren. Die Zuständigkeit, Schutz zu gewähren, liegt in vielen Feldern noch bei Nationalstaaten. Doch da deren Volkswirtschaften integriert, die Gesellschaften grenzüberschreitend mobil und offen sind, kann jede Regierung allein auch nur bedingt Einfluss nehmen. In Gutwetterzeiten mag dieses unfertige Haus Europa kein Problem sein. In Schlechtwetterzeiten aber verlieren sowohl die EU als auch die nationalen Regierungen an Glaubwürdigkeit und Legitimität, wenn sie nicht wirksam handeln können.

Die EU und die mitgliedstaatlichen Regierungen haben dennoch in den Krisen immer wieder neue Instrumente und Politiken entwickelt, um die Gemeinschaft zusammenzuhalten. Doch solche Kraftakte lassen sich nur noch bedingt leisten, wenn europakritische, populistische Kräfte das innenpolitische Umfeld so verändern, dass gemeinsames Handeln, insbesondere finanzielle Solidarität, negativ gesehen wird. Der Pragmatismus der vergangenen 15 Jahre, unterhalb der Grenze von Vertragsänderungen die Zusammenarbeit zu stärken, ist bemerkenswert. Ein Zukunftsrezept ist er allein aber nicht.

In Gutwetterzeiten mag dieses unfertige Haus Europa kein Problem sein. In Schlechtwetterzeiten aber verlieren die EU wie auch die nationalen Regierungen an Glaubwürdigkeit und Legitimität, wenn sie nicht wirksam handeln können.

Leitbilder für die europäische Zukunft

Die Europäische Union unterscheidet sich von anderen internationalen Organisationen durch ihr Ziel, Staaten und Völker in Europa in einem langfristig und zukunftsoffen angelegten Prozess immer enger zu verknüpfen. Doch nachdem die Bevölkerungen Frankreichs und der Niederlande den Verfassungsvertrag 2005 in Referenden abgelehnt hatten, wurden eine ganze Weile kaum noch mobilisierende Zukunftsvisionen entwickelt.

Rühmliche Ausnahmen sind zum Beispiel die europapolitischen Reden des französischen Staatspräsidenten Emmanuel Macron, etwa jene, die er am 26. September 2017 an der Universität Sorbonne und am 9. Mai 2022 in Straßburg gehalten hat. Oder die Antwort von Bundeskanzler Scholz, am 29. August 2022 an der Karls-Universität in Prag gegeben, die wichtige Impulse liefert. Auch die Idee der »geopolitischen EU«, die insbesondere die Präsidentin der Europäischen Kommission Ursula von der Leyen[3] sowie der Hohe Vertreter Josep Borrell[4] entwickeln, und ebenso, wenn auch in weniger konkreter Form, der Koalitionsvertrag der aktuellen deutschen Bundesregierung zählen dazu. Darin kündigt die Ampelkoalition an: »Die Konferenz [zur Zukunft Europas] sollte in einen verfassungsgebenden Konvent münden und zur Weiterentwicklung zu einem föderalen europäischen Bundesstaat führen, der dezentral auch nach den Grundsätzen der Subsidiarität und Verhältnismäßigkeit organisiert ist und die Grundrechtecharta zur Grundlage hat.«[5] Wie genau Entscheidungskompetenzen zwischen EU- und nationalen Ebenen verteilt werden sollen, lässt die Ampel vermutlich bewusst unklar. Denn die Vorstellungen darüber variieren zwischen den EU-Staaten, sind zwischen und sogar innerhalb der europäischen Parteienfamilien unterschiedlich ausgeprägt und führen in den nationalen Gesellschaften zu heftigen Diskussionen.

Interessant sind in diesem Zusammenhang die 49 teils sehr weitreichenden Reformvorschläge der Konferenz zur Zukunft der Europäischen Union. Sie wurden im Mai 2022 nach einer umfangreichen Diskussion und einem aufwendigen Abwägungsprozess im Konsens verabschiedet. Der für die Rolle von Nationalstaaten folgenreichste Vorschlag: die Abschaffung des Einstimmigkeitsprinzips in strategischen Bereichen, um die EU handlungsfähiger zu machen – ein Vorschlag, den die Regierungen Deutschlands und Frankreichs in jüngster Zeit unterstützt haben.

Das Aus für das Veto, etwa in der gemeinsamen Außen- und Sicherheitspolitik, erfordert jedoch eine Vertragsänderung. In einer ersten Reaktion haben die EU-Mitgliedstaaten im Europäischen Rat der Einberufung eines Konvents zur Vorbereitung von Vertragsänderungen allerdings nicht zugestimmt. Die Gründe dafür liegen auf der Hand: Manche Regierungen, vor allem die kleinerer Staaten, wollen nicht auf ihr Vetorecht verzichten, aus Sorge, bei Mehrheitsentscheidungen überstimmt zu werden. Viele halten darüber hinaus den Konvent-Prozess für unkontrollierbar und haben wenig Interesse daran, sich danach gegen Vorschläge stellen zu müssen, die ihren nationalen Interessen entgegenstehen. Andere haben schlichtweg Sorge, dass die von einem Konvent ausgearbeiteten Reformvorschläge erneut an der nationalen Ratifizierung scheitern könnten und damit die Legitimationskrise der EU ausgerechnet in einer Zeit offen zutage tritt, in der die Union angesichts der internationalen Herausforderungen besondere Stärke zeigen sollte.

Die Zeichen in der EU stehen also nicht auf tiefgreifende Veränderung, wobei zwei Dynamiken nicht unterschätzt werden sollten. Zum einen unterstützt das Europäische Parlament die Reformagenda der Zukunftskonferenz. Die Abgeordneten werden darum die Änderungen, die ohne Vertragsrevision implementierbar sind, einfordern und den Europäischen Rat hinsichtlich des Konvents zu einer offeneren Haltung drängen, zumal Deutschland und Frankreich sich ambitionierter positioniert haben.

Zum anderen könnte Macrons Vorschlag einer Europäischen Politischen Gemeinschaft, den er im Mai 2022 unterbreitet hat, durchaus positive Dynamiken entfalten. Seine Idee, die bei Weitem noch nicht ausbuchstabiert ist, besteht darin, alle europäischen Staaten zusammenzubringen, EU-Staaten wie Erweiterungskandidaten und Nachbarländer, um einen gemeinsamen politischen Raum zu schaffen und um Aufgaben von gemeinsamem Interesse zu bewältigen. Diese Zusammenarbeit könnte sowohl eine Kooperation mit EU-Nachbarn unterhalb der Vollmitgliedschaft fördern als auch vergleichsweise flexible Formen der Zusammenarbeit einführen, die sich in der EU bislang nicht realisieren ließen. Wichtig wäre dabei allerdings, dass hier weder eine Parallelveranstaltung zur EU entsteht noch der Erweiterungsprozess, der auf eine Vollmitgliedschaft abzielt, behindert oder gar konterkariert würden. Dies ließe sich unter anderem dadurch vermeiden, dass insbesondere die Europäische Kommission in einzelne Kooperationsfelder aktiv einbezogen würde.

Auch innerhalb der EU sollte verstärkt auf differenzierte Formate zurückgegriffen werden. Immer deutlicher heben in der Gemeinschaft diejenigen Regierungen ihre Stimme, die keine Vertiefung der Integration wollen und sogar bei konkreten Politiken nicht mitmachen wollen. Einige mittel- und osteuropäische Staaten taten sich in den vergangenen Jahren immer wieder als Blockierer hervor. So haben sich zum Beispiel die Visegrád-Staaten (Polen, Tschechien, Ungarn und die Slowakei) zunächst mit aller Macht gegen eine Reform der EU-Migrationspolitik gestemmt und, als diese gleichwohl mehrheitlich beschlossen wurde, sogar anschließend geweigert, diese EU-Politik in ihren Ländern umzusetzen. Ungarn hat mit seiner Veto-Stimme einzelne Sanktionsmaßahmen gegen Russland sowie eine globale Mindeststeuer für Unternehmen in Europa blockiert.

Ein anderes, weniger diskutiertes Beispiel ist Malta. Die Regierung des Inselstaats hat – womöglich zum Schutz ihres undurchsichtigen Finanzplatzes – die Einrichtung einer unabhängigen Europäischen Staatsanwaltschaft verhindert, die unter anderem dann ermitteln sollte, wenn Straftaten zum finanziellen Nachteil der EU vermutet werden. Die sogenannte »Hanseatische Liga«, eine Gruppe nord- und osteuropäischer Staaten sowie der Balten, wendet sich zudem aus Angst vor Souveränitätsverlust immer wieder gegen Integrationsschritte im Euroraum oder gegen die Schaffung gemeinsamer finanzieller Instrumente, durch die sich die Anreize für verantwortliches Handeln verschieben könnten.[6] Die Hanseatische Liga und die Visegrád-Gruppe, die allerdings wegen des Streits über Ungarns prorussische Haltung derzeit nicht arbeitsfähig ist, sind Beispiele dafür, wie Minderheiten EU-Entscheidungen blockieren können. Mit dem Argument, nationale Souveränität und Selbstverantwortung schützen zu wollen, treten sie gut organisiert auf und greifen früh in europäische Debatten ein, um es Vertiefungsbefürworter*innen bereits zu Beginn der Diskussion schwer zu machen, für ihre Initiativen Unterstützung zu finden. Immer deutlicher wird auch: Das Vetorecht wird nicht mehr nur zum Schutz in Einzelfällen besonders betroffener vitaler nationaler Interessen eingesetzt. Vielmehr wird das Veto – oder die Drohung, davon Gebrauch zu machen – taktisch als Druckinstrument genutzt, teilweise auch, um nationale Interessen in ganz anderen Bereichen durchzusetzen. Das belastet die Entscheidungsfähigkeit der EU zusätzlich.

Die »Hanseatische Liga« wendet sich aus Angst vor Souveränitätsverlust immer wieder gegen Integrationsschritte im Euroraum oder gegen gemeinsame finanzielle Instrumente, durch die sich die Anreize für verantwortliches Handeln verschieben könnten.

Dieses komplexer gewordene politische Umfeld, in dem für eine Stärkung der Gemeinschaft intensiv geworben werden muss, stellt die EU, stellt die Regierungen der Mitgliedstaaten, die Parlamente und Wähler*innen vor schwierige Fragen und Entscheidungen: Wollen sie die offensichtlichen Schwächen der Europäischen Union *gemeinsam* beheben? Und wie gedenken sie die schwierige Balance zwischen nationaler und europäischer Entscheidungskompetenz künftig auszutarieren?

Die Diskussion über abstrakte Leitbilder der Integration oder Desintegration, etwa eine föderale Union versus einen nur losen Zusammenschluss von Nationalstaaten, bietet viele Angriffsflächen und droht unproduktiv in ideologischen Grabenkämpfen zu verebben. Bereits die Konzepte von »europäischer Souveränität« und »europäischer Autonomie« haben in den vergangenen Jahren zu politisierten Debatten geführt. Das hängt auch damit zusammen, dass beide Begriffe sehr unterschiedlich gedeutet und benutzt werden. »Europäische Souveränität« wird in Deutschland oft gleichgesetzt mit der Entwicklung der EU hin zu einem europäischen Bundesstaat. Der französische Staatspräsident Macron hat den bereits in der europäischen Globalstrategie verwendeten Begriff der »europäischen Autonomie« sowie die Idee der »europäischen Souveränität« als erster Staatschef zum europapolitischen Ziel erklärt. Es ist allerdings höchst unwahrscheinlich, dass er dabei an eine Übertragung französischer Souveränitätsrechte auf einen europäischen Föderalstaat dachte, also zum Beispiel an die Europäisierung von so symbolträchtigen Großmachtattributen wie Frankreichs ständigem Sitz im Sicherheitsrat der Vereinten Nationen. Viel eher hatte er wohl eine größere europäische Handlungsfähigkeit im Sinn, wenn nötig auch unabhängig von USA und NATO.

Dieser Gedanke wiederum stößt in Ländern wie Polen oder den baltischen Staaten auf Ablehnung. Bereits vor Russlands Krieg gegen die Ukraine formulierten sie die Sorge, dass Europa ohne den Sicherheitsgaranten USA ungeschützt sei, und darum keine politischen Maßnahmen ergriffen werden dürften, die eine europäische Abkehr von den USA andeuten könnten oder es gar den USA nahelegen würden, ihrerseits Europa den Rücken zu kehren. Diese Sorge wuchs insbesondere während der Präsidentschaft von Donald Trump, der selbst den Nutzen der transatlantischen Allianz infrage gestellt hatte, und begleitete die im Jahr 2017 begonnene EU-Initiative (PESCO), die zu einer engeren europäischen Verteidigungszusammenarbeit führen soll.

Für eine handlungsfähigere EU im veränderten globalen Kontext

Zielführender als eine Debatte über Föderalstaat versus Staatenbund oder als das abstrakte Für und Wider einer europäischen Autonomie oder Souveränität ist die Diskussion über das konkrete »Wozu?«

einer stärkeren Zusammenarbeit. Um ermessen zu können, wie groß der Handlungsdruck, also die Notwendigkeit einer engeren Kooperation ist, ergibt es Sinn, die internationale Lage der EU in den Blick zu nehmen. Denn wenn es heute neue und starke Argumente für mehr Zusammenarbeit der Mitgliedstaaten oder gar für die Übertragung nationaler Kompetenzen gibt, dann ergeben sich diese aus den Veränderungen unseres internationalen Umfelds und dem daraus erwachsenden Druck sowohl auf unser Wirtschafts- und Sozialmodell als auch auf unsere demokratischen politischen Systeme.

Starke Argumente für mehr Zusammenarbeit der Mitgliedstaaten oder die Übertragung nationaler Kompetenzen ergeben sich aus den Veränderungen unseres internationalen Umfelds und dem Druck auf unser Wirtschafts- und Sozialmodell wie auf unsere demokratischen Systeme.

Von besonderer Bedeutung ist dabei der Systemkonflikt zwischen autoritären und demokratischen Staaten. Ausgetragen wird er mit außenpolitischen und diplomatischen Mitteln, durch Handels- und Investitionsstrategien, er prägt das Nachdenken über Wettbewerbsfähigkeit und Resilienz in den Bereichen Technologie und kritische Infrastruktur. Die Frage, wie sich weltweit Abhängigkeiten, Einflusssphären und Allianzen verschieben, wird aus europäischer Sicht vor allem durch die Dichotomie zwischen Demokratien und einer wachsenden Zahl von Autokratien gesehen, zumal Letztere einige regionale oder sogar globale Ordnungsstrukturen verändern wollen.

Aus europäischer Sicht ist dabei entscheidend, wie die USA sich künftig aufstellen. Denn erst mit Beginn des Jahres 2021, mit dem Amtsantritt von Präsident Joe Biden, verorten sie sich wieder vollumfänglich im »politischen Westen«, in der Gemeinschaft liberaler Demokratien. Donald Trump, der 45. Präsident der Vereinigten Staaten, hatte in den vier Jahren seiner Amtszeit von Januar 2017 bis Januar 2021 den Schulterschluss mit Autokraten gesucht und die USA aus internationalen Ordnungsstrukturen, die sie einst selbst formte und absicherte, zurückgezogen. In dieser Zeit begann die EU, deutlich strategischer über ihre eigene Rolle nachzudenken. Die Möglichkeit, dass erneut ein amerikanischer Präsident an die Macht kommen könnte, der die internationale Rolle der USA und die Unterstützung für Europa zurückschraubt, stärkt die Argumente derjenigen, die sagen, die EU müsse weit stärker als bisher sich selbst schützen und ihre Interessen verfolgen.

Nun haben auch Russlands Krieg in der Ukraine, der imperialistische Angriff einer Autokratie auf einen demokratischen, noch in der Transformation befindlichen Staat und die Bedrohung weiterer souveräner postsowjetischer Staaten in Europa die Notwendigkeit unterstrichen, dass sich Demokratien mehr um ihre Sicherheit kümmern müssen. Hinzu kommt, dass sich der globale Vormarsch autokratischer Regime durch den Krieg verstärken könnte: Russland und China nutzen bereits jetzt die Folgen, die dieser Krieg etwa in Form von Hungersnöten und möglicherweise künftig reduzierten Unterstützungsleistungen für den globalen Süden hat, um ihr antiwestliches Narrativ und ihr Weltbild einer von autoritären Prinzipien geprägten internationalen Ordnung zu verbreiten.

Aus europäischer Sicht ist zudem relevant, dass China und Russland gezielt in die inneren Angelegenheiten von EU-Mitgliedstaaten und deren Nachbarn eingreifen, wie Desinformationskampagnen im Zuge demokratischer Wahlen, die Unterstützung nationalistischer Bewegungen oder der Einsatz von Mitteln hybrider Kriegsführung, etwa im Cyberraum, zeigen. Die Grenzen zwischen Krieg und Frieden verwischen zusehends. China hat in Europa und seiner Nachbarschaft finanzielle und technologische Abhängigkeiten geschaffen und nutzt außerdem oftmals weit subtilere Mittel als Russland, um politische Debatten und Prozesse innerhalb der Gesellschaften zu beeinflussen. Gerade kleinere, wirtschaftlich schwächere Länder in der Nachbarschaft zur EU geraten zunehmend in Abhängigkeiten von Russland, China oder auch der Türkei, und es sind vor allem solche Staaten, die aufgrund ethnischer Konflikte, Ressourcenknappheit und Braindrain politisch und wirtschaftlich instabil sind.

Europas wirtschaftliche und gesellschaftliche Offenheit, seine internationale Vernetzung und Interdependenz haben seine Verwundbarkeit zum Normalzustand gemacht. In Zeiten ideologischer Systemkonkurrenz, globaler Vernetzung und fortschreitender Technologisierung kann keiner der europäischen Staaten mehr allein die Sicherheit seiner Bürger*innen garantieren und die Resilienz seines Wirtschafts- und Sozialmodells sichern. Um unter heutigen und zukünftigen Bedingungen Sicherheit, Wohlfahrt und demokratische Ordnung zu gewährleisten, kann Handlungsfähigkeit nach innen wie nach außen am besten mit gleichgesinnten Staaten erzielt werden – auch weil die Mittel, die einem einzelnen Land für diese Aufgaben zur Verfügung stehen, angesichts der gewachsenen Herausforderungen nicht ausreichen. Da die gegenseitige Abhängigkeit von Politik, Ökonomie, Gesellschaft und Ökologie immer weiter zunimmt, können Politikansätze, die sich nur auf ein Teilproblem konzentrieren, nicht den nötigen Erfolg haben. Es ist daher wichtig, europäische Maßnahmen in Bereichen, in denen Kompetenzen auf die EU übertragen wurden, gezielt mit nationalen Ansätzen zu verbinden.[7] Der EU und der Zusammenarbeit der Mitgliedstaaten kommt dabei eine entscheidende Rolle zu.

Es gilt an dieser Stelle ein Missverständnis auszuräumen: Eine bessere europäische Zusammenarbeit bedeutet nicht, dass die Nationalstaaten geschwächt werden. Im Gegenteil: Wird zum Beispiel die Governance, also das Management und die Steuerungsfähigkeit, der

Eurozone verstärkt, dürfte neben einer punktuellen Stärkung der Gemeinschaftskompetenz für die Euroländer auch ein stabileres Umfeld entstehen, in dem nationales Handeln wieder wirksamer wird.

Bessere europäische Zusammenarbeit bedeutet nicht die Schwächung der Nationalstaaten. Im Gegenteil: Wird zum Beispiel die Governance der Eurozone verstärkt, dürfte auch ein stabileres Umfeld entstehen, in dem nationales Handeln wieder wirksamer wird.

Es geht nicht darum, die eigene Souveränität oder Identität aufzugeben, auch wenn der postnationale Diskurs vor dem Hintergrund der fortschreitenden Globalisierung und europäischen Integration bereits vor Jahren das Ende des Nationalstaats ausrief. Das Europa der Zukunft braucht starke nationale Regierungen, zum einen, weil sie in Bereichen wie etwa der Digitalisierung, der Technologiepolitik, der Klimatransition und des sozialen Zusammenhalts weit mehr als bisher gestalten müssen, zum anderen, weil es in den Mitgliedstaaten keinen Rückhalt für eine Schwächung des Nationalstaats gäbe.

Es ist allerdings die Aufgabe, die politischen Antworten auf die Herausforderungen unserer Zeit immer wieder über mehrere Ebenen hinweg miteinander zu vernetzen, mit der nationalen und europäischen Ebene, mit der regionalen und lokalen. Das heißt: Politisch muss künftig noch stärker und konstruktiver mit mehreren Identitäten gearbeitet werden. Nur wenn diese in ein konstruktives Verhältnis zueinander gebracht und Europa in jenen Bereichen gestärkt wird, in denen die EU und die einzelnen Mitgliedstaaten derzeit wegen unvollständiger Integration besonders verwundbar sind, wird das Regieren im »Mehrebenensystem EU« in einem komplexeren internationalen Umfeld gelingen.

Eine engere europäische Zusammenarbeit ist außerdem notwendig, um die Durchsetzungskraft der Europäer auf der entscheidenden internationalen Ebene zu erhöhen, etwa im Bereich der Klimapolitik, der digitalen Regulierung, der Pandemiebekämpfung oder bei der dringend erforderlichen Reform des Weltwirtschaftssystems. Der frühere traditionelle Ansatz, Innen- und Außenpolitik voneinander zu trennen, strukturiert heute immer noch politisches Handeln und bestimmt weitgehend die Organisation von Regierungen und auch der Europäischen Kommission. Nach wie vor wird nationale Souveränität als Gegensatz zu gemeinsamem Handeln gesehen, etwa von den Befürworter*innen des Brexit. Ihr Motto lautete: »Take back control«. Doch die Realität sieht anders aus. Nationale Handlungen sind in der Regel weniger wirksam und auch weniger effizient, was den Einsatz finanzieller Mittel anbelangt. Mit anderen Worten: Europäische Zusammenarbeit ist (meist) keine Gefahr für souveränes Handeln, sie ist die Voraussetzung für den (gemeinsamen) Rückgewinn von Souveränität und Gestaltungsmacht.

Der traditionelle Ansatz, Innen- von Außenpolitik zu trennen, strukturiert immer noch politisches Handeln und bestimmt die Organisation von Regierungen und der Europäischen Kommission. Nach wie vor wird nationale Souveränität als Gegensatz zu gemeinsamem Handeln gesehen.

Europa legitimieren

So überzeugend auch das funktionale Argument für gemeinsames, proaktives Handeln ist, es hilft wenig, wenn die gesellschaftliche Akzeptanz dafür fehlt. Es ist darum erforderlich, das »Wozu?«, den Sinn und Zweck eines stärkeren, demokratischen Europas klar zu begründen und zu schützen gegen Angriffe von innen und außen, deren Ziel es gerade ist, den Rückhalt für ein handlungsfähiges Europa zu zerstören.

Besonders wichtig ist außerdem, dass sich die Repräsentant*innen der EU-Regierungen, vor allem wenn sie in den nicht vergemeinschafteten, besonders sensiblen Politikfeldern tätig werden, auf EU-Gipfeln einen zweifachen Hut aufsetzen: den des Regierungschefs, also des Vertreters nationaler Interessen, und den des Europäers, dem es darum geht, einen gemeinsamen europäischen Willen zu formen. Denn weil die Vertreter die Ergebnisse auf der EU-Ebene in ihre jeweilige nationale Öffentlichkeit zurücktragen und dort vermitteln müssen, tragen sie auch eine gesamteuropäische Verantwortung. [8]

Am Beispiel der EU-Reaktion auf Russlands Krieg zeigt sich die Rolle nationaler Regierungschefinnen und -chefs im Rahmen europäischer Lösungen in besonderer Weise. Schnell hatte sich – bis auf den Abweichler Ungarn – ein gemeinsames Risiko- und Sicherheitsverständnis herausgebildet, und es wurden nicht nur Sanktionspakete gegenüber Russland, sondern auch umfangreiche Unterstützungsleistungen für die Ukraine beschlossen – und dies europäisch und national koordiniert. Zwar verläuft die strategische Diskussion über die langfristigen Herausforderungen und die Notwendigkeit, eine neue Sicherheitsordnung zu gestalten, mitunter kontrovers, sie ist aber zielgerichtet und konstruktiv. Noch effizienter könnte die EU sicherlich agieren, wenn die Verteidigung und Sicherheit Europas zu einer Gemeinschaftskompetenz mit großen Budgets und einem starken Militär würden. Das ist aber gegenwärtig nicht die politische Realität der EU. Darum ist die zweitbeste und praktikabelste Lösung überall dort, wo Kompetenzen verlagert wurden, sowohl zwischenstaatlich als auch europäisch zu agieren. Und im Rückblick auf die Krise der europäischen Sicherheitsordnung wird sich eines Tages möglicherweise zeigen, dass unterhalb der Vertragsrevision durchaus pragmatische Schritte zur Stärkung des gemeinschaftlichen Handelns vollzogen wurden.

Im Rückblick auf die Krise der europäischen Sicherheitsordnung wird sich möglicherweise zeigen, dass unterhalb der Vertragsrevision durchaus pragmatische Schritte zur Stärkung des gemeinschaftlichen Handelns vollzogen wurden.

Die Diskussion über die Vertiefung der Gemeinschaft konzentriert sich vor allem auf die Integration von Staaten. Der doppelte Charakter der europäischen Integration, die Verflechtung von Nationen und Staaten, ist zwar von Anfang an Bestandteil der europäischen Verträge, die politischen Konsequenzen daraus sind jedoch nicht ausreichend entwickelt. Noch mehr Wert muss insbesondere auf die Vernetzung, Mobilität, Beteiligung und »Europafähigkeit« der Bevölkerung gelegt werden. Verbesserungen sollte es aus diesem Grunde auf mehreren Ebenen geben: Wie zum Beispiel ließen sich die Bevölkerungen verstärkt an politischen Prozessen in Europa beteiligen? Sprachliche und politische Bildung, größere Mobilität und auch die Möglichkeit zu einer Mitgliedschaft in europäischen Parteien wären dabei hilfreich, ebenso der Ausbau der in den vergangenen Jahren bereits intensiver gewordenen Beteiligung der nationalen Parlamente an europäischen Entscheidungen.

Nichts hat das weitverbreitete Gefühl, in Brüssel herrsche eine selbsternannte Exekutive, mehr gefördert als die Neigung nationaler Regierungen, die EU als Domäne eben dieser Exekutive zu betrachten. Das Urteil des Bundesverfassungsgerichts zum Lissabon-Vertrag von 2009, das die Integrationsverantwortung der nationalen Parlamente betont, hat in Deutschland Verbesserung gebracht. So verschaffen die teils intensiven europapolitischen Debatten im Bundestag europäischen Themen in der deutschen Öffentlichkeit mehr Beachtung. Dabei ist angesichts der wachsenden, teils auch von außen gezielt beeinflussten Kontroverse immer entscheidend, in den Diskussionen stets genau zu formulieren, für welche Prinzipien die EU steht und welche Linien nicht überschritten werden können.

Den normativen Kern der EU schützen

Seit Beginn der Integration beruht die Gemeinschaft auf den Prinzipien von Rechtsstaatlichkeit und Demokratie. Dieser Anspruch der EU als Wertegemeinschaft wird durch »illiberale Demokratien« wie Ungarn und Polen, die unter anderem die Unabhängigkeit der Justiz beschränken, infrage gestellt. Der Wille der EU, intern ihre Legitimation zu steigern und extern gemeinsame Interessen deutlicher zu vertreten, kann nicht eingelöst werden, wenn über diese grundlegenden Prinzipien der Gemeinschaft Uneinigkeit besteht und die politische Polarisierung über die Wertegrundlage, die quasi die Geschäftsbasis der Staatengemeinschaft ist, zunimmt. Entscheidend ist darum, dass die Grundwerte gegenüber Abweichlern verteidigt werden, etwa durch das Verfahren nach Artikel 7 des Vertrags über die Europäische Union, an dessen Ende der Europäische Rat eine Verletzung der EU-Grundwerte feststellen kann. Oder indem, wie bereits geschehen, EU-Geld zurückgehalten wird, um so Druck auf die entsprechenden Staaten auszuüben. Oder indem mithilfe des jährlichen EU-Rechtsstaatsberichts[9] der Scheinwerfer auf die Entwicklung nationaler politischer Systeme gerichtet wird, damit auch die Wirtschaft bei ihren Investitionsentscheidungen weiß, woran sie ist.

Der Wille der EU, intern ihre Legitimation zu steigern und extern gemeinsame Interessen deutlicher zu vertreten, kann nicht eingelöst werden, wenn die politische Polarisierung über die Wertegrundlage zunimmt.

Das Auseinanderklaffen normativer Vorstellungen zwischen den EU-Mitgliedstaaten macht jedoch umfassendere Vertragsänderungen unwahrscheinlich, die notwendig wären, etwa um in außen- und sicherheitspolitischen Fragen mit qualifizierter Mehrheit abstimmen zu können. Wenn sich aber die EU nicht insgesamt voranbewegt, kann das Bemühen um eine »immer engere Zusammenarbeit« *einiger* gleichgesinnter Staaten, die später vielleicht eine tiefere Institutionalisierung und einen echten Souveränitätstransfer nach sich zieht, das Streben nach einer »immer engeren Union« *aller* Staaten ablösen.

Das kann in letzter Konsequenz allerdings auch bedeuten, dass sich jene Mitgliedstaaten, die besonders hartnäckig vom europäischen Wertekonsens abweichen, von diesem fundamentalen Kern der Gemeinschaft verabschieden. Das wäre ein hoher Preis für die EU, noch höher aber wären die Kosten einer normativen Beliebigkeit, in der die Grundprinzipien von Rechtsstaatlichkeit und Demokratie nicht als Grundlage für alle zählen. In diesem Fall würde sich jedenfalls für Deutschland die Frage nach einem Verbleib in der EU stellen, für den das Grundgesetz die Achtung eines klaren unabdingbaren Wertekanons benennt.

Anmerkungen

1 Siehe bereits Vertrag von Maastricht: https://eur-lex.europa.eu/legal-content/DE/TXT/?uri=celex%3A11992M%2FTXT

2 Einen Überblick über die Entwicklung der EU in 15 Krisenjahren gibt: Daniela Schwarzer (2021): *Final Call. Wie Europa sich zwischen China und den USA behaupten kann*. Campus Verlag.

3 Siehe zum Beispiel die »State of the Union«-Rede (2021) von EU-Kommissionspräsidentin Ursula von der Leyen: https://ec.europa.eu/info/strategy/strategic-planning/state-union-addresses/state-union-2021_en

4 Siehe Vorschlag des Hohen Vertreters Josep Borrell (2022): »A window on the world« (Blog). https://www.eeas.europa.eu/eeas/window-world-blog-hrvp-josep-borrell_en#10303

5 Siehe Koalitionsvertrag »Mehr Fortschritt wagen« zwischen SPD, Grünen und FDP (2021): https://www.spd.de/fileadmin/Dokumente/Koalitionsvertrag/Koalitionsvertrag_2021-2025.pdf

6 Siehe: Feri: »Euro-Zone weiter unter Druck – ›Hanseatische Liga‹ blockt«. In: *Hedge Work*, 02.07.2018. https://www.hedgework.de/archiv_beitrag/feri-euro-zone-weiter-unter-druck-hanseatische-liga-blockt.html

7 Ideenwerkstatt Deutsche Außenpolitik (2021): »Smarte Souveränität. 10 Aktionspläne für die neue Bundesregierung«. *DGAP Bericht* Nr. 16, Deutsche Gesellschaft für Auswärtige Politik, Berlin. https://dgap.org/sites/default/files/article_pdfs/smarte_souveraenitaet-ideenwerkstatt_aussenpolitik-final.pdf

8 Luuk van Middelar (2017): *Vom Kontinent zur Union. Gegenwart und Geschichte des vereinten Europa*. Suhrkamp Verlag.

9 Europäische Kommission (2021): »Bericht über die Rechtsstaatlichkeit 2021«. https://ec.europa.eu/info/policies/justice-and-fundamental-rights/upholding-rule-law/rule-law/rule-law-mechanism/2021-rule-law-report_de

Auf der Suche nach einer neuen Weltordnung

Russland, China und die Bedrohung der internationalen Normen: Wo bleibt Europa?

Von Sigmar Gabriel

Der Krieg Russlands gegen die Ukraine hat nicht nur Folgen für die Europäische Union und für die Sicherheits- und Verteidigungspolitik Deutschlands. Vielmehr ist dieser Krieg der sichtbarste und auch bislang tragischste Beleg dafür, dass sich die Welt in einem dramatischen Wandel befindet: Die alte Weltordnung, geprägt durch die Erfahrungen zweier Weltkriege, die in Deutschland und Europa ihren Ausgang nahmen, und gestaltet im Wesentlichen durch die Vereinigten Staaten von Amerika, verliert ihre bestimmende Kraft. Mit etwas Verspätung ist diese von den demokratischen Industriestaaten geprägte »Wilsonian Era« nun zu Ende gegangen, und mit ihr endet auch die Dominanz Europas in der Welt. Immerhin gut 600 Jahre lang war unser Kontinent – im Guten wie im Schlechten – Ursprung weltweiter Entwicklungen. Europa war Ausgangspunkt der Entdeckung Amerikas wie auch von Sklaverei und Kolonialismus, die Philosophie der Aufklärung hat hier ihren Ursprung ebenso wie zwei Weltkriege, Völkermord und der Holocaust. Nicht mehr der Atlantik und Europas enge Verbindung zum amerikanischen Kontinent bilden das Gravitationszentrum der Welt, sondern immer mehr der Indopazifik.

Länder wie China, Indien oder die Staaten Afrikas waren an der Entstehung der alten Weltordnung als Folge zweier Weltkriege nicht beteiligt. Die europäischen Mächte und die USA nannten diese Regionen »Dritte Welt« und blickten bestenfalls mit einem paternalistischen Blick auf sie herab. Längst erheben diese Länder den Anspruch, weit mehr zu sein als ein günstiger Marktplatz für die ökonomischen Interessen ihrer früheren Kolonialherren. Und das zu Recht, denn allein die Nationen des Indopazifiks repräsentieren rund 60 Prozent der Weltbevölkerung und 60 Prozent des Weltsozialprodukts, rund zwei Drittel des globalen wirtschaftlichen Wachstums, sind dieser Region zuzurechnen. Und auch in Afrika zeigen sich seit der Bildung der Freihandelszone erste Ansätze eines geopolitischen Selbstbewusstseins. Dort haben insbesondere die ehemaligen europäischen Kolonialmächte großen Anteil an der gescheiterten Dekolonisierung, und sie haben lange keine passende Antwort gefunden.

Wir sind also Zeitzeugen einer tektonischen Verschiebung der Machtachsen unserer Welt – der wirtschaftlichen und der machtpolitischen. Diese Verschiebung bringt zugleich eine neue politische Konkurrenz und Rivalität: Autoritäre Gesellschaftsmodelle konkurrieren erneut mit den Ideen liberaler Demokratien. Der rasante ökonomische Aufstieg Chinas stellt die Gewissheit der liberalen Demokratien infrage, derzufolge letztlich individuelle Freiheitsrechte und eine liberale Wirtschafts- und Gesellschaftsordnung die zentralen Voraussetzungen für nachhaltigen wirtschaftlichen Erfolg sind. Auf die spätestens seit dem Zerfall der Sowjetunion existierende Unipolarität der Weltordnung mit den USA als globalem Hegemon folgt nun nicht etwa ein multipolares Zeitalter, sondern eine neue Bipolarität zwischen autoritären und liberalen demokratischen Staaten. Die Vereinigten Staaten von Amerika und China sind dabei die stärksten und sichtbarsten Kontrahenten.

Auf die existierende Unipolarität der Weltordnung mit den USA als globalem Hegemon folgt kein multipolares Zeitalter, sondern eine neue Bipolarität zwischen autoritären und liberalen demokratischen Staaten mit den USA und China als stärksten und sichtbarsten Kontrahenten.

1. Das Ende des »deutschen Zeitalters« in Europa?

Insbesondere für Westeuropa geht ein bequemes Zeitalter zu Ende. Nach den Erfahrungen zweier Weltkriege im 20. Jahrhundert sollten sich die (West-)Europäer vor allem auf sich selbst konzentrieren. Die Formel »Americans in, Russians out, Germans down« machte die Vereinigten Staaten – obwohl ein paar Tausend Kilometer entfernt – zu einer europäischen Macht. Die geopolitischen Interessen wurden – von Frankreich und dem Vereinigten Königreich als ständige Mitglieder des UN-Sicherheitsrats einmal abgesehen – quasi auf amerikanische Flugzeugträger projiziert. Geopolitische Abstinenz, verbunden mit der Konzentration auf den gemeinsamen wirtschaftlichen Erfolg, wurde zum Erfolgsrezept Europas. Die »Pax Americana« löste damit die »Pax Britannica« ab und schützte Europa nun einerseits vor sich selbst, andererseits verband sich damit zunehmend die Verantwortung der Vereinigten Staaten, europäische Interessen gegenüber fremden Mächten zu vertreten. Für Europa insgesamt, aber vor allem für Deutschland war dies eine außerordentlich komfortable Position, denn wir konnten uns auf die Entwicklung unserer eigenen ökonomischen und sozialen Leistungsfähigkeit konzentrieren.

Vor allem nach dem Fall des Eisernen Vorhangs und der Auflösung der Sowjetunion schien sich Europa auf die Vertiefung des Binnenmarktes und die »ever closer union« konzentrieren zu können. Der stärkste Ausdruck dafür war die Schaffung einer Währungsunion und des Euro, der – mit Ausnahme Dänemarks, Schwedens und Großbritanniens – letztlich alle damaligen Mitgliedstaaten der Europäischen Union angehören sollten. Den ökonomisch schwächeren Mitgliedstaaten half die gemeinsame Währung, weil sie von der währungspolitischen Stärke der D-Mark profitierten und sich dadurch die Refinanzierungskosten für die öffentliche Schuldenaufnahme reduzierte.

2. Vom europäischen Deutschland zum deutschen Europa

Weit stärker aber noch zog die Bundesrepublik Deutschland einen Nutzen daraus. Denn einerseits konnten ihre Nachbarländer die eigene Wettbewerbsfähigkeit im Export von Waren und Gütern nicht mehr wie bisher durch Abwertungen ihrer nationalen Währungen gegenüber der starken D-Mark fördern. Andererseits beförderte der Euro die exportorientierte deutsche Fertigungsindustrie, deren globaler Erfolg zu D-Mark-Zeiten sicher weitaus schwieriger zu erreichen gewesen wäre.

Ein kurzer Blick zurück zeigt, wie sehr die Bundesrepublik als stärkste Wirtschaftsnation innerhalb der Europäischen Union profitierte: Deutschland ist nach den USA, China und Japan die viertgrößte Wirtschaftsnation der Welt. Schaut man sich an, woher dieser Erfolg stammt, was die Leistungsfähigkeit des Landes und die Grundlagen seiner ökonomischen Dynamik ausmachen, dann zeigt sich schnell die Besonderheit des deutschen Modells: Als stärkste Volkswirtschaft Europas umfasst der Exportanteil Deutschlands am Bruttoinlandsprodukt fast 50 Prozent. Nur Schweden kommt mit rund 45 Prozent auf eine ähnlich hohe Abhängigkeit seines wirtschaftlichen Erfolgs vom Export. In anderen großen Volkswirtschaften in Europa, wie beispielsweise Italien und Frankreich, beträgt der Exportanteil dagegen nur knapp 30 Prozent, in den USA lediglich etwas mehr als zehn Prozent.

Auch in den anderen beiden großen Volkswirtschaften liegt er niedriger: in China unter 20 Prozent, in Japan bei rund 15 Prozent. Kein anderes Land in der Welt profitiert so sehr von den internationalen Wertschöpfungsketten. Der stetige Erfolg der deutschen exportorientierten Industrie hatte zur Voraussetzung, dass staatliche Interventionen gegen arbeitsplatzgefährdende Rationalisierungen weitgehend unterblieben. Der Effizienzdruck des internationalen Wettbewerbs wurde in Deutschland – anders als in anderen europäischen Mitgliedstaaten – nie abgemildert oder als Problem empfunden, sondern im Gegenteil durch staatliche Forschungs- und Innovationsförderung eher noch stärker unterstützt. Staatliches Handeln war und ist dagegen darauf ausgerichtet, die arbeitsmarktpolitischen Folgen dieser »Produktivitätspeitsche« auszugleichen und aufzufangen.

Rückblickend kein Wunder also, dass daraus in zunächst 40 Jahren stetiger Wohlstandssteigerung in Westdeutschland und dann in noch einmal 30 Jahren Aufschwung im wiedervereinigten Land im Selbstverständnis der Deutschen so etwas wie ein »Modell Deutschland« wurde. Ein Vorbild, dem – so jedenfalls das Credo deutscher Politik – andere in Europa nur nacheifern müssten, um ähnliche Erfolge auch in ihren Ländern möglich zu machen. Hatte der frühere Bundeskanzler Helmut Kohl die Währungsunion noch als Mittel zum Zweck für den Einstieg in eine »politische Union« verstanden, wurde nun die Währungsunion selbst zum eigentlichen Zweck.

Kohl, der »Kanzler der Einheit«, meinte mit »Einheit« nie nur die deutsche, sondern immer auch die europäische. Seine Idee einer »politischen Union« Europas sollte dauerhaften Frieden nach innen und zugleich ein größeres gemeinsames globales Gewicht nach außen sichern. In diesem Sinne stellte das »europäische Deutschland« seine wirtschaftliche und politische Stärke in den Dienst dieser Idee. Mit der Zeit wurde daraus schleichend das »deutsche Europa«. Denn da aufgrund des gemeinsamen Euro Währungsabwertungen dem Instrumentarium nationaler Wirtschaftspolitik entzogen waren, blieben dem auf Export geeichten Modell nur die sogenannten »inneren Abwertungen« – eine euphemistische Umschreibung für Reallohnsenkungen, Rentenkürzungen und den Abbau kostenintensiver sozialer Leistungen. Alle sollten so werden »wie wir«. Aus der ursprünglichen europäischen Balance Europas zwischen Frankreich als politischer Führungsnation und Deutschland als ökonomischem Motor erwuchs im Rahmen der Währungsunion das »Modell Deutschland« als politisches und wirtschafliches Vorbild für die gesamte europäische Entwicklung.

Da aufgrund des gemeinsamen Euro Währungsabwertungen nicht mehr möglich waren, blieben dem auf Export geeichten Modell nur die »inneren Abwertungen« – kurz: Reallohnsenkungen, Rentenkürzungen und Abbau kostenintensiver sozialer Leistungen. Alle sollten so werden »wie wir«.

Wer diesem von Deutschen dominierten Modell nicht oder aus Sicht der internationalen Finanzinvestoren nicht ausreichend Folge leistete, dem drohten nicht nur der Verlust der Wettbewerbsfähigkeit seiner Waren und Dienstleistungen, sondern vor allem Risikozuschläge bei der nationalen Schuldenaufnahme. Deutlich wurde das erstmals in der Eurokrise ab 2010, die im hoch verschuldeten Griechenland begann, sich aber schnell auf den südlichen Teil Europas ausweitete. Da anders als im Währungsraum des Dollar keine gemeinschaftliche Absicherung des Euro in der Währungsunion gewollt war, zugleich aber die Risikoaufschläge für die nationale Schuldenaufnahme letztlich die Zahlungsfähigkeit einzelner Mitgliedstaaten als realistische Gefahr erscheinen ließen, wurde den betroffenen Staaten eine drastische »Rosskur« als Bedingung für den Verbleib in der Währungsunion und den

Erhalt europäischer Finanzhilfen auferlegt. Es waren vor allem nordeuropäische Mitgliedstaaten und allen voran Deutschland, die über die Institutionen der Europäischen Union harte Sparmaßnahmen zur Voraussetzung für europäische Solidarität machten. Die Folge: Europafreundliche Regierungen gerieten politisch unter Druck, und links- wie rechtsgerichteten Antieuropäern gelang nicht nur der Sprung in etliche Parlamente, sondern sogar in Regierungen.

Nicht zuletzt um dieser verhängnisvollen Entwicklung Einhalt zu gebieten, übernahm die Europäische Zentralbank (EZB) eine Aufgabe, für die sie eigentlich nicht legitimiert war: Der couragierte EZB-Präsident und spätere italienische Ministerpräsident Mario Draghi kündigte den Ankauf staatlicher Schuldtitel mit dem berühmten Satz »whatever it takes« an – und setzte ihn dann auch um. Für die europäischen Staats- und Regierungschefs waren diese EZB-Rettungsprogramme hochwillkommen: Öffentlich konnten sie weiterhin darauf pochen, dass damit keine gemeinschaftliche Haftung für die Eurowährung erfolge, sondern jeder Mitgliedstaat nach wie vor für die eigenen Schulden hafte. Tatsächlich aber verbürgte sich die EZB für das genaue Gegenteil, gab sie doch mit dem Ankauf staatlicher Schuldtitel allen Investoren im Euroraum die Garantie, dass ihre Anlagen sicher sind. Denn für die EZB und ihre Verbindlichkeiten haften selbstverständlich alle ihre Mitgliedstaaten.

Im Ergebnis machte die wachsende staatliche Armut in einem Teil Europas andere Teile zugleich wohlhabender – und hier vor allem Deutschland. Die positive Beurteilung des deutschen Wirtschaftsraums sorgte selbst in der allgemeinen Eurokrise dafür, dass Zinsen auf deutsche Staatsanleihen einen historischen Tiefstand erreichten. Die Bundesrepublik konnte ihre jährliche Zinslast für die staatliche Schuldenaufnahme von 40 Milliarden Euro im Jahr 2000 auf weniger als vier Milliarden im Jahr 2021 senken. Die berühmte »schwarze Null«, also ein ausgeglichener Haushalt, der aus deutscher Sicht Vorbild für andere europäische Mitgliedstaaten sein sollte, war also weniger das Ergebnis klugen Regierungshandelns, sondern weit mehr das Resultat einer durch die Zinspolitik der EZB betriebenen Umschuldung: »Teure« Schulden mit hohem Zinsniveau wurden umgewandelt in eine dank niedriger Zinsen weitaus »preiswertere« Schuldenpolitik.

Diese unausgesprochene Staatsfinanzierung der EZB ist durch den drastischen Anstieg der Inflation aufgrund explodierender Energiepreise und mindestens mittelfristig gestörten Lieferketten zu einem vorläufigen Ende gekommen. Auch die Zinsen der EZB steigen. Zwar versucht die EZB, Sonderregelungen für jene Mitgliedstaaten der Währungsunion vorzubereiten, die über kurz oder lang durch steigende Zinslasten unter Druck geraten werden. Die Sorge, dass die europakritischen rechtspopulistischen Parteien in Italien bei den Parlamentswahlen im Herbst 2022 siegen könnten, sind ein erstes Anzeichen dafür, welche zerstörerischen Folgen diese wirtschaftliche Entwicklung für die Einheit Europas haben kann. Zugleich wird der wohlhabendere Norden Europas bald vor der Frage stehen, mit welchen Finanztransfers die Einheit des Währungsraums und damit letzten Endes die Einheit der Europäischen Union gesichert werden kann. Die 750 Milliarden Euro aus Brüssel, die helfen sollen, die pandemiebedingte Wirtschaftskrise zu überwinden, werden gewiss nicht das letzte europäische Rettungspaket gewesen sein.

Ob es ausreichen wird, in außerordentlichen Krisen gemeinschaftliche Nothilfeprogramme aufzulegen, wird man abwarten müssen. Eine angemessene ökonomische Souveränität werden der Euroraum und die Europäische Union aber erst erreichen, wenn sie gewillt sind, das zu tun, was jeder Währungsraum der Welt bislang leisten musste: eine hinreichend verbindlich abgestimmte Finanz- und Wirtschaftspolitik, die sich nicht ausschließlich an der Exportorientiertheit seines stärksten

Mitgliedstaates orientiert. Vor allem aber bedarf es einer klaren gemeinschaftlichen Absicherung des Euro, um allen Investoren im europäischen Währungsraum die Sicherheit ihrer Anlagen zu garantieren. Wer den wirtschaftlich schwächeren Mitgliedstaaten wenigstens einen Teil ihrer Zinslast abnehmen will, wird an einer gemeinschaftlichen Verbürgung der gemeinsamen Währung nicht vorbeikommen.

Eine angemessene ökonomische Souveränität werden der Euroraum und die EU nur durch eine verbindlich abgestimmte Finanz- und Wirtschaftspolitik erreichen, die sich nicht nur an der Exportorientiertheit seines stärksten Mitgliedstaates orientiert.

Der ökonomische, soziale und politische Druck, den dieses »deutsche Modell«, die Kombination aus Währungsunion und Exportorientiertheit, ausgelöst hat, ist nicht ohne Folgen geblieben. Sowohl in den vergangenen italienischen als auch in den französischen Wahlkämpfen spielten antieuropäische und antideutsche Ressentiments eine Rolle. Die Bemerkung des französischen Präsidenten Emmanuel Macron, dass »die Zeit des deutschen Exportmodells vorbei« sei, war unmissverständlich und eine Reaktion auf die jahrelange deutsche Verengung der europäischen Entwicklung auf den europäischen Stabilitätspakt.

Auch die Vorschläge der EU-Kommission für gemeinsame Einsparungen beim europäischen Erdgasverbrauch, die vor allem Deutschlands Wirtschaft vor den Folgen eines russischen Erdgasbykotts schützen sollen, lösten unter anderem in Spanien Befremden aus. Die Antwort aus Madrid, man begreife nicht, warum die spanische Bevölkerung Energie einsparen solle, schließlich habe Deutschland seine zu starke Abhängigkeit von russischem Erdgas selbst verschuldet, kann man getrost als eine späte Reaktion auf die deutschen Vorwürfe gegenüber Spanien während der Finanzkrise 2009/2010 verstehen. Und auch der Streit zwischen Ost- und Westeuropa in Fragen der Sicherheits- und Verteidigungspolitik hat zumindest teilweise seine Ursache in der Verärgerung über Deutschlands jahrelanges Beharren auf der Einfuhr preiswerter Energierohstoffe aus Russland. Entgegen aller Warnungen der mittel- und osteuropäischen Nachbarn wollte die Bundesrepublik ihrer Exportindustrie den Preisvorteil russischer Energieträger sichern.

3. Tektonische Machtverschiebungen

Keine leichte Ausgangslage also für die Einheit Europas – insbesondere was die Rolle Deutschlands angeht. Deutschland und – mit Ausnahme Frankreichs und des Vereinigten Königreichs – auch das restliche West- und Südeuropa hatten sich zu einer sogenannten »Soft Power« entwickelt, einer Macht, die sich in erster Linie auf die integrative Wirkung wirtschaftlicher Verbindungen stützt. Was aber, wenn diese integrative Strategie plötzlich auf eine genau entgegengesetzte (militärisch gestützte) konfrontative Strategie trifft, die aus Gründen des geopolitischen Machtgewinns bereit ist, erhebliche wirtschaftliche Nachteile in Kauf zu nehmen, wie es derzeit bei Russland der Fall ist?

Bislang konnte sich Europa dabei auf den militärischen Beistand der Führungsnation USA verlassen, die dank US-Präsident Joe Biden noch einmal bereit ist, im transatlantischen Interesse auf dem europäischen Kontinent mit einer fremden Macht in Konflikt zu gehen.

Das ist auf mittlere Sicht jedoch keineswegs mehr selbstverständlich. Es waren die Vereinigten Staaten, die die globale Achsenverschiebung weg von Europa und hin nach Asien früh erkannten und proklamierten. George W. Bush sprach als erster US-Präsident von seinem Land als »Pacific Nation«; sein Nachfolger Barack Obama prägte den Ausdruck vom »pivot to Asia«.

Der Perspektivenwechsel veränderter politischer und ökonomischer Achsen hat seine Verankerung in einer zweiten Verwestlichung der USA: im anhaltenden demografischen Wandel und der damit einhergehenden Verschiebung des gesellschaftlichen, wirtschaftlichen und politischen Mittelpunkts zum Pazifik. So wird das aufstrebende China seit Jahren von den USA als zentraler Konkurrent um globalen Einfluss und ökonomische Kraft empfunden. Die Vereinigten Staaten sehen sich nicht mehr in der Lage, beides zu sein: die führende Wirtschaftsnation und globale Ordnungsmacht, die »indispensable nation«.

Mit ihrem Rückzug aus dem Nahen Osten, aus Afghanistan und – wäre es nicht zum Ukraine-Krieg gekommen – auch aus Europa wollten die USA die Voraussetzungen dafür schaffen, sich auf den Wettbewerb mit China zu konzentrieren. Zugleich symbolisierte dieser Rückzug das Ende der »Pax Americana«, die spätestens nach dem Zusammenbruch der Sowjetunion unbestritten die globale Ordnung dominierte. Diese tektonische Verschiebung dürfte die eigentliche »Zeitenwende« markieren, in der wir uns befinden. Schon heute mehren sich in den Vereinigten Staaten die Stimmen, die eine längere finanzielle und militärische Unterstützung der Ukraine infrage stellen, weil die dabei eingesetzten Mittel im ökonomischen und militärischen Wettbewerb mit China gebraucht würden.

Der Rückzug der USA aus dem Nahen Osten und Afghanistan symbolisierte auch das Ende der »Pax Americana«. Diese tektonische Verschiebung dürfte die eigentliche »Zeitenwende« markieren.

Aber wie soll eine neue globale Ordnung aussehen? Welchen Prinzipien soll sie folgen und wer sie durchsetzen? Und vor allem: Was hieße das für Europa – und für Deutschland? Noch ist unklar, wie diese neue Weltordnung aussehen kann und soll. Der amerikanische Publizist Ian Bremmer beschreibt den Zustand der Welt nach dem Ende der Pax Americana als »G-Zero World«, eine Welt ohne Ordnung, eine Welt ohne Hegemon, damit eine Welt mit allenfalls labilen Gleichgewichten.

Wie sehr sich die Welt innerhalb weniger Jahre verändert hat, lässt sich am Umgang mit globalen Krisen feststellen: Während man sich auf dem G20-Gipfel im November 2008 auf dem Höhepunkt der Finanzkrise noch schnell und effizient auf eine gemeinsame Krisenbekämpfung einigen konnte, gab es ein vergleichbares Treffen zur Bekämpfung der Coronapandemie – sieht man von Onlineformaten ab – bis heute nicht. Obwohl die Aufgaben, die nur im Rahmen internationaler Zusammenarbeit gelöst werden können – Pandemie, Klimawandel oder die Proliferation mit nuklearen Waffentechnologien –, enorm zunehmen, scheint die Fähigkeit zu gemeinsamem Handeln eher abzunehmen. Es gelingt schon nicht mehr, ein gemeinsames Verständnis der Lage und der damit verbundenen Herausforderungen zu entwicklen, geschweige denn über die notwendigen politischen Maßnahmen und deren Koordinierung. Und selbst in Europa war es zu Beginn der Pandemie alles andere als selbstverständlich, dass die Mitgliedstaaten gemeinsam handeln. Im Gegenteil: Als die Berichte über das massenhafte Sterben in Norditalien bereits die tägliche Nachrichtenlage bestimmten, erließ die deutsche Bundesregierung ein Verbot des Exports von medizinischen Hilfsgütern in die europäischen Nachbarstaaten. Wäre dieses Verbot nicht wenige Wochen später wieder aufgehoben worden, hätten uns das unsere italienischen Nachbarn wohl die nächsten 100 Jahre nicht verziehen. Nicht nur die Flüchtlingskrise der Jahre 2015/2016 zeigte uns, wie dünn das Eis ist, auf dem sich die europäische Einheit bewegt.

Wir erleben derzeit eine wachsende Parallelität von globalen Krisen: Krieg, Klimawandel, Pandemie, Proliferation, Hunger, globale Machtauseinandersetzungen – und nicht zuletzt Legitimationskrisen in Demokratien. Diese Gleichzeitigkeit würde eigentlich gemeinsame, europäische und internationale Antworten erfordern, stattdessen stoßen die Krisen auf eine zunehmende Fragmentierung der Welt, Nationen und Regionen grenzen sich gegeneinander ab, um im globalen Ringen um die Weltordnung des 21. Jahrhunderts eine möglichst gute (nationale) Ausgangsposition einnehmen zu können. Die Parallelität der Krisen hat gravierende Folgen für die Erwartungshaltung: Ein Ende einer Krise – beispielweise das Ende des Kriegs in der Ukraine – bedeutet nicht das Ende der anderen Krisen, zum Beispiel werden Energie und Benzin auch in Zukunft teuer sein. Und nicht zuletzt: Russland wird auf Sicht eine große Herausforderung für Europa bleiben, weil die Wahrnehmung des »Westens« und der NATO als prinzipieller Gegner Russlands weit über den derzeitigen Machtzirkel von Präsident Wladimir Putin hinausgeht und Widerhall in den politischen und wirtschaftlichen Eliten des Landes findet.

4. Zeitenwende: Geopolitik schlägt Geoökonomie

Die kommende Dekade wird geprägt sein vom Ringen um Einfluss auf eine neue globale Ordnung. Und anders, als wir Deutschen und die Mehrheit der Europäer es erwarten, zählt dabei nicht mehr allein der ökonomische Vorteil. Im Gegenteil: Das Zeitalter des Vorrangs der Geoökonomie wird abgelöst durch ein neues Zeitalter der Geopolitik. Nicht mehr ökonomische Potenziale bestimmen die »Währung« der internationalen Poltitik, sondern Machtinteressen. Der erwartete Zugewinn an politischer Macht und geopolitischem Einfluss auf die Gestaltung einer neuen globalen Ordnung ist entscheidender als der ökonomische Vorteil einer effizient und möglichst konfliktfrei organisierten, arbeitsteiligen Weltwirtschaft. Geopolitik schägt Geoökonomie. Die »Brexiteers« im Vereinigten Königreich wussten um die ökonomischen Nachteile eines Austritts aus der Europäischen Union, gleichwohl war der politische »Machtzuwachs« unter dem Schlachtruf »Take back control« weit attraktiver als ein Verbleib in der Gemeinschaft. In den USA stimmten im Jahr 2020 rund 74 Millionen Amerikanerinnen und Amerikaner für Donald Trump, obwohl die Wiederwahl dieses Präsidenten ihnen wegen der von ihm geplanten Abschaffung der gesetzlichen Krankenversicherung unmittelbaren wirtschaftlichen Nachteil zugefügt hätte. Das eher floskelhafte Versprechen »Make America great again« übte mehr Anziehungskraft auf diesen Teil der US-Wählerschaft aus als sozialstaatliche Sicherheit.

Das erschreckendste Beispiel für die Unterordnung der Geoökonomie unter die Machtstrategien der Geopolitik bietet natürlich Russland. Westliche Sanktionen gegen den Angriffskrieg Russlands auf die Ukraine werden in Moskau als eine Art »Großmachtsteuer« empfunden, die man bereit sein müsse, in Kauf zu nehmen, wenn man im Ringen um die Neuordnung der Welt eine Rolle spielen will.

Westliche Sanktionen gegen den Angriffskrieg Russlands auf die Ukraine werden in Moskau als eine Art »Großmachtsteuer« empfunden, die man man im Ringen um die Neuordnung der Welt in Kauf nehmen muss.

Für das exportorientierte Modell der deutschen Volkswirtschaft hat das enorme Konsequenzen. So ziemlich alle Grundlagen dieses Modells geraten ins Wanken, wenn vor allem geopolitischer Machtzuwachs und nicht mehr geoökonomische Interessen zählen. Vor uns liegt ein Jahrzehnt der Unsicherheit, der Instabilitäten und unvorhersehbaren Dynamiken. Deutschland und weite Teile Europas sind dabei kein eigener geopolitischer Machtfaktor, im Gegenteil: In allen wesentlichen Konflikten sind wir Europäer derzeit eher Zuschauer und höchstens Alliierte, nie aber eigenständig Handelnde. Das heißt: Rohstoff- und Energiepreise werden hoch bleiben, Handelsbarrieren und Störungen der Lieferketten werden zunehmen und bislang als sicher geltende Seewege tendenziell unsicherer sein. Große Absatzmärkte wie China werden immer öfter Teil der geopolitischen Rivalitäten, und auch im Inneren Europas schwinden die Grundlagen für den ökonomischen Erfolg: Fast überall, aber besonders in Deutschland führt der demografische Wandel zu einem dramatisch wachsenden Fachkräftemangel und lässt die Alterung der Bevölkerung Innovationskraft und Potenzialwachstum schrumpfen.

5. Russland will wieder Großmacht werden

China und die USA dominieren den geopolitischen Wettbewerb. Der Angriffskrieg auf die Ukraine dürfte Russlands Versuch sein, bei dieser hierarchischen Neuordnung der Welt selbst wieder als Großmacht eine Rolle zu spielen – vor allem in der Region, die in Russland »Eurasien« genannt wird. Die Gelegenheit dafür schien günstig, waren die USA doch aus russischer Sicht innenpolitisch so tief gespalten und mit sich selbst und der Konkurrenz mit China beschäftigt, dass ein erneutes militärisches Eingreifen der Vereinigten Staaten in Europa kalkulierbare Risiken zu enthalten schien. Das westliche Verteidigungsbündnis, die NATO, war noch vor Kurzem von einem europäischen Staatschef, Frankreichs Präsidenten Macron, als »hirntot« bezeichnet worden, Europa ist gespalten in Nord und Süd sowie in Ost und West. So gesehen ist der russische Krieg eher Ausdruck als Ursache der Zeitenwende.

Die NATO war noch vor Kurzem als »hirntot« bezeichnet worden, Europa ist gespalten in Nord und Süd sowie in Ost und West. So gesehen ist der russische Krieg eher Ausdruck als Ursache der Zeitenwende.

Russland, das über Jahrhunderte eine europäische Macht war, büßte in den vergangenen 30 Jahren enorm an Geltung ein und sank seit dem Zusammenbruch der Sowjetunion eher auf den Status einer »großen Tankstelle«, wurde im Großen und Ganzen zu einem Rohstofflieferanten ohne nennenswerten politischen oder wirtschaftlichen Einfluss auf weite Teile Europas. Genau das will Russlands Führung nun nicht nur ändern, sondern umkehren. Dass Putins Versuch schon heute als gründlich gescheitert erklärt werden kann und die russische Förderation nach diesem Krieg ein Schatten ihrer selbst sein wird, macht das Land nicht weniger gefährlich, sondern eher noch unkalkulierbarer. Ein neuer »Eiserner Vorhang« zwischen der Ostsee und dem Schwarzen Meer wird auf absehbare Zeit die unvermeidbare Folge sein. Wladimir Putin wird das Gegenteil von dem erreichen, was er angeblich durch diesen Krieg verhindern wollte: Die NATO wird hochgerüstet bis an die russische Grenze rücken, was sie trotz ihrer Mitgliedstaaten, die eine gemeinsame Grenze mit Russland haben, bis vor Kurzem nicht getan hat. Auch deutsche Soldatinnen und Soldaten werden in den mittel- und osteuropäischen Mitgliedstaaten entlang der Grenze zu Russland stationiert sein. Und mit dem beabsichtigten Beitritt der Ukraine zur EU ergibt sich auch jenseits der Mitgliedschaft des Landes in der NATO eine sicherheitspolitische Beistandsverpflichtung aller EU-Mitgliedstaaten für die Sicherheit ihres dann östlichsten Mitglieds. Niemand weiß, wann es zu ernsthaften Waffenstillstands- und Friedensverhandlungen zwischen der Ukraine und Russland kommen wird. Aber ohne praktische Sicherheitsgarantien auch der europäischen Mitglieder für die territoriale Integrität der Ukraine werden solche Verhandlungen gewiss nicht enden.

Vor allem aber verlängert sich diese gemeinsame Grenze durch den NATO-Beitritt Schwedens und Finnlands von heute etwa 800 Kilometer auf insgesamt 2100 Kilometer. Und es dürfte lange dauern, bis sich beide Seiten wieder zu Abrüstungsverhandlungen und Truppenentflechtungen bereitfinden. Erstmals seit der Zeit Peters des Großen werden Europa und Russland wieder vollständig voneinander getrennt sein. Allerdings mit dem Unterschied, dass dieser östliche Nachbar Europas eine Atommacht bleibt und wir im Zeitalter von Cyberattacken und Missinformation in einer weitaus gefährlicheren Welt leben als während des »Kalten Kriegs« im vergangenen Jahrhundert. Europa und die NATO werden darum große Anstrengungen unternehmen müssen, um erneut Instrumente des »Crisis Managements« zu entwickeln mit dem Ziel, militärische Konflikte mit Russland zu vermeiden, die im 21. Jahrhundert noch schneller ungewollt entstehen können, als dies schon im 20. Jahrhundert der Fall war.

Alle russischen Kalkulationen im Ukraine-Krieg haben sich als falsch erwiesen: Die NATO ist so geeint wie lange nicht mehr, die USA sind unter US-Präsident Joe Biden erneut bereit, als »europäische Macht« zu agieren, und obwohl so manche noch vor einiger Zeit »postheroische Zeiten« voraussagten, zeigen die Bürgerinnen und Bürger der Ukraine, dass sie bereit sind, ihr Leben für die Freiheit ihres Landes einzusetzen.

Statt erneut an Einfluss in Europa zu gewinnen, wird Russland ihn aller Voraussicht nach vollständig, zumindest jedoch in weiten Teilen verlieren. Was dem Kreml bleibt, ist seine wirtschaftliche, politische und militärische Kooperation mit China – aber eben nicht als gleichrangiger, sondern als abhängiger Partner, der ökonomisch angesichts seiner veralteten Technologien und der weltweit voranschreitenden Dekarbonisierung vor einer dauerhaft schwindenden Bedeutung seiner rohstoffgebundenen Potenziale steht. Ein historischer Wohlstandseinbruch scheint kaum vermeidbar zu sein, selbst bei einem denkbaren Wandel des politischen Regimes in Moskau würde es allein wegen der verloren gegangenen technologischen Anschlussfähigkeit Jahrzehnte brauchen, eine neue Wohlstandsbasis zu schaffen.

Statt erneut an Einfluss in Europa zu gewinnen, wird Russland ihn aller Voraussicht nach vollständig, zumindest jedoch in weiten Teilen verlieren.

Aus Russland wird dadurch kein zweites Nordkorea und auch kein dauerhafter Paria der Weltpolitik. Zu viele Staaten sind an Russlands Rohstoffen ebenso interessiert wie an seinen Waffen, die lukrative Exportprodukte sind. In der UN-Vollversammlung stimmten – neben Russland – zwar nur Belarus, Nordkorea, Eritrea und Syrien gegen eine Verurteilung des Kriegs gegen die Ukraine. Doch 35 weitere Staaten gaben sich in diesem Konflikt »neutral« und enthielten sich der Stimme, darunter China, 17 afrikanische Staaten sowie Indien und Südafrika. Sie repräsentieren die Hälfte der Weltbevölkerung und interpretieren den russischen Angriff völlig anders als wir: Für sie und viele andere Staaten handelt es sich in der Ukraine um einen Stellvertreterkrieg zweier alter Imperialisten – Russlands und der USA –, um einen »proxy war«, der auf dem Rücken anderer Nationen ausgetragen wird.

Fehlender Weizen und fehlende Düngemittel aus der Ukraine und Russland, explodierende Energie- und Lebensmittelpreise – und eine neue Wirtschaftskrise, obwohl die letzte als Folge der Pandemie noch nicht überstanden ist: Das alles ist für diese Staaten das Resultat »westlicher Sanktionen«. Dass das reiche Deutschland alle Erdgasreserven der Welt zu hohen Preisen aufkauft, weil es einerseits unabhängig von russischem Gas werden will, zugleich aber nicht bereit ist, mit anderen Ländern für die Erschließung neuer Erdgasfelder langfristige Lieferverträge einzugehen, weil dies den innenpolitischen Klimazielen widersprechen könnte, bringt ärmere Länder zur Verzweiflung. Ihnen fehlt es entweder an Erdgas beziehungsweise LNG oder sie müssen noch höhere Anteile ihres Sozialprodukts für den Energieimport ausgeben. Europa insgesamt dürfte es inzwischen schwerfallen, noch einmal eine Koalition von 144 Mitgliedstaaten der Vereinten Nationen in der Verurteilung der russischen Aggression gegen die Ukraine hinter sich zu versammeln.

Auch aus diesem Grund dürfen wir die Auseinandersetzung mit Russland nicht selbst immer wieder zu einem Konflikt zwischen »dem Westen« und Russland erklären, sondern sollten darin sehen, was dieser Krieg im Kern ist: der Versuch einer Rekolonialisierung eines Staates, der sich seinen Weg in die Freiheit erkämpft hatte und nun erneut unter die Kontrolle seines alten Imperialherrn zurückgeholt werden soll.

Um die Länder des globalen Südens in diesem Konflikt auf ihre Seite zu ziehen, müssen die demokratischen Staaten Europas, die USA und ihre weiteren westlichen Verbündeten deshalb alles tun, um die drohenden Hungerkatastrophen und die verheerenden wirtschaftlichen Folgen für die ärmeren Länder abzuwenden. Dem letzten Gipfeltreffen der G7 in Deutschland, zu dem auch Länder wie Indien, Südafrika und Indonesien eingeladen waren, fehlte es an solchen Zeichen praktischer Solidarität. Europas Staatengemeinschaft muss aufpassen, dass ihr nicht erneut doppelte Standards vorgeworfen werden und sich der Eindruck verfestigt, dass sie so sehr auf die Ukraine konzentriert ist, dass dabei das Elend und die Krisen in der direkten Nachbarschaft südlich des Mittelmeers in den Hintergrund treten.

6. Die große Herausforderung für Europa: China

So sehr sich Russlands Präsident Putin auch wünscht, wieder als Vertreter einer Großmacht wahrgenommen zu werden: Russlands Krieg gegen die Ukraine wird nichts an der Bipolarität der kommenden Weltordnung ändern. Das Land wird keine neue Großmacht, sondern in die dauerhafte Gefolgschaft mit China gezwungen.

Russlands Krieg gegen die Ukraine wird nichts an der Bipolarität der kommenden Weltordnung ändern. Das Land wird keine neue Großmacht, sondern in die Gefolgschaft mit China gezwungen.

Das hat auch für Europa Konsequenzen: Selbst wenn alle Aufmerksamkeit der demokratischen Staatengemeinschaft auf dem europäischen Kontinent derzeit dem Krieg in der Ukraine und der Bedrohung durch Russland gelten muss, die eigentliche Herausforderung für die EU liegt in dieser Bipolarität der globalen Ordnung. Einerseits kann mit Blick auf die gesellschaftliche Ordnung kein Zweifel daran bestehen, dass die Europäische Union und die mit ihr verbundenen Staaten klar auf der Seite der USA stehen müssen. Andererseits haben viele europäische Staaten – allen voran Deutschland – starke wirtschaftliche Interessen an der Zusammenarbeit mit China. China ist für Europa eine Art »Frenemy« – ökonomischer Partner und politischer Gegner zugleich.

Geopolitisch muss Europa seinen Einfluss gegenüber dem Reich der Mitte nutzen – selbst wenn der Erfolg dabei auf Sicht überschaubar bleiben wird. Aber so sehr wir uns angesichts von Pandemie, labilen Lieferketten und der hohen Energieabhängigkeit von Russland auch um Diversifizierung und eine stärkere Resilienz unserer Volkswirtschaften bemühen, dürfte eine weitgehende Entkoppelung von China weder im politischen noch im ökonomischen Interesse Europas sein.

»Diversifizierung ja, Entkoppelung nein«, das muss unsere europäische Leitlinie für die neue Phase der Globalisierung sein. In dieser »Globalisierung 2.0« wird es kein »unpolitisches« wirtschaftliches Handeln mehr geben, sondern politische Interessen werden die internationale Arbeitsteilung mehr denn je bestimmen. Spätestens seit der Pandemie und dem Krieg gegen die Ukraine ist für alle Teile der Welt klar, dass die jeweiligen Abhängigkeiten verringert und die Widerstandsfähigkeit ausgebaut werden müssen. Diese Lehre wird nicht nur Europa ziehen, sondern mit dem Blick auf die mögliche Betroffenheit infolge von Sanktionen wird dies auch in China und Russland der Fall sein.

Das bedeutet nicht das Ende der internationalen Arbeitsteilung und der Verzicht auf ihre Effizienzgewinne, aber ihr Gesicht wird sich verändern: Sie wird regionaler und in Teilen auch hybrider. Es wird Waren und Dienstleistungen geben, die wie heute auch in internationalen Netzwerken hergestellt und gehandelt werden. Aber wir werden vor allem bei wichtigen Rohstoffen, bei kritischer Infrastruktur, künstlicher Intelligenz und Digitalisierung Regionalisierungen, sogenanntes »Friendshoring« und »Nearshoring« erleben. Das »Navigieren« in dieser neuen Phase der Globalisierung wird schwieriger – vor allem für so exportabhängige Volkswirtschaften wie die deutsche.

Bei aller Komplexität, die dieses neue Navigieren erfordert, ein Land mit 1,4 Milliarden Menschen wie China wird man sicher nicht einfach »umschiffen« und unter eine Art »Quarantäne« stellen können. Außerdem: Globale Herausforderungen wie den Klimawandel, die Überwindung von Pandemien oder die Unterbindung der Proliferation mit Nukleartechniken zum Bau von Atomwaffen wird die Weltgemeinschaft ohne China nicht bewältigen können.

Dies fordert insbesondere die Bundesrepublik, deren wirtschaftlicher Erfolg oder Misserfolg immer zugleich Rückwirkungen auf ganz Europa hat. Deutschlands Automobilindustrie zum Beispiel ist für EU-Mitgliedstaaten wie die Slowakei, Tschechien, Ungarn oder auch Polen von zentraler Bedeutung. China und Deutschland verfügen jeweils über entwickelte Volkswirtschaften mit integrierten (also sich wechselseitig bedingenden und unterstützenden) Ketten der industriellen Wertschöpfung. Das Niveau beider Volkswirtschaften ist unterschiedlich ausgeprägt – hinsichtlich verschiedener wirtschaftlicher Bereiche, bei unterschiedlichem Innovationstempo, mit einer unterschiedlichen Geschäftskultur, mit sehr deutlichen Divergenzen in der regionalen Entwicklung und manchen anderen Unterschieden. Beide Volkswirtschaften fußen aber grundsätzlich auf dem Zugang zu Rohstoffen und Energie, und beide Volkswirtschaften sind geprägt vom Export. Deshalb besteht für beide Länder, ihre Volkswirtschaften und ihre Unternehmen ein fundamentales Interesse an freien Zugängen zu Märkten, was die Sicherheit der Lieferwege ebenso umfasst wie die Sicherheit der Lieferketten, auf denen die internationale Arbeitsteilung beruht. Die vergangenen 30 Jahre haben nicht nur China zum Gewinner der Globalisierung gemacht, sondern – unter den Industrieländern herausragend – auch Deutschland.

Der deutsche Austausch von Gütern und Dienstleistungen mit China ist von hoher Bedeutung für beide Länder. Das gilt sowohl hinsichtlich des in den vergangenen Jahren ständig steigenden Umfangs als auch hinsichtlich der Qualität innerhalb der integrierten Ketten der Wertschöpfung. Der Warenaustausch der Europäischen Union mit China betrug 2021 rund 695 Milliarden Euro (laut Statista 2022 belief sich der

Import der EU *aus* China auf rund 472 Milliarden Euro und der EU-Export *nach* China auf rund 223 Milliarden Euro). Der Warenaustausch Deutschlands mit China betrug im selben Jahr rund 245 Milliarden Euro (Deutschland exportierte für fast 104 Milliarden Euro *nach* China und importierte für fast 142 Milliarden Euro *aus* China). Die Globalisierung unserer Zeit – als Globalisierung der Wertschöpfungsketten – schafft Abhängigkeiten für alle Beteiligten.

So unterschiedlich China und Deutschland hinsichtlich ihrer kulturellen und geschichtlichen Traditionen auch sind, so verbindet sie doch in erheblichem Umfang die Integration in die internationale Arbeitsteilung und Wertschöpfung. Grund genug, sich intensiver mit Geschichte, Kultur und gesellschaftlicher Entwicklung in China auseinanderzusetzen und sich nicht ausschließlich auf Ab- und Ausgrenzung zu fokussieren.

Bei aller berechtigten Kritik an der chinesischen Politik: Es bleibt eine unausweichliche Aufgabe, Wege der Kooperation im Gestrüpp der Gegensätze und Interessenkonflikte zu suchen.

Es ist wichtig, sich diese Tatsachen immer wieder in Erinnerung zu rufen, weil durch die Erschütterung des russischen Krieges gegen die Ukraine mitunter der Eindruck vermittelt wird, dass in einer ökonomischen und politischen Entflechtung und Entkoppelung die grundsätzlich bessere Alternative zu finden sei. Die Folge wären nicht nur Wohlstandsverluste für alle, sondern zugleich die zunehmende Unfähigkeit zu gemeinsamem internationalen Handeln hinsichtlich jener Herausforderungen, die – wie der Klimawandel – nur durch globale Kooperation bewältigt werden können. Bei aller berechtigten Kritik an der chinesischen Politik und Gesellschaftsordnung bleibt es eine unausweichliche Aufgabe, immer wieder Wege der Kooperation im Gestrüpp der Gegensätze und Interessenkonflikte zu suchen.

Das Scheitern der simplen Idee von »Wandel durch Handel« bedeutet nicht, dass im Umkehrschluss Isolation und Autarkie die richtigen Antworten sind. Wir werden – ähnlich, wie es zum Beispiel Australien, Japan und Südkorea tun – Ambiguitäten mit Peking aushalten müssen. Und wer etwas genauer auf die Politik der Vereinigten Staaten schaut, wird schnell feststellen, dass abseits politischer Rhetorik auch dort keine reine Konfrontations- und Entkoppelungsstrategie betrieben wird. So sehr der Konflikt mit China in den Mittelpunkt amerikanischer Außen- (und Innen-)Politik gerückt ist, so wenig kann von einem »Decoupling« von China die Rede sein. Gerade einmal zehn Prozent der US-amerikanischen Unternehmen haben ihre wirtschaftliche Kooperation mit China reduziert. 50 Prozent arbeiten auf dem gleichen Niveau und 40 Prozent haben ihre wirtschaftliche Zusammenarbeit sogar ausgebaut. Einige Beispiele: Die Vereinigten Staaten wollen jetzt amerikanische Klimaschutztechnologien an China liefern, da das Reich der Mitte seine Anstrengungen zum Schutz des Weltklimas verstärken will. Und vor Kurzem haben die USA einen »Deal« mit China abgeschlossen, der die USA zum zweitgrößten Lieferanten Chinas für Flüssiggas machen wird, nach Australien. Die USA und einige demokratische Staaten in Chinas direkter Nachbarschaft wie Australien, Japan oder Südkorea zeigen, dass sicherheitspolitische Konfrontation und wirtschaftliche Kooperation durchaus parallel existieren können. Derartige Ambiguitäten und strategische Paradoxien können Europa als gute Beispiele für das eigene Verhältnis zu China dienen.

7. Die drei großen »C« der internationalen Politik: Confrontation, Competition, Cooperation

Längst sind auch die USA dabei, ihre Beziehungen zu China in drei Bereichen in ein angemessenes Verhältnis zueinander zu setzen. Die drei »C« der internationalen Politik bestimmen auch hier die Politik Washingtons: »Confrontation« dort, wo es um Menschenrechte, um die Eigenständigkeit Taiwans und um die Freiheit der Seeschifffahrt geht. »Competition«, wo es um Innovation, wirtschaftlichen Erfolg und Technologie geht. Und »Cooperation«, wo globale Herausforderungen wie der Kampf gegen die Pandemie, gegen den Klimawandel oder die Kontrolle von Nuklearwaffen nur durch Zusammenarbeit bewältigt werden können. Noch ist die richtige Balance zwischen Konfrontation, Konkurrenz und Kooperation nicht gefunden, aber es ist zu erwarten, dass sowohl US-Präsident Joe Biden als auch Chinas Staatspräsident Xi Jingping danach suchen.

Die EU läuft angesichts dieser neuen Entwicklungen im indopazifischen Raum Gefahr, ins Abseits zu geraten und abgehängt zu werden: Lieferketten zum Beispiel drohen sich zu verschieben; Produkte aus dem neuen Wirtschafts- und Freihandelsraum RCEP, der neben zehn ASEAN-Mitgliedern unter anderem auch China, Japan, Südkorea, Australien und Neuseeland umfasst, gewännen den Vorteil kürzerer Lieferwege und dank Zollfreiheit auch weiterer Kostenvorteile. Maschinen oder Elektrotechnik, optische oder IT-Produkte, Fahrzeuge oder deren Teile, alles, was in Japan, Südkorea oder China hergestellt wird, hätte es »leichter« als bisher. Hingegen verlören Produkte aus der EU an Wettbewerbsfähigkeit. Die schon bestehenden Freihandelsabkommen der EU mit Japan, Singapur, Vietnam und Südkorea können diese Nachteile nicht ausgleichen, auch die laufenden Verhandlungen mit Australien, Neuseeland oder Indonesien nicht.

Es wäre darum für alle Seiten besser, aus der Spirale gegenseitiger Sanktionen herauszufinden, mit denen derzeit die weitere Ratifizierung von CAI, des europäischen Investitionsabkommens mit China, blockiert wird. Beide, die EU und China, haben viel zu gewinnen, also auch manches zu verlieren. Eine Möglichkeit: Man könnte die in CAI festgelegten Regeln anwenden, ohne das Abkommen zu ratifizieren – so haben es zum Beispiel die EU und Kanada bei ihrem gemeinsamen Freihandelsabkommen praktiziert.

Um es in aller Deutlichkeit zu sagen: Es geht um mehr als um ein wirtschaftlich und wirtschaftspolitisch sinnvolles Vorgehen. Es geht auch um das gemeinsame Vertrauen in eine neue Dynamik des wirtschaftlichen und politischen Prozesses, der neue gemeinsame Möglichkeiten erschließt. Dieser Prozess liegt im Interesse aller Nationen und nicht nur im Interesse der beiden beteiligten Seiten. Keine der vielen globalen Herausforderungen ist ohne oder gar gegen China zu meistern.

Keine der vielen globalen Herausforderungen ist ohne oder gar gegen China zu meistern.

Als Folge der großen globalen Machtverschiebungen muss die EU lernen, ihre eigenen Interessen besser zu vertreten, vor allem dadurch, dass sie sich auf die wichtigen Bereiche konzentriert und nicht versucht, jedes Thema zu europäisieren. Deutschland und Frankreich, aber auch andere EU-Staaten sind dabei besonders gefordert. Und in der Tat gibt es erste kleine, ermutigende Zeichen, dass die richtigen Lehren gezogen werden: Als Ersatz für ein wohl nicht mehr realisierbares Investitions- und Handelsabkommen der EU mit den USA wurde im vergangenen Jahr der »Rat für Handel und Technologie« (TTC) gegründet. Seine Arbeit hat jüngst an Kontur und Dynamik gewonnen. Auch wenn dieser »Rat« nur ein schwacher Ersatz für ein Freihandelsabkommen ist, zeigt er doch, welche ganz konkreten Handlungen gleichwohl miteinander möglich sind: zum Beispiel bei spezifischen Zukunftsthemen mit gemeinsamer Interessenlage, wie etwa der Energietransformation, der Chipherstellung und der Regulierung künstlicher Intelligenz. Ende April 2022 haben die EU und Indien einen vergleichbaren Rat gegründet. Die dahinterstehende Idee, die an themenspezifische Klubs erinnert, könnte auch ein Weg sein, die Zusammenarbeit mit China neu zu gestalten und mit Inhalt zu füllen.

Will die EU auf realistische und keinen Partner überfordernde Lösungen setzen, dann sollte sie auch größere Flexibilität bei den Standards aufbringen, die sie für Handelsabkommen fordert. Es lohnt sich, hier neu anzusetzen, zumal es Europa nicht hilft, wenn wir zwar Spitze sind beim Setzen von Regeln und Standards, aber schwach in der wirtschafts- und industriepolitischen Realität. Europa hat dafür das Potenzial, es muss nur gehoben werden. Die Welt wird nicht auf Europa warten, sie würde aber ohne Europa viel verlieren. Denn nur auf dem alten Kontinent funktioniert noch, was die Moderne eigentlich auszeichnet: eine minderheitsresistente Demokratie, eine integrationsfähige Gesellschaft und eine innovative, transformative Marktwirtschaft. Ein Klub berechenbarer Demokratien.

Es hilft Europa nicht, wenn wir zwar Spitze sind beim Setzen von Regeln und Standards, aber schwach in der wirtschafts- und industriepolitischen Realität.

So herausfordernd dieses Gleichgewicht zwischen Konfrontation, Wettbewerb und Kooperation auch sein mag, sich dafür ins Zeug zu legen ist allemal erfolgversprechender als eine weitere Zunahme internationaler Spannungen.

8. China zwischen Baum und Borke

Die Europäer und auch andere besorgt, dass die chinesische Führung die neue Weltlage offenbar mit Genugtuung beobachtet – jedenfalls auf den ersten Blick. Der alte Rivale und Nachbar Russland, mit dem noch in der zweiten Hälfte des 20. Jahrhunderts Grenzkonflikte ausgefochten wurden, fällt China wie eine »reife Frucht« in den Schoß. Zugleich sind die USA derzeit abgelenkt, müssen sich zunächst einmal um Europa kümmern, was sie Kraft kostet und ihre Aufmerksamkeit für den Indopazifik schmälert. Das macht es für China leichter, seine maritimen und machtpolitischen Interessen in dieser Region zu verfolgen, und es mag auch erklären, warum die chinesische Regierung den Eindruck erweckt, dass Russlands Angriffskrieg bei ihr kein besonderes Interesse hervorruft.

Doch was zunächst wie ein chinesischer Vorteil aussieht, kann sich schnell als ein erhebliches Risiko entpuppen, für China ebenso wie etwa für Europa. Auf nichts ist die Volksrepublik mehr angewiesen als auf eine stetige Steigerung ihrer Wirtschaftskraft. Und so sehr auch die chinesische Binnenwirtschaft mit 1,4 Milliarden Menschen dafür große Potenziale bietet, so bleibt China doch ein Land, das nur im weltweiten Austausch von Waren, Dienstleistungen und Technologien seinen »chinesischen Traum« vom Wohlstand für alle erfüllen kann.

Chinas Wirklichkeit ist gekennzeichnet von einer immer deutlicher werdenden Repression und der Zentralisierung politischer Macht in einer Hand. Derzeit gelingt der Führung die politische Beherrschung des Landes immer noch mit dem Versprechen, das Pro-Kopf-Einkommen verlässlich zu steigern: Wohlstand als Ausgleich für den Verzicht auf Demokratie und Menschenrechte. Wie lange das noch gut geht, ist ungewiss, denn auch die Volksrepublik steuert auf wirtschaftlich schwierige Zeiten zu. Die unnachgiebige Anti-Covid-Strategie und die öffentlichkeitswirksame Entmachtung von populären chinesischen Unternehmerpersönlichkeiten wie auch die wachsende Konfrontation mit den USA zeigen bereits erste Auswirkungen: Seit dem Beginn des russischen Kriegs gibt es einen noch nie dagewesenen Kapitalabfluss aus China, ausländische Investitionen nehmen rapide ab, in Schanghai zum Beispiel wollen 85 Prozent der ausländischen Fachkräfte das Land verlassen.

Man kann sich nicht des Eindrucks erwehren, dass diese Konsequenzen durchaus zur chinesischen Strategie der zwei Wirtschaftskreisläufe – mehr Binnenkonsum, verringerte Exportabhängigkeit – und zur Konzentration auf die indopazifische Kooperation (RCEP) und damit auch ins politische Kalkül der Pekinger Führung passen. Das aber hieße: Das Zeitalter der chinesischen Globalisierung geht zwar nicht zu Ende, aber bekommt ein anderes, ein regionaleres Gesicht. Dabei würde China eigentlich aus zwei Gründen genau das Gegenteil brauchen: zum einen um seiner selbst willen angesichts regionaler Divergenz, sozialer Ungleichheit, mangelnden Sozialkapitals, Kapitalmarktineffizienz und demografischer Überalterung; zum anderen für die Entwicklung jener Wirtschaftsräume, in denen es weltweit seinen Einfluss künftig machtvoll umsetzen will. Mit anderen Worten: China bräuchte weiterhin globale wirtschaftliche Integration, die auf den Grundsätzen von Verlässlichkeit und Berechenbarkeit beruht.

Genau diese Anforderungen aber werden derzeit massiv durch den Krieg in der Ukraine gestört. Überhaupt kann eine Schädigung der Weltwirtschaft nicht im Interesse Chinas liegen.

Anders, als es auch die chinesische Propaganda darzustellen versucht, ist der in der Ukraine tobende Krieg eben nicht »nur« ein Konflikt zwischen »dem Westen« und Russland und auch kein bloßer »Stellvertreterkrieg« der beiden »alten« Supermächte. Im Kern geht es um die Frage, ob ein Staat – in diesem Fall Russland – ungestraft gegen eine der tragenden Säulen des internationalen Rechts verstoßen darf oder nicht. Denn der russische Angriff auf die Ukraine verstößt vor allem anderen gegen ein grundlegendes Prinzip der Charta der Vereinten Nationen, das auch für China von entscheidender Bedeutung ist: die für das Miteinander souveräner Staaten essenziellen und schon im Dreißigjährigen Krieg im frühneuzeitlichen Europa hart errungenen Grundsätze der *Nichteinmischung* in die inneren Angelegenheiten eines anderen Landes sowie der *Gleichheit der Staaten* im internationalen Recht, unabhängig von ihrer Größe und ihrer inneren Verfasstheit.

Russland hat mit seinem Einmarsch in die Ukraine alle genannten Prinzipien auf brutale Weise verletzt. So sehr die chinesische Sicht auf diesen Konflikt auch durch den eigenen Antagonismus zu den Vereinigten Staaten von Amerika und ihren Verbündeten geprägt ist, kann die Missachtung dieser fundamentalen Grundsätze des Völkerrechts nicht im Interesse der Volksrepublik China liegen.

9. Europa im Abseits?

Am 1. Januar 2022 trat die RCEP in Kraft, die bislang größte Freihandelszone der Welt. »Regional Comprehensive Economic Partnership«, es mag ein sperriges Wort sein, aber die neuen Fakten stellen Europa vor eine der bislang größten wirtschaftlichen Herausforderungen. Die neue Freihandelszone umfasst rund 30 Prozent der weltweiten Wirtschaftsleistung, 30 Prozent der Weltbevölkerung und 30 Prozent des weltweiten Handels. Die Europäische Union, die für rund ein Drittel des weltweiten Handels steht, dürfte bald von RCEP überholt werden. RCEP soll gemeinsame wirtschaftliche Chancen ausloten und realisieren – und das, obwohl dieser Freihandelszone höchst unterschiedliche Staaten wie China, Australien und Japan angehören, die zum Teil miteinander in harten politischen Konfrontationen stecken. Das zeigen nicht zuletzt die politischen und auch militärischen Spannungen der vergangenen Monate. Welche Lehren wird Europa daraus ziehen?

Zunächst: In die weltweite Globalisierung des Wirtschaftens, also die internationale Arbeitsteilung, war und ist immer zugleich eine Regionalisierung eingewoben – regionale Märkte also, die im Einklang stehen mit den Regeln der Welthandelsorganisation WTO. Diese Märkte gewinnen immer mehr an Bedeutung, nicht zuletzt wegen des wachsenden Bedürfnisses resilienter Lieferketten. Schon seit 25 Jahren hat die regionale Integration viel Aufschwung erfahren (Artikel 24 des GATT verbindet die Option regionaler Kooperation mit der Idee der globalen Ordnung). Das zeigen besonders eindrucksvoll USMCA, die Nachfolgerin von NAFTA, dem Abkommen zwischen den USA, Kanada und Mexiko, oder CPTPP, das einst von den USA angestrebte Freihandelsabkommen im transpazifischen Raum, das am Ende wegen Donald Trumps Widerstand ohne die Vereinigten Staaten zustande kam und dem jetzt gerne Großbritannien und China beitreten würden.

Die EU hingegen hat bis heute ein bereits ausgehandeltes Abkommen mit Mercosur, dem Zusammenschluss südamerikanischer Länder, nicht ratifiziert. Die mit China im Dezember 2020 verhandelte politische Lösung für ein »Comprehensive Agreement on Investment – CAI« liegt auf Eis. Und selbst das wohl modernste Freihandelsabkommen der Welt zwischen der Europäischen Union und Kanada, CETA, ist von den Mitgliedstaaten der EU in den vergangenen fünf Jahren immer noch nicht vollständig ratifiziert worden. Leider gehörte auch Deutschland zu den Staaten, die das Abkommen blockiert haben. Doch Europas soziale oder ökologische Bedenken entpuppen sich bei näherem Hinsehen als weitgehend gegenstandslos und entspringen eher einem gegen die Globalisierung gerichteten politischen Reflex. Kanada ist außerdem europäischer als manch europäischer Mitgliedstaat. So ist die Unfähigkeit, dieses Abkommen zu ratifizieren, wohl eher ein

Beweis für die lange Zeit existierende »Weltvergessenheit« des wohlhabenderen Teils der EU-Mitgliedstaaten – darunter auch Deutschland. Wer heute fast täglich vom Aufbau einer »Europäischen Armee« fantasiert, aber es nicht einmal schafft, ein relativ überschaubares Freihandelsabkommen in angemessener Zeit zu beraten und zu entscheiden, der hinterlässt den Eindruck, er wolle beim Golf »Masters Tournament« mitspielen, obwohl er nicht mal eine Partie Minigolf erfolgreich absolvieren kann.

Wer heute vom Aufbau einer »Europäischen Armee« fantasiert, aber ein Freihandelsabkommen nicht in angemessener Zeit entscheiden kann, der hinterlässt den Eindruck, er wolle beim »Masters Tournament« mitspielen, obwohl er nicht mal eine Partie Minigolf absolvieren kann.

Europa neigt leider dazu, sich zum Maß aller Dinge zu machen, und scheint zu vergessen, dass der Fortschritt auch bei der Durchsetzung europäischer Standards immer nur Schritt für Schritt erfolgt und nie in einem einzigen großen Sprung. Die Kraft, innerhalb der EU für Freihandelsabkommen zu werben, droht angesichts der wachsenden Differenzen innerhalb der Union über die in den vergangenen Jahrzehnten erfolgten und erst recht über die noch anstehenden Erweiterungen der Gemeinschaft zu schwinden.

Die EU bedarf zwar nicht des großen Neustarts (wie Frankreichs Präsident Emmanuel Macron jüngst forderte), der sowieso nie gelingen würde, aber der Besinnung auf die wesentlichen Aufgaben und Inhalte der Gemeinschaft: Demokratie, Rechtsstaatlichkeit, Freiheit, gemeinsamer Markt, stabile Währung, Infrastrukturnetze, Investitions- und Verteidigungsunion. Und nicht zuletzt wird sich gerade angesichts der steigenden Repression und Zentralisierung in China eine weitere Stärke der Demokratie erneut herausstellen: ihre Fähigkeit, Fehler zu beheben. So langsam gelegentlich demokratische Entscheidungswege in Demokratien auch erscheinen mögen, sie sind im Vergleich zu autoritären Regimen sehr »fehlerfreundlich«. Das heißt: Politische Fehlentwicklungen können relativ schnell und unkompliziert korrigiert werden – und sei es durch Neuwahlen. Autoritäre Regime dagegen können das nicht, weil das Eingestehen von Fehlurteilen und Fehlentscheidungen die uneingeschränkte Legitimität der jeweiligen Führung infrage stellen würde. Chinas völlig fehlgeleitete und erfolglose »Null-Covid-Strategie« ist ein Beispiel dafür.

10. Die Europäische Union: ein Leuchtfeuer in dunkler Zeit

Natürlich stellen die globalen Veränderungen Europa vor enorme Herausforderungen. Aber wer zurückblickt, wird schnell erkennen, dass die Probleme und Herausforderungen am Anfang des Weges zu einer Europäischen Union sogar noch größer waren: Kurz nach dem Zweiten Weltkrieg luden Italien, Frankreich, Luxemburg, die Niederlande und Belgien ausgerechnet uns Deutsche dazu ein, ein neues gemeinsames Europa aufzubauen. Es dürfte Staatsmännern wie Schumann oder De Gasperi nicht leichtgefallen sein, diese Idee ihren eigenen Bevölkerungen zu erklären, waren wir Deutsche doch eben noch brandschatzend und mordend durch ihre Länder gezogen. Und doch haben sie es gewagt, und nicht einmal eine Generation später wurden aus erbitterten Feinden erst Partner, dann Freunde. Nicht einmal ein Menschenleben dauerte der Weg von Auschwitz nach Straßburg und Brüssel. Gerade in einer Zeit, in der der Krieg nach Europa zurückgekehrt ist und die Europäische Union Russlands Angriff die Stirn bietet, zeigt die EU wie ein Leuchtfeuer, wozu Menschen fähig sind, wenn sie nur wollen und man sie lässt.

Kein Grund also zu europäischer Verzagtheit. Aber auch nicht für allzu schnelle Lobgesänge. Denn die Europäische Union muss sich erst noch zu einem »geopolitischen Akteur« entwickeln, muss lernen, ihr wirtschaftliches, politisches, kulturelles und auch militärisches Gewicht einzubringen in diese vor uns liegende Zeit des Ringens um eine neue globale Ordnung, die hoffentlich eine an gemeinsamen Grundsätzen orientierte, eine »ruled based order« sein wird.

In einer Zeit, in der der Krieg nach Europa zurückgekehrt ist, zeigt die EU wie ein Leuchtfeuer, wozu Menschen fähig sind, wenn sie nur wollen.

Und Europa steht nicht mit leeren Händen da, es hat in diese neue Ordnung viel einzubringen: den immer noch größten Binnenmarkt der Welt, Innovations- und Finanzkraft, qualifizierte und gut ausgebildete Menschen, handlungsfähige, demokratisch legitimierte Institutionen, soziale Stabilisatoren, die weltweit ihresgleichen suchen, eine stabile Währung, die weit weniger verschuldet ist als andere globale Leitwährungen. Und nicht zuletzt: Die Europäische Union gilt weltweit als fairer Partner, der im Zweifel bereit ist, die eigenen Interessen zum Wohle aller zurückzustellen, und einen erheblichen Teil seiner Ressourcen auch in Länder investiert, die in vielfältiger Weise ärmer und auf Hilfe angewiesen sind. Die Kombination all dessen ist das, was man eine starke »Soft Power« nennt. Auch in Zeiten steigender Militärausgaben und der wieder wachsenden Bedeutung militärischer Fähigkeiten sollte Europa diese »Soft-Power-Fähigkeiten« eher stärken als vernachlässigen. Der Ausbau des Binnenmarktes und die Erhöhung seiner Attraktivität etwa durch Bildung einer »Kapitalunion« sowie die gemeinschaftliche Verbürgung des Euro gehören ebenso dazu wie eine gemeinsame Energie- und Klimapolitik.

Zwingend zählt hierzu auch ein europäischer Blick auf die globalen Herausforderungen. Eine gemeinsame und abgestimmte Außenpolitik sollte jeder effizienten und wirksamen Sicherheits- und Verteidigungspolitik vorausgehen. Deshalb ist die Forderung des französischen Präsidenten Emmanuel Macron nach einem Europäischen Sicherheitsrat richtig und seine Einrichtung mehr als überfällig. Am besten sogar unter Einschluss des Vereinigten Königreichs. Denn auch wenn die Briten aus der EU ausgestiegen sind: Europäer bleiben sie allemal, und wie keine andere Nation in der EU verfügt das Vereinigte Königreich über strategische Fähigkeiten und eine jahrhundertelange internationale Erfahrung.

Ein solcher Europäischer Sicherheitsrat hätte vor allem die Aufgabe, eine gemeinsame europäische Sicht auf globale Krisen zu entwickeln und das internationale Handeln der Europäer abzustimmen. Wo immer möglich sollte das zusammen mit den Vereinigten Staaten von Amerika geschehen. Denn auch das ist eine Lehre aus der Vergangenheit wie der Gegenwart: Das transatlantische Bündnis hat auch im 21. Jahrhundert nicht seinen Wert als geopolitischer Multiplikator demokratischer Macht eingebüßt. Allerdings darf sich Europa nicht darauf verlassen, dass amerikanische Präsidenten dieser westlichen Allianz auf alle Zeiten die gleiche Bedeutung beimessen werden, wie es meist in der Vergangenheit der Fall war. Deshalb gehört zu einem souveränen Europa auch die Fähigkeit, im Zweifel unabhängig seine internationalen Interessen zu wahren.

Deutschland fallen dabei eine besondere Aufgabe und Verantwortung zu: Wie in der Vergangenheit hat diese große Volkswirtschaft in der Mitte Europas erneut die Aufgabe, widerstrebende Interessen zwischen West-, Mittel- und Osteuropa wie auch zwischen Süd- und Nordeuropa zu überbrücken und die Union zusammenzuhalten. Die Herausforderung ist dabei nicht ein Europa »unterschiedlicher Geschwindigkeiten«, sondern ein Europa unterschiedlicher Richtungen. In einer Gemeinschaft, in der Frankreich nach größerer sicherheitspolitischer Unabhängigkeit von den Vereinigten Staaten ruft, während sich die Polen und die drei baltischen Staaten enger an Washington binden wollen, wird ein starkes Deutschland bereit sein müssen, um der europäischen Einheit willen mehr Lasten zu tragen. Es wird mehr für eine gemeinsame Außen- und Sicherheitspolitik in Europa tun und zugleich Aufgaben für Mittel- und Osteuropa übernehmen müssen, Verpflichtungen, die bislang nur die Vereinigten Staaten trugen. Wäre es nicht sinnvoll, wenn Deutschland künftig 1,5 Prozent seines Bruttoinlandsprodukts in die Bundeswehr investieren und zusätzlich 0,5 Prozent in einen NATO-Fonds zur Finanzierung der Verteidigung der Ostflanke einzahlen würde?

> Die Herausforderung ist nicht ein Europa »unterschiedlicher Geschwindigkeiten«, sondern ein Europa unterschiedlicher Richtungen.

Und mit Blick gen Westen: Warum bieten wir Frankreich in der Sicherheitspolitik nicht eine Konföderation mit Deutschland an? Zu deren Auftakt sollte sich jeder Soldat und jede Soldatin aussuchen dürfen, in welcher Armee der beiden Länder er oder sie den Dienst antreten will. Warum streben wir nicht eine gegenseitige Anerkennung der militärischen Ausbildung an? Warum sollten Unteroffiziere und Offiziere nicht zwischen beiden Armeen hin- und herwechseln können? Das wäre ein Modell, dem sich andere EU-Staaten anschließen könnten. So würden wir Voraussetzungen für eine eng miteinander verbundene militärische Sicherheitsarchitektur schaffen, die in eine Europäische Armee münden könnte. Diese sollte und kann die NATO nicht ersetzen, aber sie könnte ein effizienter europäischer Pfeiler innerhalb der Allianz sein.

11. Europa am Scheideweg

Die kommenden Jahre werden Deutschen und Europäern wichtige Weichenstellungen abverlangen, wie sie vermutlich nur alle paar Hundert Jahre zu entscheiden sind. Ein weiter Blick zurück kann zeigen, was das heißt: Zu Beginn des 15. Jahrhunderts entsandte der portugiesische Fürst Heinrich der Seefahrer seine Schiffe, um entlang der Küsten Westafrikas den Seeweg nach Indien zu erkunden. Abenteuerlust, sicher auch Gier, aber vor allem Risikobereitschaft waren die Gründe, warum Seeleute diese gefährliche Reise ins Unbekannte auf sich nahmen. Es war der Beginn des europäischen Aufstiegs in der Welt. Über Jahrhunderte dominierten die Ideen Europas die Weltgeschichte.

Etwa zeitgleich, zur Mitte des 15. Jahrhunderts, fiel in China eine entgegengesetzte Entscheidung. Die seit mehr als 300 Jahren dominierende Flotte seetüchtiger Langschiffe wurde stillgelegt, zu viele Probleme waren im eigenen Land zu bewältigen, Wohlstand und Sicherheit schienen im Reich der Mitte ausreichend vorhanden. Das war der Beginn des Abschieds von China aus der Geschichte für die folgenden 600 Jahre.

Wie also werden die Historiker in 600 Jahren unsere Zeit beschreiben? Als den Beginn einer neuen chinesischen Ära und den selbstverschuldeten Ausstieg Europas aus der Weltgeschichte? Oder finden sie in den Dokumenten eine Erklärung, dass Europa erneut bereit war, sich in einer risikoreichen und gefahrvollen Welt zu engagieren, um mit anderen im fairen Wettbewerb und mit Respekt die Interessen des »alten Kontinents« in der Weltpolitik zu behaupten?

Die Antworten werden wir mit unserem Handeln in den kommenden Jahren liefern. Und auf die Antworten von uns Deutschen wird es dabei insbesondere ankommen.

Der große Epochenbruch

Neue Weltlage, neue Erfordernisse: die Stärkung der strategischen und militärischen Handlungsfähigkeit Europas

Von Heinrich Brauß

Europa erlebt im Jahr 2022 einen politischen Epochenbruch. Mit seinem ruchlosen Eroberungskrieg gegen die Ukraine hat der russische Präsident Wladimir Putin die euroatlantische Friedens- und Stabilitätsordnung zerstört. Diese Sicherheitsordnung gründete auf einem ehernen Prinzip: der strikten Achtung der territorialen Integrität der Staaten und der Unverletzlichkeit der nationalen Grenzen, so wie sie sich in den 1990er-Jahren in Europa nach dem Zerfall der Sowjetunion und den Balkankriegen gebildet hatten. Die Leitidee dieser Ordnung waren wachsende Partnerschaft und Zusammenarbeit. Das führte einerseits zur Integration neuer Mitglieder aus Mittelosteuropa in NATO und EU und schlug sich andererseits in vielfältiger Kooperation mit dem damals neuen, demokratischen Russland, der Ukraine und anderen Nachfolgestaaten der ehemaligen Sowjetunion nieder.

Diese Epoche ist Vergangenheit. Eine Partnerschaft mit dem »aggressiven, imperialistischen Russland« unter Putin sei unvorstellbar, konstatierte Bundeskanzler Olaf Scholz im Juni 2022 im Deutschen Bundestag. Das Verhältnis zu diesem Russland wird also künftig nicht mehr von Kooperation, sondern von Abgrenzung und geopolitischer Konfrontation geprägt sein. Mit anderen Worten: Europas Sicherheit kann nicht mehr gemeinsam mit Russland gestaltet, sondern muss vor Putins neoimperialen Zielen geschützt und gegen Russland organisiert werden.

Europas Sicherheit kann nicht mehr gemeinsam mit Russland gestaltet, sondern muss vor Putins neoimperialen Zielen geschützt und gegen Russland organisiert werden.

Doch Sicherheit für Europa gegenüber einem aggressiven Russland, der größten Nuklearmacht, ist nicht ohne das militärische Potenzial Amerikas möglich. Bis heute haben die Vereinigten Staaten einen Großteil der militärischen Vorsorge für die Verteidigung Europas übernommen. Lange Zeit haben die Europäer darauf vertraut, dass dies so bleiben würde. Sie waren der Überzeugung, dass Amerikas enormer Beitrag in seinem eigenen strategischen Interesse liege, weil die enge Partnerschaft mit einem freien, sicheren und stabilen Europa und die amerikanische militärische Präsenz auf dem Kontinent für die Weltmachtrolle der Vereinigten Staaten unentbehrlich seien.

Aber auch diese Grundannahme ist ins Wanken geraten. Die Amerikaner werden in Zukunft nicht mehr der »wohlwollende Hegemon« sein. Demokraten wie Republikaner sehen parteiübergreifend in China den strategischen Hauptrivalen der Vereinigten Staaten. Und übereinstimmend sind sie der Auffassung, dass die Europäer endlich selbst viel mehr für ihre eigene Verteidigung und Sicherheit tun müssen.

Weit größere militärische Anstrengungen liegen allerdings auch in Europas eigenem sicherheitspolitischen Interesse. Die strategische Lage hat sich in den vergangenen Jahren nicht nur auf dem europäischen Kontinent, sondern auch global grundlegend verändert, und sie entwickelt sich mit großer Dynamik weiter. Der Aufstieg Chinas und die wachsende Großmachtkonkurrenz zwischen den Vereinigten Staaten, China und Russland verändert das gesamte internationale System, sowohl in der euroatlantischen als auch in der indopazifischen Großregion. Europa und die Europäische Union kommen in dieser Gleichung, in diesem Ringen um regionale und globale Dominanz, nicht vor.

Als ein globaler sicherheitspolitischer Akteur müsste Europa strategisch handlungsfähig sein und neben seiner Wirtschaftskraft auch über die notwendige militärische Macht verfügen. Davon sind die Europäer weit entfernt.

Dabei entspricht Europas Wirtschaftskraft, gemessen am Bruttoinlandsprodukt, dem der USA und Chinas. Und als gemeinsame Wirtschafts- und Währungsunion hat die EU globale Interessen und großen geoökonomischen Einfluss. Doch zugleich ist sie in besonderem Maße auf Zusammenarbeit, auf freien Zugang zu Märkten und auf sichere Handels- und Verbindungswege weltweit angewiesen. Daraus folgt: Die Europäer müssten willens und in der Lage sein, ihre Werte, ihren Beitrag zur regelbasierten internationalen Ordnung und ihre sicherheitspolitischen Interessen militärisch zu untermauern – und zwar sowohl in Europa (etwa zur eigenen Verteidigung) als auch in anderen Regionen der Welt. Als ein globaler sicherheitspolitischer Akteur müsste Europa strategisch handlungsfähig sein[1] und neben seiner Wirtschaftskraft auch über die notwendige militärische Macht verfügen. Doch davon sind die Europäer noch weit entfernt.

Mit NATO und EU gehören sie zwei Organisationen an, die beide für die Sicherheit und Stabilität des Kontinents zuständig sind, allerdings mit unterschiedlicher Ausrichtung. Beide sprechen von »Verteidigung«, die NATO von »Collective Defence«, die EU von »European Defence«, und beide befassen sich mit der Entwicklung der dafür notwendigen militärischen Fähigkeiten. Vor diesem Hintergrund stellt sich die Frage, wie und in welchem Rahmen die Europäer ihre gemeinsame sicherheitspolitische und militärische Handlungsfähigkeit am besten stärken können und sollten. Eine Antwort setzt zunächst einmal einen genaueren Blick auf die sicherheitspolitische Lageentwicklung sowohl in Europa als auch weltweit voraus.

Die strategische Lage

Die sicherheitspolitische Zeitenwende setzte nicht erst mit dem groß angelegten Angriff russischer Truppen auf die Ukraine ein. Sie begann schon im Jahr 2014, als Russland die Halbinsel Krim überfiel, sie dann annektierte und militärische Unterstützung für die Separatisten im Donbass leistete. Doch spätestens seit dem 24. Februar 2022 hat Putins Angriffskrieg das erklärte Ziel, die gesamte Ukraine zu unterwerfen und sie als Staat zu eliminieren. Seine Behauptung, er müsse eine NATO-Mitgliedschaft der Ukraine verhindern, weil sie die Sicherheit Russlands bedrohe, ist nur ein Vorwand. Der russische Präsident will nicht hinnehmen, dass die Ukraine ein eigenständiger, unabhängiger – und demokratischer – Staat sein will.

Putins Revisionismus

Zugleich ist dieser Krieg nur der erste Schritt einer revisionistischen, neoimperialen Strategie. Putins ultimative Forderungen, im Dezember 2021 in Vertragsform an die USA und die NATO gerichtet, zielten darauf ab, die sicherheitspolitische Entwicklung in Europa um Jahrzehnte zurückzudrehen. Russland verlangte, die NATO solle sich militärisch auf die Linien von 1997, also die *vor* der ersten Bündniserweiterung um Polen, Tschechien und Ungarn, zurückziehen. Außerdem sollten die USA ihre Nuklearwaffen aus Europa abziehen, was zur Folge hätte, dass Europa nicht mehr unter dem Schutzschirm der erweiterten nuklearen Abschreckung der USA stehen würde.

Putins Ziel ist es, dass Mittelosteuropa ab der deutschen Ostgrenze zu einer Puffer- und Einflusszone eines neuen russischen Imperiums wird, das er mithilfe der Vereinnahmung der früheren Sowjetrepubliken Belarus, Ukraine, Georgien, Moldawien – und womöglich auch der drei baltischen Staaten – zu errichten trachtet. Wie einst Zar Peter I. im Großen Nordischen Krieg (1700–1721) will Putin »russische Erde zurückholen«. Wer sich sein Machtstreben vor Augen führt, begreift, dass die Ukraine mit ihrem heroischen Kampf gegen die russische Armee nicht nur das Völkerrecht und europäische Werte verteidigt, sondern auch Europas Sicherheit.

Weltmacht China

Von Putins Russland geht derzeit die größte *unmittelbare* Gefahr für die Sicherheit und Stabilität Europas aus. Aber die noch größere, *strategische* Herausforderung für den Westen, eine Bedrohung von ganz neuer Qualität, ist China. Russlands Machtanspruch stützt sich hauptsächlich auf sein militärisches und atomares Potenzial sowie auf den enormen Vorrat an fossilen Rohstoffen. China dagegen verfolgt eine langfristig angelegte Strategie geopolitischer Machtprojektion mit politischen, wirtschaftlichen, technologischen und militärischen Mitteln.

Bis 2030 will die Volksrepublik weltführend in der Entwicklung und Anwendung künstlicher Intelligenz sein. Pekings sogenanntes Seidenstraßen-Projekt, die »One Belt, One Road Initiative«, ist darauf angelegt, einen globalen Handelsverbund zu schaffen, der China weltweit Zugang zu Rohstoffen und Märkten sichern soll. Mit Investitionen in kritische Infrastrukturen und Schlüsseltechnologien durch staatlich subventionierte und beaufsichtigte chinesische Unternehmen, vor allem in den Bereichen Telekommunikation, Energie, Verkehr und Transport, will sich Peking die Kontrolle über globale Lieferketten sichern, will politische Abhängigkeiten schaffen und Einfluss auf Entscheidungen nationaler Regierungen und internationaler Organisationen gewinnen. In Europa kann solcher Einfluss die Sicherheit und Handlungsfreiheit der EU-Mitgliedstaaten und damit auch von NATO und Europäischer Union gefährden.

Von Putins Russland geht derzeit die größte *unmittelbare* Gefahr für die Sicherheit und Stabilität Europas aus. Aber die noch größere, *strategische* Herausforderung für den Westen ist China.

Ihre geoökonomische Strategie ergänzt Chinas Regierung durch den rasanten Auf- und Ausbau ihrer Streitkräfte und ihres nuklearen Raketenarsenals, untermauert durch den weltweit zweitgrößten Verteidigungshaushalt[2] nach den USA. Bis 2049, dem hundertsten Jahrestag der Machtübernahme durch die Kommunistische Partei, will die Volksrepublik über die technologisch fortschrittlichsten Streitkräfte der Welt verfügen. Chinas Rüstung ist vor allem darauf ausgerichtet, amerikanischen Streitkräften den Zugang zum Ost- und Südchinesischen

Meer und die Bewegungsfreiheit in diesen Gewässern verwehren zu können. Denn Peking strebt nach Kontrolle über ganz Ostasien und fordert damit Amerika als Schutzmacht der dortigen Demokratien heraus.

Für viele Staaten im Indopazifik sind die Vereinigten Staaten Sicherheitsgarant und entscheidender Faktor der politischen und militärischen Stabilität in dieser Großregion. Sie gewährleisten dort außerdem, dass die Seewege offen bleiben, und nehmen so eine überragende geostrategische Aufgabe wahr, die für den freien Welthandel und damit auch für Europas Sicherheit, Ökonomie und Stabilität von größter Bedeutung ist. Denn alle Demokratien in dieser Region sind wichtige Handelspartner Europas.

Für die Supermacht Amerika ist Peking aus all den genannten Gründen nicht nur wirtschaftlicher Hauptkonkurrent, sondern zugleich auch geostrategischer Hauptgegner und – als totalitärer Staat – globaler systemischer Rivale auf allen Ebenen. China ist in diesem Sinne also ein »full-spectrum systemic rival«. Für die EU ist China sowohl ein enorm wichtiger Handelspartner als auch wirtschaftlicher Konkurrent und systemischer Rivale.

Die aus Chinas regionaler wie globaler Machtentfaltung folgenden Risiken für westliche Demokratien werden durch Pekings wachsende Kooperation mit Russland weiter verschärft – politisch, wirtschaftlich, technologisch und militärisch. China lässt Putin in der Ukraine gewähren, stützt seine gegen die NATO gerichtete Kriegsbegründung und hält Russland im übertragenen wie im geopolitischen Sinne den Rücken frei. Die Präsidenten beider Staaten sprechen von »strategischer Partnerschaft«. Beide eint das Ziel, den globalen Einfluss Washingtons zurückzudrängen, insbesondere in den von ihnen beanspruchten Einflusszonen in Europa und in Asien. Das heißt: Die transatlantische Gemeinschaft sieht sich zwei totalitären Großmächten gegenüber, die das westliche Bündnis mit einem doppelten strategischen Risiko konfrontieren, im euroatlantischen und im indopazifischen Raum.[3]

Die transatlantische Gemeinschaft sieht sich zwei totalitären Großmächten gegenüber, die das westliche Bündnis mit einem doppelten strategischen Risiko konfrontieren, im euroatlantischen und im indopazifischen Raum.

Es ist deshalb wichtig, dass Europäer und Amerikaner ein gemeinsames Verständnis sowohl für die von China ausgehenden Gefahren als auch für den Umgang mit dem Reich der Mitte entwickeln. Verbündete müssen sich abstimmen, auch wenn ihre Interessen nicht immer deckungsgleich sind. Die NATO ist ein ideales Forum für den regelmäßigen Austausch zwischen den transatlantischen Bündnispartnern über Chinas Aktivitäten und Absichten sowie deren Einfluss auf die Sicherheit der Verbündeten. Ratsam wäre es ebenso, die NATO zu einer Plattform für regelmäßige sicherheitspolitische Konsultationen zwischen den liberalen Demokratien des euroatlantischen und des indopazifischen Raums zu machen, um dazu beizutragen, dass Chinas Hegemoniestreben politisch eingedämmt wird. Angesichts der gewaltigen Herausforderungen ist es außerdem wichtig, dass Amerikas europäische Bündnispartner, die zugleich Mitglieder der EU sind, alles in ihrer Macht Stehende tun, dass sich die Positionen der USA und der EU in der China-Politik so weit wie möglich annähern.

Transnationale Risiken

Die von Russland und China ausgehenden Risiken für Europas Sicherheit gehen einher mit wachsenden, Grenzen und Kontinente überschreitenden Gefahren: Nahezu tägliche Cyberangriffe, Desinformationskampagnen und subversive Aktionen sind Teil der »hybriden Kriegsführung« beider Mächte, die schon in »Friedenszeiten« sowohl nationale Institutionen und Versorgungseinrichtungen als auch internationale Organisationen lahmlegen können. Ihr Ziel ist es, Bevölkerungen zu verunsichern und politische Entscheidungen zu beeinflussen. Außerdem: Die Auswirkungen des Klimawandels können ganze Regionen verwüsten und destabilisieren, sie verschärfen bereits bestehende Krisen und Konflikte, fördern Terrorismus und verstärken Flucht- und Migrationsbewegungen.

Von steigender sicherheitspolitischer Bedeutung ist in diesem Zusammenhang die Region rund um die Arktis. Das Abschmelzen der Eismassen dort öffnet mittelfristig den Zugang zu großen Öl- und Gasvorkommen, zu Bodenschätzen wie seltenen Erden und verkürzt den Seeweg von China nach Europa um rund 5000 Kilometer. Einerseits entstehen so neue Chancen für den globalen Handel, andererseits droht die Arktis zu einem neuen Schauplatz geopolitischer Konkurrenz und damit auch militärischer Spannungen zu werden.

Das Abschmelzen der Eismassen in der Arktis wird den Zugang zu Öl- und Gasvorkommen, zu Bodenschätzen öffnen und den Seeweg von China nach Europa verkürzen. So entstehen neue Chancen für den globalen Handel, aber auch die Gefahr, dass die Arktis zu einem Schauplatz geopolitischer Konkurrenz und damit militärischer Spannungen wird.

Russland hat seine maritime militärische Präsenz entlang der Nordostpassage bereits deutlich verstärkt und seine »Bastion Defence« nach Süden ins Europäische Nordmeer und zum Nordatlantik hin ausgeweitet. Daraus erwachsen weitere Gefahren für die westliche Allianz, die in Zeiten von Krise und Krieg auf militärische Unterstützung auf dem

Seeweg von Nordamerika aus angewiesen ist. Auch China hat (als selbsternannter »Near-Arctic State«) sein wirtschaftliches Interesse an dieser Region erklärt. Kurzum: Für die NATO entsteht im Hohen Norden ein weiteres strategisches Risiko, auf das sie sich dringend einstellen muss.

Und das ist noch nicht das Ende der neuen Herausforderungen: Die rasante technologische Entwicklung, vor allem die sogenannten »Emerging and Disruptive Technologies (EDT)« wie künstliche Intelligenz, autonome Systeme, Big Data und Quantum Computing, die auch militärisch genutzt werden, wirken sich künftig massiv auf Sicherheit und Verteidigung aus. Selbst wenn Russland derzeit in der Ukraine überwiegend einen Vernichtungskrieg wie im vergangenen Jahrhundert führt, werden hocheffektive Aufklärungsmittel und weltraumgestützte Sensoren, elektronische Kampfführung, autonome Waffensysteme, weitreichende, zielgenaue Flugkörper, Drohnen, stark verbesserte Luftverteidigungssysteme und Hyperschallwaffen wesentlich die Art und Weise verändern, wie Streitkräfte künftig organisiert, ausgerüstet, geführt und eingesetzt werden. Besonders vor diesem Hintergrund erfordert die Funktionsfähigkeit der NATO die volle militärische Interoperabilität der Bündnisstreitkräfte diesseits und jenseits des Atlantiks. Doch das Ungleichgewicht innerhalb des westlichen Verteidigungsbündnisses ist enorm: Die USA ziehen technologisch davon, die Europäer hinken hinterher.[4]

Strategische Handlungsfähigkeit der Europäer – sicherheitspolitische Rahmenbedingungen

Zusammengefasst lässt sich sagen, dass es die transatlantische Gemeinschaft heute mit einem besonders komplexen und gefährlichen Sicherheitsumfeld zu tun hat. Und alle Europäer, ob in der NATO oder

der EU, stehen vor demselben dreifachen Problem: einem aggressiven, imperialistischen Russland nebenan, Chinas Machtstreben und der Frage, welche Konsequenzen die Vereinigten Staaten daraus ziehen werden. Denn der Schwerpunkt der amerikanischen politischen, wirtschaftlichen und militärischen Gesamtstrategie liegt künftig in der indopazifischen Region.[5]

Alle Europäer stehen vor demselben dreifachen Problem: einem aggressiven, imperialistischen Russland, Chinas Machtstreben und der Frage, welche Konsequenzen die Vereinigten Staaten daraus ziehen werden.

Für die Europäer sollte das ein Grund sein, spätestens jetzt die strategischen Implikationen für ihre Sicherheit zu analysieren und die gebotenen Schlussfolgerungen für ihr Handeln zu ziehen. Denn sowohl Amerikas militärische Präsenz auf dem europäischen Kontinent als auch seine erweiterte nukleare Abschreckung sind bis auf Weiteres für die europäische Sicherheit unverzichtbar – als Gegengewicht zu Russlands Hegemoniestreben und seinem wachsenden, gegen Europa gerichteten militärischen Potenzial.

Auch wenn die Europäer jetzt massiv in den Auf- und Ausbau ihrer Streitkräfte investieren wollen – und viele von ihnen haben damit begonnen –, gehen noch viele Jahre ins Land, bevor Europas Streitkräfte uneingeschränkt leistungsfähig und voll einsatzbereit sein werden. Besonders die nord- und mittelosteuropäischen Verbündeten bauen deshalb vor allem auf den militärischen Schutz der USA. Das gilt grundsätzlich auch für Deutschland als nicht-nukleare Mittelmacht. Denn der Kern europäischer Sicherheit gegenüber der Atommacht Russland liegt in der nuklearen Abschreckung, also der Fähigkeit, Russland letztlich einen untragbar hohen Schaden androhen zu können.

Über diese Fähigkeit verfügen nur die Vereinigten Staaten, selbst wenn in einem großen Krieg ein erster vernichtender Atomschlag von Moskau ausginge. Die sogenannte nukleare Zweitschlagsfähigkeit ist letztendlich auch der Grund, warum nur die USA das mit der atomaren Abschreckung für sie selbst verbundene Risiko eingehen können, wenn es um die Schutzgarantie für ihre Verbündeten geht. Weder Großbritannien noch Frankreich sind als Atommächte dazu bereit oder in der Lage. Das Werben des französischen Präsidenten Emmanuel Macron für eine »strategische Autonomie« Europas (oder der EU), die der französischen nationalen Sicherheits- und Verteidigungsstrategie entlehnt ist, wird vielfach als strategische Unabhängigkeit von den USA und als Relativierung der NATO verstanden und gilt daher in weiten Teilen Europas weder als realistisch noch als erstrebenswert.

Gleichwohl wäre es verfehlt, würden es die Europäer bei dem jetzigen Grad an militärstrategischer Abhängigkeit von den USA belassen. Denn für zwei mögliche gleichzeitige Großeinsätze in einem globalen Zweifrontenkrieg, in Europa gegen Russland und in Asien gegen China, würden auch die US-Streitkräfte nicht ausreichen. Zwar werden amerikanische Truppen in Europa bleiben, und ihr Umfang wurde nach Russlands Angriff sogar erhöht. Aber der mögliche Haupteinsatzraum der US-Streitkräfte liegt künftig in Fernost, und Washington richtet seine Planungen bereits entsprechend aus. Fazit: Die Europäer können nicht mehr davon ausgehen, dass künftig alle militärischen Fähigkeiten der USA, die bislang für die Verteidigung Europas vorgesehen sind, im Bedarfsfall auch für Europa zur Verfügung stehen. Die globale Entwicklung und Sicherheitslage verlangen also eine neue Lastenteilung zwischen Europa und Amerika, und diese beginnt in Europa.

Mit anderen Worten: Die Europäer werden die USA im euroatlantischen Raum entlasten und erheblich mehr militärische Fähigkeiten für die Sicherheit und Verteidigung ihres eigenen Kontinents aufbringen müssen. Sie werden auch mehr Verantwortung in Krisenregionen in der europäischen Nachbarschaft übernehmen müssen, beispielsweise in Nordafrika und im Nahen Osten. Und schließlich werden sie die USA auch darin unterstützen müssen, die internationalen Seewege zu schützen, die gerade für Europas Wirtschaft von zentraler Bedeutung sind.

Die Europäer können nicht mehr davon ausgehen, dass künftig alle militärischen Fähigkeiten der USA im Bedarfsfall auch für sie zur Verfügung stehen. Die globale Entwicklung und Sicherheitslage verlangen eine neue Lastenteilung zwischen Europa und Amerika, und diese beginnt in Europa.

Schaut man zudem auf die innenpolitische Entwicklung in den Vereinigten Staaten, ist es mitnichten sicher, dass künftige US-Regierungen angesichts der wachsenden globalen Herausforderungen und Risiken bereit sein werden, weiterhin militärisch für Europa einzustehen, wenn die wohlhabenden Europäer nicht selbst die Hauptlast für ihre Verteidigung übernehmen. Das heißt: Die Europäer müssen künftig auch deshalb weit größere Anstrengungen für ihre Sicherheit unternehmen, damit sie amerikanische Streitkräfte in einem bedeutsamen Umfang und mit wesentlichen militärischen Fähigkeiten, einschließlich nuklearer Waffen, in Europa halten können.

Die neue Strategie der NATO

Die bisherige Antwort der transatlantischen Gemeinschaft auf Putins Aggression ruht auf drei Säulen: auf weitreichenden Sanktionen gegen Russland durch die Vereinigten Staaten, die Europäische Union und weitere NATO-Verbündete; auf Waffenlieferungen an die Ukraine, vor allem aus den USA, aber auch aus vielen europäischen Staaten; und auf dem weiteren, konsequenten Ausbau der Abschreckungs- und Verteidigungsfähigkeit der NATO, der 2014 begann.

Bei ihrem Gipfeltreffen in Madrid Ende Juni 2022 beschlossen die Staats- und Regierungschefs eine substanzielle Verstärkung der NATO-Verteidigung entlang der gesamten Ostflanke des Bündnisses. Die Zahl der multinationalen *Battlegroups*[6] wurde von vier (die drei baltischen Staaten Estland, Lettland, Litauen sowie Polen) auf acht (Slowakei, Ungarn, Rumänien, Bulgarien) erhöht. Der Umfang der Truppen, die dauerhaft entlang der NATO-Ostgrenze stationiert werden, den Luftraum überwachen und auf See sind, steigt signifikant. In den baltischen Staaten, die aus geografischen Gründen am ehesten einer möglichen militärischen Bedrohung ausgesetzt sind, werden die NATO-Truppen so verstärkt, dass die Allianz dort im Falle eines russischen Angriffs unverzüglich mit wirkungsvollen Verteidigungsoperationen beginnen kann, um Russland einen schnellen militärischen Erfolg verwehren zu können und um Zeit zu gewinnen für das schnelle Heranführen von weiteren Verstärkungskräften. Der Umfang der NATO-Truppen in hoher und sehr hoher Einsatzbereitschaft wird von 40 000 auf über 300 000 Truppen erhöht.

Auch der Beitritt Finnlands und Schwedens ist für die Konsolidierung der NATO von strategischer Bedeutung. Angesichts des russischen Überfalls auf den Nachbarn Ukraine und Putins revisionistischer Ziele suchen beide nordischen Länder nun Sicherheit innerhalb der transatlantischen Verteidigungsgemeinschaft und den Schutz der USA. Sie selbst bringen moderne Land-, Luft- und Seestreitkräfte und effektive Cyberabwehrfähigkeiten in das Bündnis ein. In Europas Norden entsteht ein geostrategisch kohärenter Raum, zu einem Großteil unter dem Schutzschirm der NATO. Die Verteidigung des Baltikums, das nur über den Suwałki-Korridor in Ostpolen mit dem Bündnisterritorium verbunden ist, erhält die nötige räumliche Tiefe.

Putin wollte die NATO schwächen, destabilisieren und zurückdrängen. Er hat das Gegenteil erreicht, sie wird gestärkt, konsolidiert und größer. Für Deutschland folgen daraus neue Aufgaben: Als europäische Zentralmacht und Ostsee-Anrainer muss es sich nun aktiv an der gemeinsamen Planung und Vorbereitung der Verteidigung des gesamten nordisch-baltischen Raums mit Land-, See- und Luftstreitkräften beteiligen.

Putin wollte die NATO schwächen. Er hat das Gegenteil erreicht, sie wird gestärkt und sogar größer. Dementsprechend muss sich Deutschland als europäische Zentralmacht und Ostsee-Anrainer aktiv an der Verteidigungsplanung des nordisch-baltischen Raums beteiligen.

Das neue Strategische Konzept der NATO[7] spiegelt die erweiterte Verantwortung des Bündnisses wider. Es bleibt für den Schutz und die Verteidigung Europas gegen militärische Gefahren von außen zuständig. Künftig muss sich die NATO aber außerdem allen Risiken stellen, die sich aus der globalen Machtverschiebung und den transnationalen Gefahren ergeben und sich auf die Sicherheit der Verbündeten auswirken. Im Strategischen Konzept heißt es: Russland ist die »bedeutendste und eine direkte Bedrohung«. Terrorismus ist in allen seinen Erscheinungsformen, vor allem in der südlichen Nachbarschaft der Allianz, die »unmittelbarste asymmetrische Bedrohung« für die Bürger und Bürgerinnen der Bündnispartner. Und China ist eine systemische »Herausforderung für die Interessen, Sicherheit und Werte des Bündnisses«, wozu auch Pekings »strategische Partnerschaft« mit Russland beiträgt. Und weiter: Dynamische technologische Innovationen, ein Hauptaktionsfeld der globalen Großmachtkonkurrenz, die wachsenden malignen Aktivitäten im Cyberraum wie auch die sicherheitspolitischen Folgen des Klimawandels wirken sich ebenfalls auf die Sicherheit aller Bündnispartner und die Einsatzfähigkeit ihrer Streitkräfte aus.

Angesichts der vielfältigen Risiken und Gefahren erhält kollektive Verteidigung im Strategischen Konzept 2022 eine breitere Bedeutung – als Sicherheitsvorsorge »gegen alle Bedrohungen aus allen Richtungen«, in einem in der NATO so genannten 360-Grad-Ansatz. Dieser umfassenden Sicherheitsvorsorge dienen alle drei Kernfunktionen des Bündnisses: erstens Abschreckung und Verteidigung, zweitens Krisenvorsorge und -management und drittens kooperative Sicherheit. Letztere umfasst vor allem die Zusammenarbeit mit den unterschiedlichen Partnernationen und -organisationen, einschließlich der EU. Gemessen an der Zahl und Substanz der zugeordneten Aktionsfelder kommt »Abschreckung und Verteidigung« die primäre Rolle zu. Widerstandsfähigkeit (Resilienz) gegen Cyberangriffe, gegen Desinformation und subversive Aktionen, aber auch gegen Risiken, die aus Abhängigkeiten von anderen Mächten in den Feldern kritische Infrastruktur, Lieferketten oder Energieversorgung entstehen, hat eine ähnlich hohe Bedeutung, weil sie für die Erfüllung aller drei Kernaufgaben relevant ist.

Das Strategische Konzept 2022 bildet das konzeptionelle Rahmendokument für alle Planungen und Maßnahmen, die seit 2014 die Stärkung des Abschreckungs- und Verteidigungspotenzials der NATO bestimmen, seit Russlands offenem militärischem Angriff aber nun erheblich erweitert und beschleunigt werden. Aus den operativen Planungen für alle relevanten Regionen im Verantwortungsbereich der NATO[8] werden die militärischen Fähigkeiten abgeleitet, die das Bündnis für Abschreckung und Verteidigung gegen Russland wie auch für mögliche bewaffnete Kriseninterventionen in anderen Weltgegenden benötigt. Es ist davon auszugehen, dass sich schon aus geografischen Gründen der Anteil der Europäer an der Deckung dieses Bedarfs erhöhen wird, insbesondere der Beitrag Deutschlands, weil es der wirtschaftlich stärkste europäische Bündnispartner ist, der über die nominell stärksten konventionellen Landstreitkräfte in Europa verfügt, jedenfalls wenn die Bundeswehr die volle Einsatzbereitschaft erreicht hat.

Der gesamte Bedarf der NATO an Streitkräften und militärischen Fähigkeiten, die das Bündnis für alle seine Aufgaben benötigt, wird in sogenannte NATO-Streitkräfteziele gefasst, die den Bündnispartnern alle vier Jahre *individuell* zugeteilt werden – in »Paketen«, deren Größe und Qualität sich nach der wirtschaftlichen und militärischen Leistungsfähigkeit der jeweiligen Nation richtet.[9] Da sich das Bruttoinlandsprodukt der USA und das kombinierte BIP der Europäer (und Kanadier) etwa die Waage halten, haben die Amerikaner und die Europäer je etwa die Hälfte der Streitkräfteziele zu übernehmen. Wenn die europäischen Verbündeten ihre Ziele pünktlich und in vollem Umfang erreichen, werden sie nicht nur einen wesentlichen, unersetzlichen und angemessenen Beitrag zur Verteidigung Europas leisten, sondern auch zur militärischen Handlungsfähigkeit der EU, weil 23 europäische NATO-Verbündete zugleich Mitglied der EU sind.[10]

Der »Strategische Kompass« der EU

Putins Krieg und seine geopolitischen Ziele haben auch in der EU das Bewusstsein für die vielfältigen sicherheitspolitischen Gefahren geschärft, denen Europa ausgesetzt ist. Zweifelsohne hat die EU dank ihrer harten Reaktion auf den russischen Angriff und der dabei demonstrierten politischen Einigkeit und Entschlusskraft an der Seite der USA, also vor allem dank der Verabschiedung mehrerer aufeinanderfolgender Sanktionspakete gegen Russland sowie der politischen, wirtschaftlichen und finanziellen Unterstützung der Ukraine, die auch dem Erwerb militärischer Fähigkeiten dient, erhebliches Profil als politisch-strategischer Akteur gewonnen. Im Rahmen ihrer Gemeinsamen Sicherheits- und Verteidigungspolitik (GSVP) hat sich die EU schon seit geraumer Zeit das Ziel gesetzt, die »Europäische Verteidigung« (»European Defence«) zu stärken und auf eine »Europäische Verteidigungsunion« hinzuarbeiten.[11]

»Europäische Verteidigung« ist allerdings nicht mit der kollektiven Verteidigung Europas gleichzusetzen, die – darüber herrscht in der EU angesichts der russischen Bedrohung und Kriegsführung Einigkeit – in der Verantwortung der NATO bleiben muss. »Europäische Verteidigung« verhält sich dazu komplementär und ist darauf angelegt, Krisen, Konflikte und andere Gefahren von Europa fernzuhalten. Diesem Ziel dienen sowohl zivile und militärische Einsätze zur Bewältigung von Krisen außerhalb der EU als auch die Unterstützung von Partnerstaaten beim Aufbau von eigenen Sicherheits- und Verteidigungskapazitäten und schließlich auch der Schutz der EU und ihrer Bevölkerungen gegen Gefahren, die beispielsweise von Cyberangriffen, Terrorismus und dem organisierten Verbrechen, von illegaler Migration oder großen Katastrophen ausgehen. Für diese Aufgaben verfügt die EU wie keine andere Organisation über ein einzigartiges Spektrum an zivilen, politischen, wirtschaftlichen, finanziellen, polizeilichen und militärischen Instrumenten.[12]

Angesichts der russischen Bedrohung und der fundamentalen Veränderungen des internationalen Systems durch die heraufziehende Großmachtkonkurrenz braucht die EU allerdings auch eine gemeinsame strategische Vision. Diese Aufgabe übernimmt der »Strategische Kompass für Sicherheit und Verteidigung« vom März 2022.[13] Er will eine Richtschnur sein für die Entwicklung der EU zu einem geopolitischen Akteur, sowohl in ihrer Nachbarschaft als auch global. Nach dem Willen der EU-Mitgliedstaaten soll dieser »Kompass« zu einem

»Quantensprung« im Aufbau der dazu notwendigen zivilen und militärischen Fähigkeiten führen.

Zum ersten Mal haben die EU-Mitgliedstaaten dafür eine umfassende Analyse der zentralen Herausforderungen und Risiken erarbeitet, mit denen sich die EU konfrontiert sieht: globale und regionale Bedrohungen, Konflikte in der Nachbarschaft der EU und Gefahren, die von staatlichen wie von nichtstaatlichen Akteuren ausgehen. Diese Analyse stimmt weitgehend mit der Beurteilung des strategischen Umfelds durch die NATO überein, sie ist aber inhaltsreicher und wesentlich differenzierter. Auf dieser Grundlage definiert der »Kompass« die Ziele und Mittel für die GSVP, vor allem auf den Feldern Krisenmanagement, Resilienz, zivile und militärische Fähigkeiten und Partnerschaften.

Angesichts der russischen Bedrohung und der fundamentalen Veränderungen des internationalen Systems durch die heraufziehende Großmachtkonkurrenz braucht die EU eine gemeinsame strategische Vision.

Aus dem daraus folgenden Aktionsplan mit über 40 größeren Maßnahmen wurde in Deutschland vor allem die Absicht bekannt, eine »EU Rapid Deployment Capacity« (EU RDC), eine schnelle Eingreiftruppe in Stärke von bis zu 5000 Soldaten und Soldatinnen aufzustellen, die für militärische Kriseninterventionen in einem gefährlichen Umfeld eingesetzt werden kann.[14] Doch das Programm zum Aufbau von Streitkräften, die über sämtliche Fähigkeiten verfügen (»full-spectrum forces«), technologisch auf dem neuesten Stand, interoperabel, logistisch durchhaltefähig und resilient sein sollen, ist weit umfangreicher. So will die EU zunächst kurzfristig Lücken bei kritischen militärischen

Fähigkeiten schließen, aber mittel- und langfristig erhebliche Investitionen in die Modernisierung des gesamten Streitkräftepotenzials lenken.

Der Plan und die zeitlichen Vorgaben dafür sind ehrgeizig, zahlreiche Ziele sollen bereits bis 2025 erreicht sein. Vor allem sollen die angestrebten militärischen Fähigkeiten und Maßnahmen helfen, die »EU-Prioritäten für die Fähigkeitsentwicklung«[15] zu realisieren. Die EU-Mitgliedstaaten haben diese Prioritäten gemeinsam beschlossen. Sie reflektieren also die Zielvorstellungen der EU-Staaten darüber, wie sie ihre nationalen Streitkräfte und Fähigkeiten im Rahmen der EU weiterentwickeln wollen. Sie berücksichtigen nicht nur den Bedarf für militärische Kriseneinsätze unter Beachtung der dabei festgestellten Fähigkeitsdefizite, sondern auch die technologische Entwicklung und künftige Trends. Die EU-Fähigkeitsprioritäten sind aus EU-Sicht daher von entscheidender Bedeutung für die Ausrichtung, Gestaltung und Zukunftsfähigkeit des gesamten Streitkräfte- und Fähigkeitspotenzials der EU-Mitgliedstaaten.

Die EU-Fähigkeitsprioritäten sind aus EU-Sicht von entscheidender Bedeutung für die Ausrichtung und Gestaltung des gesamten Streitkräfte- und Fähigkeitspotenzials der EU-Mitgliedstaaten.

Alle zwei Jahre überprüft die Europäische Verteidigungsagentur (EDA), auf welche Weise die einzelnen Mitgliedstaaten zur Implementierung der EU-Prioritäten beitragen.[16] Diese Überprüfung hat im Wesentlichen drei Ziele: Sie gibt, erstens, einen Gesamtüberblick über die militärischen Fähigkeiten aller EU-Staaten und deren Pläne für die weitere Entwicklung ihrer Streitkräfte, einschließlich der nationalen Investitionen in Forschung, technologische Entwicklung und rüstungsindustrielle

Projekte. Die Überprüfung soll, zweitens, die EU-Mitgliedstaaten zur Koordinierung, wenn möglich sogar Synchronisierung ihrer Fähigkeitsplanung anhalten. Und sie soll, drittens, Möglichkeiten für eine gemeinsame, kooperative Entwicklung und Beschaffung von militärischen Fähigkeiten im Rahmen der »Ständigen Strukturierten Zusammenarbeit« (PESCO) von EU-Mitgliedstaaten in verschiedenen Projektgruppen aufzeigen, die dann vom Europäischen Verteidigungsfonds (EDF) finanziell unterstützt werden können. Auf diese Weise will man die Kohärenz der Fähigkeitsentwicklung in Europa fördern.[17]

Neben den NATO-Streitkräftezielen folgen also aus den EU-Prioritäten für die Fähigkeitsentwicklung ebenfalls Vorgaben für die Entwicklung der Streitkräfte und der militärischen Fähigkeiten der europäischen Verbündeten, die diese im Rahmen der NATO für kollektive Verteidigung und anspruchsvolle militärische Krisenreaktion zur Verfügung stellen. Darin liegen Risiko und Chance zugleich. Alle 23 europäischen Staaten, die sowohl NATO- als auch EU-Mitglied sind, verfügen für ihre Verpflichtungen in beiden Organisationen nur über *einen* Streitkräftepool und *einen* Verteidigungshaushalt. Daher müssen konkurrierende Ziele und unnötige Duplizierungen von militärischen Fähigkeiten in EU und NATO vermieden werden. Die Streitkräfteplanung in beiden Organisationen muss koordiniert werden, ihre Zielvorgaben müssen kohärent sein und die resultierenden militärischen Fähigkeiten komplementär. Aus diesem Grund hat die EU beispielsweise entschieden, dass europäische PESCO-Projekte, die der Realisierung von EU-Fähigkeitsprioritäten dienen, nur dann gebilligt werden, wenn sie auch dazu beitragen, entsprechende Fähigkeitsziele zu verwirklichen, die die Europäer im Rahmen der NATO erfüllen müssen. Insofern unterstützen derartige europäische Kooperationsprojekte auch die Verteidigungsfähigkeit der NATO, besonders wenn sie anspruchsvoll sind und etliche EU-Staaten dabei mitmachen.

Die Stärkung der strategisch-militärischen Handlungsfähigkeit der Europäer muss drei weiteren Zielen dienen: einem erhöhten Beitrag zur kollektiven Verteidigung, der größeren transatlantischen Lastenteilung und der Festigung des »europäischen Pfeilers« der transatlantischen Allianz.

Die Stärkung der gemeinsamen strategisch-militärischen Handlungsfähigkeit der Europäer im Rahmen der EU muss also drei weiteren Zielen dienen, die miteinander verbunden sind: einem erhöhten Beitrag zur kollektiven Verteidigung Europas, der größeren transatlantischen Lastenteilung und damit der Festigung des »europäischen Pfeilers« der transatlantischen Allianz. Damit das auch wirklich gelingt, sollten NATO und EU sowohl bei der Entwicklung moderner, voll ausgestatteter und einsatzbereiter Streitkräfte als auch beim Aufbau technologisch hoch entwickelter militärischer Fähigkeiten der Europäer noch intensiver als bisher zusammenarbeiten.

Gemeinsame Handlungsfähigkeit der Europäer – in NATO und EU

Insgesamt hat die Kooperation von NATO und EU in den vergangenen Jahren große Fortschritte gemacht. Beide betrachten einander als unerlässliche Partner, deren Rollen sich wechselseitig verstärken. Dies zeigt sich nicht zuletzt in der Kohärenz des Strategischen Kompasses der EU und des Strategischen Konzepts der NATO, die sich zudem wechselseitig ergänzen. Außerdem: Bereits auf der Grundlage einer im Jahr 2018 zwischen den Präsidenten des Europäischen Rats und der Europäischen Kommission sowie dem NATO-Generalsekretär vereinbarten »Gemeinsamen Erklärung« *(Joint Declaration)* arbeiten EU und NATO auf zahlreichen Feldern zusammen, wo ein gemeinsames Interesse besteht und sie Gefahren, denen sie gleichermaßen ausgesetzt sind, gemeinsam begegnen wollen. Dazu gehören die Abwehr von hybriden Bedrohungen, der Schutz gegen Cyberangriffe, die Entwicklung militärischer Fähigkeiten, die maritime Sicherheit im Mittelmeerraum, militärische Übungen und der Aufbau von Verteidigungskapazitäten von Partnerstaaten im Osten und Süden Europas.

Die Kooperation der zuständigen Stäbe umfasst heute bereits 74 konkrete Projekte samt der jährlichen Fortschrittsberichte an beide Räte. Doch die grundlegend neue Sicherheitslage verlangt darüber hinaus neue, innovative Schritte. Einige Vorschläge:

Konsultationen und praktische Zusammenarbeit

Die Vielfalt der gleichzeitigen geopolitischen und transnationalen Herausforderungen erfordert, dass Amerikaner und Europäer wie auch die Europäer untereinander ihre politischen Konsultationen erheblich verstärken. Das ist vor allem wichtig, um die Konvergenz der nationalen politischen und strategischen Prioritäten sicherzustellen – eine Grundvoraussetzung für den Zusammenhalt von NATO und EU, für deren Handlungsfähigkeit und für ihr kohärentes Zusammenwirken. Die abgestimmte Haltung von Amerikanern und Europäern, von EU und NATO gegenüber Russlands Krieg und ihre gemeinsame Unterstützung der Ukraine sind dafür ein Beispiel.

Von diesem Verständnis geleitet, sollten EU und NATO in einer neuen »Gemeinsamen Erklärung« diejenigen Felder für Konsultationen und Kooperation aufnehmen, die sich sowohl aus dem Strategischen Konzept der NATO als auch aus dem Strategischen Kompass der EU ergeben. Dazu könnten Themen gehören wie Resilienz, Auswirkungen disruptiver Technologien, Nutzung des Weltraums, sicherheitspolitische Folgen des Klimawandels, der Hohe Norden, Instabilität im Süden, der Kampf gegen Terrorismus und der Schutz der Seewege.

Auf politischer und militärischer Ebene wie auch in den Stäben muss ein gemeinsames Bewusstsein für die gemeinsamen Bedrohungen entstehen, die koordinierte Abwehr erfordern.

Verstärkte Koordination der Fähigkeitsentwicklung in NATO und EU

Bis 2025 will die EU vor allem jene kritischen Lücken bei entscheidenden Unterstützungsfähigkeiten (»strategic enablers«) reduzieren, die insbesondere für den Einsatz von Streitkräften für schnelle Krisenreaktion notwendig sind.[18] Die NATO erarbeitet im gleichen Zeitraum eine aktualisierte Liste der Defizite in den Fähigkeitsbereichen, die sie für das gesamte Einsatzspektrum benötigt, vor allem für militärisch anspruchsvolle Verteidigungsoperationen. Da es sich dabei einerseits fast ausschließlich um Mängel bei den europäischen (und nicht etwa in den amerikanischen) Streitkräften handelt und andererseits um teure Fähigkeiten, sollten EU und NATO ihre Defizitlisten koordinieren. Es wäre daher hilfreich, ihre Stäbe würden die zehn oder 15 wichtigsten Fähigkeitslücken definieren, die vorrangig geschlossen werden müssen. Dies mit dem Ziel, dass die Europäer sowohl in der NATO einen größeren Streitkräftebeitrag leisten als auch im Rahmen von »European Defence« ihre Handlungsfähigkeit verbessern. Wie bereits erwähnt, wäre es sinnvoll, die europäischen Staaten würden ausgewählte Fähigkeiten gemeinsam als PESCO-Projekte entwickeln. Aus NATO-Sicht sollten sich solche Projekte auf militärisch und technologisch fortgeschrittene Fähigkeiten konzentrieren, die vor allem für die kollektive Verteidigung benötigt werden, an denen in Europa aber großer Mangel herrscht. Dazu zählen unter anderem Flug- und Raketenabwehr, weitreichende zielgenaue konventionelle Flugkörper oder unbemannte bewaffnete Fluggeräte (Drohnen).

Amerikanisch-europäische Lastenteilung in der NATO

Trotz der Abmachung in der Allianz, dass die Europäer planerisch rund die Hälfte der notwendigen Streitkräfte und hochwertigen militärischen Fähigkeiten stellen, muss sich die NATO noch immer darauf verlassen, dass in einigen Bereichen die Mehrzahl der unverzichtbaren und teuren Unterstützungsfähigkeiten aus den USA kommen.[19] Das muss ein Ende haben. Die Europäer sollten sich deshalb dazu verpflichten, sowohl mindestens 50 Prozent der benötigten Streitkräfte zu stellen als auch die Hälfte aller notwendigen militärischen Fähigkeiten aufzubringen und wesentliche Fähigkeiten selbst zu entwickeln.

Obwohl die Europäer planerisch die Hälfte der Streitkräfte und militärischen Fähigkeiten stellen sollen, muss sich die NATO in einigen Bereichen noch immer überwiegend auf Unterstützungsfähigkeiten aus den USA verlassen. Das muss ein Ende haben.

Mehr noch: Angesichts der sich verändernden strategischen Prioritäten der Amerikaner und ihrer Hinwendung zur indopazifischen Region müssen sich die Europäer schon jetzt darauf vorbereiten, dass ihr Anteil an den für die NATO militärisch notwendigen Fähigkeiten weiter steigt, beispielsweise in Richtung 60 Prozent. Die Zusage der Europäer, die große Mehrheit der Truppen mit hoher und höchster Einsatzbereitschaft (240 000 von rund 300 000) zu stellen, ist ein wichtiger Schritt in die richtige Richtung.

Wie beim NATO-Gipfel in Madrid im Juni 2022 entschieden, schreitet die detaillierte Planung für die Verteidigung des NATO-Gebiets jetzt mit Macht voran. Dafür werden in einigen Regionen unter anderem voll ausgerüstete, einsatzbereite und resiliente Großverbände gebraucht, auch in Divisions- und Korpsgröße. Solche Großverbände müssen dann rasch in ihren Einsatzräumen verfügbar sein und aus geografischen Gründen daher vorwiegend von den europäischen Verbündeten gestellt werden. Neben dem Multinationalen Korpskommando Nordost im polnischen Szczecin könnte – abhängig von der operativen NATO-Planung – beispielsweise auch das Deutsch-Niederländische Korpskommando aus Münster einen multinationalen Großverband führen, zu dem etwa deutsche, niederländische, belgische und tschechische Truppen gehören könnten. Als sogenannte »Rahmennation« wäre Deutschland für die Planung und einheitliche Führung, für Ausbildung und Übungen im Großverbandsrahmen sowie für die Koordination der Logistik verantwortlich.

Mobilität der Landstreitkräfte

Die Glaubwürdigkeit konventioneller Abschreckung und Handlungsfähigkeit erfordert, dass Truppen, die bedrohte Verbündete besonders an der Nord- und Ostflanke der NATO unterstützen sollen, sehr schnell über große Entfernungen und mehrere nationale Grenzen und Territorien hinweg in ihre geplanten Einsatzräume verlegt werden können. Auch die EU will ihre Krisenreaktionsfähigkeit mithilfe einer schnellen Verlegung von Truppen erhöhen. NATO und EU haben hierfür bereits detaillierte Pläne und Verfahren entwickelt, die die vielfältigen Voraussetzungen dafür schaffen sollen.[20] Der Strategische Kompass sieht vor, dass die Implementierung der notwendigen Regelungen in Europa signifikant beschleunigt wird. Denn angesichts der prekären Sicherheitslage ist rascher, durchgreifender Fortschritt geboten.

Auf folgende Faktoren kommt es dabei besonders an: Die Bestimmungen für den Grenzübertritt von militärischen Verbänden und Gütern müssen europaweit vereinheitlicht, die Genehmigungszeiten drastisch verkürzt werden. Die zivile Verkehrsinfrastruktur, die für den

Aufmarsch von militärischen Verbänden mit schwerem Gerät wesentlich ist, muss für die militärische Nutzung optimiert werden. Das betrifft Straßen, Schienenwege, Brücken, Tunnel, Hafenanlagen, Landebahnen. Die Europäische Kommission hat zugestimmt, solche Projekte mit den jeweils betroffenen Staaten gemeinsam zu finanzieren. Die NATO trägt mit finanziellen Mitteln aus ihrem Gemeinschaftshaushalt ebenfalls dazu bei. Darüber hinaus sollten alle Europäer ihre militärischen Transportkapazitäten deutlich erhöhen. Zudem müssen die Transit- und Empfängerstaaten von NATO-Truppen für deren (logistische) Unterstützung, Bewegungsfreiheit und Sicherheit sorgen.

Streitkräftemobilität in Europa ist ein gemeinsames politisch-militärisches Großprojekt von EU und NATO – und zugleich ein wichtiges Element transatlantischer Lastenteilung, weil es auch für die rasche Verlegung amerikanischer Streitkräfte von großer Bedeutung ist. Über zwei PESCO-Gruppen, dem von den Niederlanden geführten Projekt »Military Mobility« und dem von Deutschland geführten »Network of Logistic Hubs in Europe and Support to Operations«, sind etliche europäische Staaten bereits an diesem Projekt beteiligt. Seit Mai 2021 nehmen Kanada, Norwegen und die USA am Projekt »Military Mobility« teil; ihr spezifisches Know-how trägt zweifellos zur Verbesserung der militärischen Mobilität innerhalb und außerhalb der EU bei.[21] Deutschland als operative »Drehscheibe« im Zentrum Europas sollte sich für die Beschleunigung des Projekts in NATO und EU besonders engagieren, vor allem auch auf politischer Ebene.

Ein kohärentes Fähigkeitsdispositiv[22] der Europäer als Zukunftsvision

Russlands Krieg gegen die Ukraine hat schlagartig vor Augen geführt, dass die Europäer gezwungen sein könnten, heute wieder groß angelegte, hoch intensive and lang anhaltende militärische Operationen zu führen. Sie müssen (und wollen) daher ihre Investitionen in mehr und bessere militärische Fähigkeiten massiv erhöhen. Dazu gehört schnellstmöglicher Ersatz für jene Rüstungsgüter, Waffensysteme und Munition, die an die Ukraine geliefert wurden und werden. Dazu zählen auch die vollständige Ausstattung der europäischen Streitkräfte, ihre umfassende technologische Modernisierung sowie Anstrengungen der Rüstungsindustrien, ihre technologischen Entwicklungs- und Produktionskapazitäten zu erhöhen.[23] Das muss der Schwerpunkt für die nächsten fünf Jahre sein. Aber auch das reicht nicht aus.

Russlands Krieg gegen die Ukraine zeigt, dass die Europäer wieder groß angelegte, hoch intensive and lang anhaltende militärische Operationen führen können sollten. Sie müssen daher ihre Investitionen in militärische Fähigkeiten massiv erhöhen.

Die nationalen Streitkräfte und Rüstungskapazitäten der Europäer sind nach wie vor fragmentiert und die Ausrichtung ihrer Fähigkeitsprofile nicht aufeinander abgestimmt. Die Zahl der unterschiedlichen Waffensysteme in Europa übertrifft jene der USA um ein Vielfaches.[24] Infolge von Abrüstung sowie der stetigen Verringerung der europäischen Verteidigungshaushalte und Streitkräfte seit den 1990er-Jahren sank der Bedarf an großen Waffensystemen. Vielfach wurden Fähigkeiten und Strukturen auf die spezifischen Anforderungen von Auslandseinsätzen zur Krisenbewältigung ausgerichtet. Nicht wenige wesentliche Fähigkeitsdefizite bei solchen Einsätzen wurden durch die Amerikaner ausgeglichen.

Die Rüstungskapazitäten in Europa sind auf viele Staaten aufgeteilt, oft auf regionale Besonderheiten ausgelegt, aber insgesamt begrenzt.

Auch die Investitionen in Forschung und Technologie sind viel geringer als in den USA und ebenso in China. Die Entwicklung neuer Systeme ist teuer und dauert lange. Material- und Munitionsreserven gibt es zumindest in Deutschland kaum. Wie groß der Bedarf der Bundeswehr ist, um allein die seit Jahren bestehenden kritischen Lücken zu schließen, ist in der Diskussion um das 100-Milliarden-Euro umfassende »Sondervermögen« und um die Lieferung von schweren Waffen an die Ukraine offenkundig geworden.

Die CARD-Analyse der Defizite der europäischen Streitkräfte und Fähigkeiten hat auch offengelegt, dass die meisten europäischen Staaten neben der Erfüllung ihrer NATO-Streitkräfteziele in erster Linie nach wie vor nationale Eigenheiten und Prioritäten verfolgen. Trotz unbestreitbarer Fortschritte fehlt immer noch ein ausreichendes Bewusstsein für die gemeinsamen militärstrategischen Herausforderungen und die Notwendigkeit, ihnen gemeinsam zu begegnen. Wollen die Europäer aber in der sich gnadenlos verändernden Weltlage bestehen, müssen sie Antworten auf vier zentrale Fragen geben: Über welche Streitkräfte wollen sie künftig insgesamt verfügen, um in einem großen militärischen Konflikt gemeinsam (zur Verteidigung Europas) bestehen zu können? Wie wollen sie als geopolitischer Akteur glaubwürdig, also militärisch abgesichert, strategisch handeln? Welche Streitkräftebeiträge können und müssen die europäischen Nationen aufbringen, die sowohl aufeinander abgestimmt sind als auch ihren NATO-Streitkräftezielen genügen? Wie wollen sie eine wettbewerbsfähige und technologisch innovative Rüstungsindustrie in der gesamten Union schaffen, die den Aufbau eines kohärenten europäischen Streitkräftepotenzials effizient unterstützt?

Dabei ist klar: Die künftigen Lasten lassen sich nur gemeinsam schultern. Denn die erforderlichen, technologisch innovativen und anspruchsvollen und darum sehr teuren, militärischen Fähigkeiten können nur entwickelt, beschafft und bezahlt werden, wenn die Staaten in Gruppen zusammenarbeiten, wenn sie ihre Hauptwaffensysteme vereinheitlichen und in ausreichender Stückzahl produzieren und damit die Kosten senken – und wenn sie Duplizierungen vermeiden und Fragmentierung signifikant reduzieren. Die Zeit drängt, und die Europäer müssen darum heute damit beginnen – das ist der Impetus des Strategischen Kompasses.[25]

Wenn also die Verteidigungsminister und Verteidigungsministerinnen der EU ab Herbst 2022 jährlich einmal zusammenkommen, um über die Entwicklung ihrer Streitkräfte und deren militärische Fähigkeiten zu sprechen, sollten sie ihren Blick auch weit in die Zukunft richten und darüber diskutieren, wie ein kohärentes europäisches Verteidigungs- und Streitkräftedispositiv im Jahr 2035[26] aussehen soll, das die genannten Anforderungen erfüllt. Wichtig wäre es dafür, auch Großbritannien so bald wie möglich in die Diskussionen einzubeziehen. Auf sein beträchtliches Potenzial kann Europa nicht verzichten.[27] Ein solcher kohärenter Ansatz ist auch bündnispolitisch von entscheidender Bedeutung: Ein militärisch und technologisch hoch entwickelter »Streitkräftepool« der Europäer stellt eine substanzielle Ergänzung zu den Fähigkeiten der USA dar und untermauert eine dauerhafte europäisch-amerikanische Sicherheitspartnerschaft auf Augenhöhe, weil er faire Lastenteilung in der grundlegend veränderten Weltlage ermöglicht und die Europäer befähigt, gemeinsame strategische Verantwortung zu übernehmen.

Und was heißt das für Deutschland?

Der Bundesrepublik kommt für die Entwicklung sowohl der NATO als auch der GSVP der EU in diesem Jahrzehnt eine Vorreiterrolle zu, gerade auch aus Sicht der amerikanischen und europäischen Verbündeten. Deutschland hat, in der Mitte Europas gelegen, ein elementares Interesse daran, dass der Kontinent sicher und stabil bleibt, dass die Europäer gemeinsam handlungsfähiger werden, dass das transatlantische Verteidigungsbündnis geeint bleibt und seine Abschreckungs- und Verteidigungsfähigkeit rasch vollständig herstellt und dass die Vereinigten Staaten mit signifikanten Streitkräften in Europa bleiben.

Eine wesentliche Voraussetzung dafür ist die volle Einsatzbereitschaft der Bundeswehr. Mit dem Beschluss des Bundestags über das Sondervermögen für die Bundeswehr können entscheidende Fähigkeitslücken geschlossen und kann die Einsatzbereitschaft der Bundeswehr in den jetzigen Strukturen hergestellt werden. Gelingt das, wird Deutschlands Gewicht in den Planungen der NATO zur Stärkung der Bündnisverteidigung erheblich wachsen. Berlin wird zugleich auch weit größeren gestaltenden Einfluss auf die Entwicklung eines kohärenten europäischen Streitkräftepotenzials im Rahmen der EU gewinnen.

Geografische Lage, Leistungsfähigkeit und das Sicherheitsinteresse Deutschlands begründen den Anspruch, dass die Bundeswehr wieder zum Rückgrat der konventionellen Verteidigung Europas wird.

Angesichts der Weltlage und ihrer Folgen für NATO und EU ist es jedoch höchst unwahrscheinlich, dass der Sonderfonds von 100 Milliarden Euro ausreicht. Darum ist der Beschluss des Deutschen Bundestags von größter Bedeutung, der besagt, dass die Bundesregierung nach Ausschöpfung des Sondervermögens verpflichtet ist, die Mittel bereitzustellen, die Deutschland für die Erfüllung der NATO-Streitkräfteziele in ihrer jeweils gültigen Version benötigt. Geografische Lage, Leistungsfähigkeit und das Sicherheitsinteresse Deutschlands begründen den Anspruch, dass die Bundeswehr wieder zum Rückgrat der konventionellen Verteidigung auf dem europäischen Kontinent wird.[28] Dies erwarten auch unsere Bündnispartner. Um dieses Ziel zu erreichen, braucht es Führung, Engagement und einen langen Atem.

Anmerkungen

1 Gemeinsame strategische Handlungsfähigkeit der Europäer wird hier verstanden als die Summe der folgenden Faktoren: gemeinsame politische Positionen der europäischen Nationen; ökonomische und finanzielle Macht; Streitkräfte zum Schutz und zur Verteidigung Europas und die politische Wirkung ihrer Präsenz in anderen Regionen zum Schutz gemeinsamer Interessen; wesentliche rüstungsindustrielle Kapazitäten und die Vermeidung jeglicher einseitigen Abhängigkeit von Energie, Rohstoffen und Lieferketten von potenziell gegnerischen Mächten.

2 Das International Institute for Strategic Studies (IISS) beziffert den Verteidigungshaushalt Chinas für das Jahr 2020 mit 193,3 Milliarden US-Dollar. Damit liegt er hinter dem der Vereinigten Staaten (738,0 Milliarden US-Dollar) auf dem weltweit zweiten Platz; siehe IISS: *The Military Balance* 2021, Chapter Two – Comparative Defence Statistics, London 2021. Jüngsten, im Internet verfügbaren Angaben des Instituts zufolge lag der Verteidigungshaushalt Chinas im Jahr 2021 bei nominell 207,3 Milliarden US-Dollar.

3 Literaturempfehlung dazu: Kirchberger, Sarah; Sinjen, Svenja; Wörmer, Nils (eds.): *Russia-China Relations. Emerging Alliance or Eternal Rivals?*, Cham (CH) 2022, Verlag Springer International Publishing.

4 Literaturempfehlung dazu: Allen, John; Hodges, Ben; Lindley-French, Julian: *Future War – Bedrohung und Verteidigung Europas*, München 2022.

5 Siehe die Rede des amerikanischen Verteidigungsministers Lloyd J. Austin beim Shangri-La Dialogue am 11. Juni 2022 in Singapur. Schon jetzt sind in der indopazifischen Region rund 300 000 US-Truppen präsent; in Europa sind es derzeit 100 000.

6 Multinationale Gefechtsverbände mit einer Stärke von rund 1500 Soldaten und Soldatinnen.

7 »NATO 2022 – Strategic Concept«, Madrid 30 June 2022, www.nato.int/strategic-concept/#StrategicConcept

8 Sie reichen vom Hohen Norden und dem Nordatlantik über den Ostseeraum und die Schwarzmeerregion bis zum Mittelmeerraum Nordafrikas und des Nahen Ostens.

9 Bisher erhielten die Amerikaner, die über die größte Wirtschaftskraft verfügen, das größte und anspruchsvollste »Paket«, Deutschland als wirtschaftlich stärkster europäischer Bündnispartner das zweitgrößte. Auch daraus wird offensichtlich, von welch zentraler Bedeutung Deutschland und die Bundeswehr für die Funktionsfähigkeit der NATO und die Verteidigung Europas sind. – Die Identifizierung aller erforderlichen militärischen Fähigkeiten, ihre Transformation in NATO-Streit-

kräfteziele und deren Verteilung an die Verbündeten nach einem Schlüssel, der »faire Lastenteilung« gewährleistet, ebenso wie die regelmäßige Überprüfung ihrer Implementierung ist Gegenstand des »NATO-Streitkräfteplanungsprozesses«.

10 De jure sind es zurzeit noch 21 Staaten. Daraus werden 23, sobald der Beitritt Finnlands und Schwedens von den Parlamenten aller NATO-Verbündeten ratifiziert ist.

11 Den Rahmen setzte die EU mit der Europäischen Globalstrategie von 2016: »Shared Vision, Common Action: A Stronger Europe – A Global Strategy for the European Union's Foreign and Security Policy«, Brussels 2016.

12 Seit 2003 hat die EU im Rahmen ihrer GSVP mehr als 30 kleinere und mittlere zivile und militärische Einsätze in Europa, Afrika, dem Nahen Osten und in Asien durchgeführt.

13 Council of the European Union, 7371/22, »Outcome of Proceedings: A Strategic Compass for Security and Defence – For A European Union that protects its citizens, values and interests and contributes to international peace and security«, Brussels, 21 March 2022 (OR.en).

14 Die Erfahrungen mit dem Evakuierungseinsatz in Afghanistan im Jahre 2021 standen diesem Konzept Pate.

15 Diese »Capability Development Priorities« umfassen elf Fähigkeitsfelder, die Land-, Luft- und Seestreitkräfte, Führung/Kommunikation, Cyber und Weltraum betreffen: Cyber Responsive Operations; Ground Combat Capabilities; Space-based Information and Communication Services; Enhanced Logistic and Medical Capabilities; Information Superiority; Naval Manoeuverability; Underwater Control contributing to Resilience at Sea; Integration of Military Air Capabilities in a Changing Aviation Sector; Air Superiority; Cross-Domain Capabilities contributing to Achieving the EU's level of ambition; Air Mobility.

16 Dem dient der »Coordinated Annual Review on Defence« (CARD). CARD, PESCO und EDF werden auch die EU-Verteidigungsinitiativen genannt, die die Realisierung der Ziele von »European Defence« und der genannten »Capability Development Priorities« unterstützen sollen.

17 Zwischenzeitlich gibt es 60 PESCO-Projekte, die der Rat der EU gebilligt hat. Einige unter ihnen, die ein großes Entwicklungspotenzial haben, können von der Konzeption über Forschung und Entwicklung bis zur Beschaffung durch die Mittel des Europäischen Verteidigungsfonds unterstützt werden.

18 Beispielsweise strategischer Lufttransport, amphibische Kräfte, Sanitätskräfte, Cyberabwehr, Aufklärung und weltraumgestützte Kommunikationssysteme.

19 Beispielsweise weitreichende Aufklärung, Unterdrückung feindlicher Luftabwehr, weitreichende und zielgenaue Flugkörper, elektronischer Kampf und vor allem Abwehr ballistischer Raketen.

20 Für einen Überblick über »Military Mobility« und den Handlungsbedarf siehe: Brauß, Heinrich; Hodges, Ben; Lindley-French, Julian: *Moving Mountains for Europe's Defence*, CEPA Military Mobility Project, Washington, D. C., March 2021.

21 Nach dem Brexit hat Großbritannien sich bisher nicht um eine Teilnahme bemüht,

obwohl das Vereinigte Königreich als Framework Nation in Estland ein großes Interesse an einem schnellen, reibungslosen Aufmarsch seiner Kräfte durch Europa und die Ostsee hat.

22 Unter einem kohärenten Streitkräfte- und Fähigkeitsdispositiv werden hier die Summe der Streitkräfte und militärischen Fähigkeiten eines Staates oder einer Staatengruppe sowie deren finanzielle, industrielle und technologische Ressourcen verstanden, die für den Verteidigungssektor vorgesehen, aufeinander abgestimmt und für unterschiedliche militärische Aufgaben und Einsätze verfügbar sind oder verfügbar gemacht werden können. – Besonders die in diesem Abschnitt entwickelten Überlegungen verdankt der Autor Hinweisen und Anregungen von Brigadegeneral a. D. Martin Konertz, vormaliger Direktor Fähigkeiten, Bewaffnung und Technik der Europäischen Verteidigungsagentur in Brüssel.

23 Europäische Kommission und Europäische Verteidigungsagentur haben im Mai 2022 eine Analyse der Defizite bei den militärischen Fähigkeiten und industriellen Kapazitäten der EU vorgelegt mit Vorschlägen, wie sie kurz- und mittelfristig (fünf Jahre), aber auch langfristig (zehn Jahre und mehr) behoben werden sollten; siehe: European Commission/High Representative of the Union: »Joint Communication on the Defence Investment Gaps Analysis and Way Forward«, Brussels, 18.5.2022/ JOIN (2022) 24 final.

24 In Europa gibt es 178 unterschiedliche Waffensysteme, in den USA 30; Kampfpanzertypen: 12:1; Kriegsschiffe: 40:5; Kampfflugzeuge: 16:7.

25 Der CARD-Bericht 2021 zeigt etliche Fähigkeitsfelder auf, auf die eine Reihe von europäischen Staaten für die Entwicklung ihrer Streitkräfte setzen. Auf dieser Grundlage empfiehlt die Europäische Verteidigungsagentur sechs »Focus Areas« für zukunftsgerichtete kooperative Fähigkeitsentwicklung: Main Battle Tank; Soldier System; European Patrol Class Surface Ship; Counter UAV/Anti-Access/Area Denial; Defence in Space; Enhanced Military Mobility. Alle diese Felder dienen der Realisierung der EU-Fähigkeitsprioritäten und sind auch für kollektive Verteidigung im Rahmen der NATO relevant.

26 Zehn bis 15 Jahre markieren die Zeitspanne, die für die Entwicklung und das Herstellen der Einsatzreife von komplexen Waffensystemen, die Anpassung der Streitkräftestrukturen und die notwendige militärische Ausbildung zu veranschlagen sind.

27 Der britische Verteidigungshaushalt macht ein Drittel der Summe der Verteidigungshaushalte der heutigen EU-Staaten aus.

28 So auch Bundeskanzler Olaf Scholz: »Als bevölkerungsreichste Nation mit der größten Wirtschaftskraft und Land in der Mitte des Kontinents muss unsere Armee zum Grundpfeiler der konventionellen Verteidigung in Europa werden, zur am besten ausgestatteten Streitkraft in Europa.«, Rede bei der Bundeswehrtagung am 16.September 2022 in Berlin.

»Die Welt ist kein Ponyhof«

Ein Gespräch mit der Schriftstellerin Juli Zeh über moralisch aufgeladene Politik, das Gut-Böse-Denken in der Kulturszene und einen Waffenstillstand im Ukraine-Krieg

Das Gespräch führte Martin Klingst

Frau Zeh, in einem offenen Brief haben Sie im Juni 2022 gemeinsam mit anderen Prominenten die internationale Gemeinschaft aufgefordert, Russland und die Ukraine zu einem Waffenstillstand zu drängen. Warum?

Juli Zeh: Jeder weiß, dass dieser Krieg nur auf diplomatischem Weg beigelegt werden kann. Auch Russland und die Ukraine wissen das. Die Frage ist nur, wann fangen wir mit Verhandlungen an? Sollten wir, um weiteres schreckliches Blutvergießen und weitere Zerstörung zu vermeiden, nicht jetzt damit beginnen? Ich würde sagen, je früher, desto besser. Als Europäer sind wir dem Frieden verpflichtet und haben deshalb dafür eine besondere Verantwortung.

Sehen Sie auch sich selbst, als eine der bekanntesten deutschen Schriftstellerinnen, in einer besonderen Verantwortung, öffentlich für eine Waffenstillstandsvereinbarung Partei zu ergreifen?

Juli Zeh: Nein, eine schriftstellerische Verpflichtung zum Einfordern von Diplomatie gibt es nicht. Viele meiner Kollegen tun ja das Gegenteil und fordern eine bedingungslose Unterstützung der Ukraine – und das ist ihr gutes Recht. Auch wenn mich immer wieder erschreckt, was sich hinter diesen Worten »bedingungslos« oder »um jeden Preis« tatsächlich verbirgt, dessen sich die Kollegen und Politiker anscheinend nur so halb bewusst sind. Schriftsteller sind nicht zum Pazifismus verpflichtet, und ich selbst bin keine Pazifistin. Ich habe mich immer wieder für die Bundeswehr eingesetzt, deren schlechte Ausstattung ich skandalös fand. Die Soldaten mussten Einsätze in Ex-Jugoslawien und Afghanistan durchführen, ohne dafür anständig gerüstet zu sein. Nach einem Truppenbesuch bei der Bundeswehr in Bosnien-Herzegowina hat mich die Presse damals als »Panzer-Juli« lächerlich gemacht. Heute wirft man mir vor, ich sei eine weltfremde Pazifistin. Es ist schon erstaunlich – man steht auf der Seite des gesunden Menschenverstands und muss sich von allen Seiten anhören, dass man verrückt sei.

Der Krieg ruft überall in Europa besonders viele Kulturschaffende auf den Plan. Sie publizieren Aufrufe und führen Solidaritätsveranstaltungen für die Ukraine durch. Kommt der Kulturszene in Fragen von Krieg und Frieden eine besondere Rolle zu?

Juli Zeh: Das sehe ich nicht so. Es ist einfach so, dass Krieg viele Leute aufschreckt und politisiert. Kulturschaffende haben ein Forum und können sich äußern, also tun sie es auch.

Wir wissen zum Zeitpunkt dieses Gesprächs, im Sommer 2022, nicht, wie der Krieg weitergeht. Sie sagen von sich, Sie stünden auf der Seite des »gesunden Menschenverstands«. Aber ganz grundsätzlich: Russland ist der Aggressor, die Ukraine das Opfer, Russland hat Teile der Ukraine annektiert und hält weitere besetzt. Kann man da von der Ukraine Waffenstillstandsverhandlungen verlangen, die letztlich Russlands Geländegewinn einpreisen und damit Wladimir Putin einen ebenso unannehmbaren wie ungerechten Vorteil gewähren würden?

Juli Zeh: Die Schuldfrage ist eindeutig: Russland hat die Ukraine angegriffen und verstößt brutal gegen das Völkerrecht. Doch ganz grundsätzlich geht es in all solchen Konflikten zunächst einmal nicht darum, Gerechtigkeit herzustellen, nicht darum, dass »die Guten« gewinnen und »die Bösen« verlieren müssen. Mit »normalem Menschenverstand« meine ich: Das vorrangige Ziel muss es sein, die kriegerische Auseinandersetzung zu stoppen und Menschenleben zu retten. Verhandlungen sind dafür der einzige Weg.

Und was folgt dann?

Juli Zeh: Wie es nach einem Waffenstillstand weitergeht, hängt auch immer davon ab, welchen Druck die internationale Gemeinschaft aufbaut, welche Zusagen und Versprechen sie macht – und welche konkreten Drohungen sie ausspricht. Ganz allgemein gesprochen: Die jahrtausendealte Geschichte von Waffenstillstandsvereinbarungen hält dafür unterschiedliche Möglichkeiten bereit. Der Streit um besetzte Gebiete könnte eine Zeit lang eingefroren werden, indem man diese Territorien unter internationale Verwaltung stellt. Und irgendwann einmal können die dort lebenden Menschen vielleicht selbst entscheiden, welchen Status sie sich wünschen beziehungsweise welchem Staat sie angehören wollen.

Würde man damit nicht der gewaltsamen Verschiebung von Grenzen, Vertreibung und Umsiedlung Vorschub leisten?

Juli Zeh: Ich finde diese Frage merkwürdig. Sie klingt, als würden wir uns normalerweise als eine militärische Weltpolizei überall mit Waffengewalt für die Gerechtigkeit einsetzen, und nur beim Angriff auf die Ukraine würden jetzt ein paar durchgedrehte Schriftsteller zur Vorsicht und zur diplomatischen Kriegsbeendigung auffordern. Das Gegenteil ist der Fall, und das hat Gründe. Man muss doch danach fragen, was möglich ist, und nicht danach, was wünschenswert ist. Wenn feststünde, dass Russland zur Kapitulation gezwungen wird und dass der Krieg nicht eskalieren wird, könnte man selbstverständlich darüber reden, der Ukraine mit schweren Waffen zum Sieg zu verhelfen. Aber glauben Sie denn wirklich, dass dieser Sieg stattfinden wird? Sehen Sie das Szenario vor sich, wie Russland die Kapitulation erklärt und sich zurückzieht? Die meisten Militärexperten gehen davon aus, dass das nicht passieren wird. Da stellt sich doch die Frage, worauf man eigentlich hinauswill.

Kennen Sie ein Beispiel, wo Waffenstillstandvereinbarungen dauerhaften Frieden gebracht haben? Im Balkan zum Beispiel schweigen die Waffen seit fast 30 Jahren, aber die meisten Konflikte sind nach wie vor nicht beigelegt.

Juli Zeh: Wenn man wie ich im Nachkriegsjugoslawien unterwegs war, dann weiß man mit Sicherheit, dass auch ein wackliger Waffenstillstand tausendmal besser ist als akute Kriegshandlungen. In Bosnien sind mindestens 100 000 Menschen gestorben. Auch das war ein Krieg an der Grenze zu Westeuropa. Auch hier hätte man davon sprechen können, dass keine Seite »belohnt« werden darf und man deshalb so lange

Waffen liefern muss, bis die Täter verlieren und die Opfer gewinnen. Stattdessen hat die internationale Gemeinschaft gewaltige Anstrengungen auf sich genommen, um den Krieg zu beenden. Wir müssen in solchen Krisen wie beim menschlichen Fortschritt schlechthin immer in langen Zeitverläufen rechnen und dürfen unsere Erwartungshaltung nicht allzu hochschrauben, Fortschritt verläuft nie linear. Derzeit wird viel auf der deutschen Ostpolitik der vergangenen Jahrzehnte herumgehackt. Es wird behauptet, Russlands Krieg gegen die Ukraine zeige, dass die Formel »Wandel durch Handel« ein für alle Mal gescheitert sei. Diese Schlussfolgerung, finde ich, greift zu kurz. Denn trotz unbestreitbarer Rückschläge hat diese Politik in der Vergangenheit durchaus Erfolge gebracht. Die Alternative kann doch nicht Wandel durch Krieg oder Waffenlieferungen sein.

Waffenlieferungen können aber einer derzeit ebenso ruchlosen wie imperialen Macht Grenzen aufzeigen und die Wehrhaftigkeit von Demokratien unter Beweis stellen.

Juli Zeh: Das wissen wir noch nicht. Sie argumentieren jetzt ein weiteres Mal moralisch. Als wäre Krieg nur eine Art Symbolpolitik. Hätte man im März die Möglichkeiten zu einer Waffenstillstandsvereinbarung genutzt und hätte es geschafft, an den Verhandlungstisch zu kommen, wäre die Ausgangsposition der Ukraine besser gewesen als heute, wo Russland seine Geländegewinne weiter vergrößert. Ich verstehe nicht, wie man davon ausgehen kann, Russland sei militärisch zu besiegen und die Zeit spiele auf alle Fälle für die Ukraine. Das ist nicht gesagt und nicht einmal besonders wahrscheinlich. Man kann viele Positionen zum Krieg vertreten und ich beharre selbstverständlich nicht auf meiner eigenen Meinung – ich kann genauso falschliegen wie jeder Mensch. Aber ich beharre darauf, sachlich und pragmatisch zu denken und zu handeln, Risiken und Möglichkeiten realistisch einzuschätzen und auf dieser Grundlage Entscheidungen zu treffen. Die Welt ist kein Ponyhof, schon gar nicht in Kriegszeiten.

Albert Einstein hat einmal gesagt: »Sie können den Krieg nicht gleichzeitig verhindern und vorbereiten.« Aber zeigt Russlands Krieg nicht gerade, dass sich der Westen besser hätte darauf vorbereiten müssen – auch, um ihn vielleicht zu verhindern?

Juli Zeh: Ich war immer der Meinung, dass es nichts bringt, sich der Utopie von einer Welt ohne Waffen hinzugeben. Natürlich ist das eine herrliche Vorstellung, aber sie ist einfach so unrealistisch, dass man darüber nicht lange nachdenken muss. Wir haben unser Militär wie viele andere wichtige Institutionen ziemlich kaputtgespart. Das war keine gute Idee. Hier angemessener zu agieren, bedeutet aber nicht, dass man dafür ein militaristisches Weltbild entwickelt und Krieg wieder als verlängerten Arm der Politik begreift. Ich verzweifele immer über diese Äußerungen, nun sei eine Zeitenwende eingetreten und nichts könne weitergehen wie zuvor. Als ob das der erste Krieg seit 100 Jahren wäre. Nur weil wir normalerweise gar nicht richtig hingucken, heißt das ja nicht, dass Kriege nicht überall und immer stattfinden. Trotzdem liegt der richtige Weg darin, der Diplomatie, der Annäherung, den Kompromissen, den Handelsbeziehungen und der Völkerfreundschaft so viel Raum wie möglich zu geben und weiter daran zu arbeiten. Wir wissen in Europa, dass das nötig ist. Sich von diesem Gedanken leichtfertig zu verabschieden, nur weil man jetzt mal wieder ein bequemes Gut-Böse-Denken pflegen will und keine Lust mehr hat auf diese ganzen Widersprüche, Ambivalenzen und moralischen Dilemmata – das wäre fatal.

Stellt Russlands Krieg gegen die Ukraine nicht alle Werte infrage, die nach dem Zweiten Weltkrieg und nach dem Fall der Mauer mühsam erkämpft wurden? Markiert der 24. Februar 2022, der Tag des Überfalls, für Sie keine Zeitenwende?

Juli Zeh: Wenn man ernsthaft glaubt, es habe seit dem Zweiten Weltkrieg oder auch nur seit dem Fall der Mauer nirgendwo mehr Krieg gegeben und wir hätten eine Art Anspruch auf ewigen Frieden in Europa – dann kann man das als Zeitenwende sehen. Ich wundere mich aber, wie man zu dieser Betrachtung kommen will. Es gab, um ein paar Beispiele zu nennen, in den 1990er-Jahren mitten in Europa den Jugoslawienkrieg und in Afrika den Völkermord in Ruanda. Der Terroranschlag vom 11. September 2001 führte auch zu einem Krieg, der enorm viel Leid, Elend und Schaden angerichtet hat und an dem wir Deutsche als NATO-Mitglied beteiligt waren. Ich will das Unrecht eines Angriffskriegs auf die Ukraine wahrlich nicht relativieren. Aber wenn ich mir vor Augen führe, dass in Ruanda fast eine Million Menschen ermordet wurden und der Westen dies ohne großes Solidaritätsgefühl oder viel Interventionsbereitschaft geschehen ließ, frage ich mich schon, ob wir hier nicht mit zweierlei Maß messen.

Ist es nicht verständlich, dass uns Deutsche und Europäer ein Krieg in der Nachbarschaft real wie emotional mehr beunruhigt?

Juli Zeh: Emotional ist das verständlich, und natürlich ist auch unser Sicherheitsinteresse viel stärker berührt, wenn Osteuropa betroffen ist. Doch wenn man moralisch argumentieren möchte – wie es ja viele derzeit tun – und eben nicht interessengeleitet denkt, dann verstehe ich nicht, warum Krieg und Gewalt unterschiedlich beurteilt werden sollen, je nachdem, wo sie geschehen. Ich hege da doch eher eine universalistische Weltanschauung und sage: Solidarität und Menschlichkeit, die Achtung und die Verteidigung der Menschenrechte dürfen keine Frage geografischer Entfernung sein.

Blicken wir doch mal nur auf unsere Nachbarschaft: Erleben wir nicht auch in der Europäischen Union, etwa in Polen und Ungarn, einen Verfall allgemeinverbindlicher Werte wie zum Beispiel der Meinungs- und Pressefreiheit?

Juli Zeh: Wenn man meint, dass es irgendwann einmal, wenn auch nur für Minuten, einen Paradiesgarten gab, in dem diese Werte in Stein gemeißelt waren und universell erfüllt wurden, ja, dann müssten wir heute feststellen, dass wir gescheitert sind. Doch so habe ich das nie gesehen. Für mich sind diese Wertekonzepte in erster Linie Fluchtpunkte. Ich mag defätistische Argumentationen nicht, in denen es doch meist darum geht, die nächste Apokalypse auszurufen und irgendetwas für gescheitert zu erklären, ohne dass man eine Alternative anzubieten hätte. Für mich ist es alternativlos, an den universellen Menschenrechten festzuhalten, auch wenn man auf diesem Weg immer wieder herbe Rückschläge erlebt. Selbstverständlich gibt es ernste Bedrohungen für den Fortschritt – und die will ich nicht kleinreden. In West- und Osteuropa und erst recht in den USA erfahren populistische Bewegungen, die demokratische Überzeugungen attackieren, einen erschreckenden Zulauf. Ich würde aber sagen, bevor man die ganz große Glocke schwingt und den Untergang der liberalen Werte voraussagt, sollte man genau hinschauen, was wirklich passiert: In einigen Staaten gibt es demokratisch gewählte Regierungen, die mit der Demokratie ein massives Problem haben und nicht verstehen, dass eine Demokratie, überhaupt jedes florierende Gemeinwesen, ohne Achtung der Menschenrechte nicht funktionieren kann. Natürlich gibt es Leute, die jetzt sagen:

»Guck doch mal nach China, da blüht der Kapitalismus, klappt die Verwaltung, sind die Leute im Großen und Ganzen zufrieden – und zwar völlig ohne Menschenrechte.« Doch ich bin fest überzeugt, dass dies nicht auf Dauer gut gehen wird – und zwar nicht nur aus moralischen, sondern auch aus pragmatischen Gründen. China müsste eigentlich um seiner selbst und seiner Zukunft willen ein Interesse daran haben, seinen Bürgern Menschenrechte und demokratische Partizipation zu gewähren.

Auf das chinesische Beispiel gemünzt: Stehen Interessen und Moral da völlig ohne jede Berührung nebeneinander oder hat das Interesse, hat der Pragmatismus hier nicht auch einen moralischen Kern?

Juli Zeh: Das lässt sich nicht immer trennen und man muss es auch nicht. Ein kaltherziger Utilitarismus ohne moralischen Anspruch ist genauso abzulehnen wie ein fanatischer Moralismus ohne Rücksicht auf Verluste. Doch ich sehe unabhängig vom chinesischen Beispiel ein ganz anderes Problem: Demokratie ist nicht möglich ohne die Artikulation von Interessen. Derzeit erleben wir einen moralisch aufgeladenen Diskurs, der es immer schwerer macht, Interessen zu formulieren. Dabei denke ich nicht in erster Linie an den Krieg in der Ukraine, sondern an die alltägliche Innenpolitik. Eine funktionierende Demokratie zeichnet sich dadurch aus, dass man Interessen hat und diese mit Hilfe von Unterstützergruppen, etwa einer Partei oder einer Nichtregierungsorganisation, durchzusetzen versucht. Demokratie bedeutet Interessenvertretung. Doch gegenwärtig werden in der westlichen Welt statt Interessengruppen immer öfter reine Merkmalsgruppen gebildet. Die Menschen versammeln und organisieren sich anhand ihrer Identitäten, anhand ihrer Herkunft, ihres Geschlechts, des Alters, der Sexualität. Die Klassenfrage wird darüber häufig vergessen.

Was befürchten Sie? Dass über die vielen Partikularinteressen das gemeinsame »Wir« einer Gesellschaft, dass große Fragen wie Krieg und Frieden, Arm und Reich, die gerechte Verteilung des Gesellschaftsvermögens, dass identitätsübergreifende Fragen in den Hintergrund geraten?

Juli Zeh: Mir geht es gar nicht darum, das eine gegen das andere auszuspielen, beides hat seine Legitimität. Mein Eindruck ist nur, dass eine bestimmte Form von politischer Äußerung, dass der Versuch, mit einem rein interessengestützten Beitrag an der gesellschaftlichen Debatte teilzunehmen, als zweitrangig und oft sogar als moralisch problematisch angesehen wird. Als wäre Politik zunehmend ein Ort, an dem man altruistisch denken und handeln muss und nicht mehr aus der eigenen Perspektive heraus ein Interesse formulieren darf.

Können Sie das veranschaulichen?

Juli Zeh: Ich bin ja Sozialdemokratin und nenne darum dieses Beispiel: Wer einer wirtschaftlich benachteiligten Gruppe angehört und sagt, steigende Spritpreise oder bestimmte Maßnahmen zur Bekämpfung des Klimawandels belasten seinen Geldbeutel über Gebühr, greifen also in seine Interessen ein, der muss das legitimerweise auch so äußern und vertreten dürfen. Dem sollte man nicht, wie es zu oft geschieht, brüsk entgegenhalten, ihm fehle der Blick fürs große Ganze, seine Position sei moralisch äußerst fragwürdig, darum habe er kein Recht auf diese interessengesteuerte Haltung. Ich lese jetzt schon Zeitungsartikel, in denen Menschen, die vielleicht im Herbst gegen steigende Energiepreise demonstrieren werden, in die Querdenker-Ecke gestellt werden. Jetzt schon, im Vorhinein, nimmt man eine moralische Verurteilung von Leuten vor, die möglicherweise wagen werden, ihre Interessen demokratisch zu vertreten – mit dem verfassungsrechtlich garantierten

Instrument einer Demonstration! In solchen aufgeladenen Debatten fehlt mir bisweilen die ehrliche Sprechberechtigung für Gruppen, die sich über Interessen definieren und nicht über spezifische Merkmalsidentitäten. An dieser Stelle kann ich nur warnen: Es sind nicht vermeintliche Querdenker, die die Demokratie gefährden. Gefährlich ist vielmehr der Glaube, es gäbe nur noch einen moralisch richtigen Weg, weshalb Debatten, Diskurs und Auseinandersetzung total überflüssig wären, ja, sogar ein Zeichen von politischer Häresie. Wenn wir vermeiden wollen, dass die Polarisierung in unserem Land US-amerikanische Verhältnisse erreicht, sollten wir aufhören, ein moralisches »Oben« und »Unten« zu bauen und zu behaupten, existenzielle Zukunftsfragen seien »alternativlos«.

Für Ihren Aufruf zum Waffenstillstand haben Sie viel Wut und Hetze erfahren. Wird der gesellschaftliche Diskurs immer stärker durch ein Freund-Feind-Denken geprägt? Erleben Sie das auch in Ihrer Kulturbranche?

Juli Zeh: Volle Möhre! Gerade in der Kulturbranche, sie ist das El Dorado dieses Gut-Böse-Impetus.

Warum?

Juli Zeh: Das wüsste ich auch gerne. Es scheint eine Eigenheit dieser Szene zu sein. Denn weit weg von der Kulturbranche, in der Provinz, wo ich beheimatet bin, sammele ich ganz andere Erfahrungen. Dort lebe ich mit Menschen, die nicht aus dem akademischen Umfeld stammen, die keine Zeitung lesen, nicht ins Theater gehen, aber in der Bearbeitung von Konflikten weit besser sind als viele in meinem Kulturumfeld. Die Leute in meiner Nachbarschaft sind eher bereit zu ertragen, dass jemand völlig anders denkt als sie selbst. Innerhalb des Diskurses von Feuilletons und von Twitter-Nutzern hingegen haben die Unterzeichner unseres Appells zur Ukraine unfassbaren Hass zu spüren bekommen – bis hin zu der Forderung, uns alle an die Front zu schicken, damit wir dort sterben. Das gibt einem schon zu denken.

Was ist der Grund für diese Intoleranz?

Juli Zeh: Intoleranz ist ziemlich freundlich ausgedrückt! Vielleicht ist der Grund für diese eskalierende Aggression, dass sich die Konfliktlinien nicht mehr am alten politischen Links-rechts-Muster orientieren, sondern im Großen und Ganzen innerhalb desselben gesellschaftlichen Milieus stattfinden, nämlich innerhalb der linksliberalen Oberschicht. Selbstverständlich ist kein Milieu komplett homogen, aber zusammenfassend kann man sagen: Die Kulturbranche, über die wir reden, tickt traditionell linksliberal. Das heißt: Der Streit über ein Waffenstillstandsabkommen, übers Gendern und so weiter spielt sich nicht zwischen progressiven Künstlern einerseits und konservativen Bürgersleuten andererseits ab, wie es vielleicht früher gewesen wäre, sondern ist ein Disput innerhalb desselben Milieus, eine Art Familienstreit. Und Familienstreitigkeiten werden vielleicht weit emotionaler und aggressiver ausgetragen, mit mehr Verletzungsbereitschaft und Verletzlichkeit, als es der Fall ist, wenn man mehr Distanz zum Gegner hat. Hinzu kommt natürlich, dass Aggressionen steigen, wenn Unsicherheit über die eigene Position herrscht. Wenn jemand vor 20 Jahren bekennender Pazifist war und heute für die Lieferungen schwerer Waffen in die Ukraine plädiert, dann verteidigt er seine neue Haltung oft viel unnachgiebiger als jemand, der schon immer für Waffenexporte war. Wahrscheinlich ist es sehr menschlich, dass man besonders emotional reagiert, wenn man einen derartigen Meinungsumbruch in sich spürt und ihn öffentlich rechtfertigen muss.

Ist diese aggressive Entschlossenheit nicht immer schon ein typisches Zeichen des deutschen und europäischen Renegatentums?

Juli Zeh: Die europäischen Feuilletons sind seit Jahrzehnten voll von sogenannten »Renegaten«, die unerbittlich ihre Umkehr vertreten. Wir haben das zum Beispiel in der Auseinandersetzung über die Generation der 68er erlebt, im Jugoslawienkrieg, nach den Anschlägen vom 11. September 2001, in der Debatte über den Islam, im sogenannten Kampf der Kulturen. Dieser Streit wurde nicht nur in den Gazetten ausgetragen, sondern auch am Küchentisch, der Riss ging mitten durch Familien. Auch ich erinnere mich an Sätze wie: »Na ja, man muss schon sagen, dem Islam, der arabischen Kultur fehlen ein paar Hundert Jahre Aufklärung, die haben sich von ihrem Gewaltideal noch nicht richtig verabschiedet.« Da bin ich wirklich manchmal ausgerastet, etwa wenn ein nahestehender Verwandter, mit dem ich zusammen auf Anti-Rassismus-Demos war, auf einmal von der »Kultur der Gewalt in Nordafrika« schwadronierte. Und dann kam 2015 die Flüchtlingskrise, wo man anfangs nicht sagen durfte: »Obacht, das könnte Probleme mit sich bringen.« Als sich dann zum Beispiel in der Silvesternacht in Köln Fälle von Belästigung von Frauen durch geflüchtete Männer zeigten, schlug die Stimmung um, oft leider ins Extrem. Während der Pandemie haben wir ähnliche Sprechverbote und Stimmungsumschwünge erlebt. Wie sagt man so schön: »Die schärfsten Kritiker der Elche waren früher selber welche.«

Gibt es in der Kulturszene eine Art Zwang, sich bekennen zu müssen, sich politisch auf die eine oder andere Seite schlagen zu müssen?

Juli Zeh: Nein, das empfinde ich nicht. Aber vielleicht erlebe ich das auch nicht so, weil ich nicht viel auf Veranstaltungen unterwegs bin. Schwierig finde ich eher das um sich greifende Schubladendenken, wenn man sich am Diskurs beteiligt. Man soll als öffentlich Sprechender nicht nur die Aussagen von anderen bewerten und einsortieren, sondern gleich auch die Person, die diese Aussage getroffen hat. Um es zu veranschaulichen: Lehnt eine Person oder eine Gruppe staatliche Coronamaßnahmen ab und ich kritisiere das, wird von mir nicht nur erwartet, dass ich mich mit dieser Position auseinandersetze, sondern auch mit den handelnden Personen. Ich soll sagen, ob sie Querdenker sind oder nicht. Und wenn ich mich nicht darauf einlasse, werde auch ich sofort in irgendeine Schublade gesteckt. Die sachlichen Fragen, um die es in dieser Debatte eigentlich gehen sollte, spielen plötzlich keine Rolle mehr.

Im Ukraine-Krieg erleben wir in Europa und der westlichen Welt, dass russische Künstler vor ihrem Auftritt aufgefordert werden, sich öffentlich von Putin und seinem Krieg gegen die Ukraine zu distanzieren. Mancherorts wurden sogar russische Komponisten wie Tschaikowski aus dem Konzertprogramm gestrichen. Findet hier eine Hexenjagd statt?

Juli Zeh: Ich würde immer versuchen, solche Fragen sachlich zu entscheiden, von Fall zu Fall. Man kann derartige Entscheidungen meiner Meinung nach nicht allein an das Merkmal binden, dass ein Künstler Russe ist.

Das heißt?

Juli Zeh: Wer sagt, jemand dürfe nicht auftreten oder gespielt werden, weil er oder sie Russe sei, der entscheidet allein nach einem Identitätsmerkmal. Die Nationalität, aber nicht das Denken gibt dann den Ausschlag, und das ist falsch. Tschaikowski zum Beispiel ist tot, der kann sich nicht mehr über Putin äußern oder sich mit ihm zeigen. Der wird nur deshalb nicht mehr aufgeführt, weil er Russe ist. Das ist sinnlos. Anders ist es, wenn sich ein lebender Künstler politisch extrem äußert. Es gibt Meinungsfreiheit, und ich halte die sogenannte Cancel Culture für keine gute Idee. Aber dennoch bin ich der Auffassung, dass öffentliche Positionen – gleich ob als Künstler, Intendant oder Politiker – auch Verantwortung mit sich bringen. Es gilt, um es etwas altmodisch auszudrücken, den Anstand zu wahren. Dazu kann auch die Frage gehören, mit welcher Person man sich in bestimmten politischen Situationen auf einem Foto zeigt. Ob man Menschen wegen eventueller Fehltritte dieser Art gleich rausschmeißen muss, steht auf einem anderen Blatt.

Die Münchner Philharmoniker haben ihren russischen Chefdirigenten wegen seiner engen Beziehung zu Wladimir Putin entlassen. Hätte sich Waleri Gergijew von dieser Freundschaft öffentlich distanzieren müssen?

Juli Zeh: Das ist bisweilen eine schwierige Gratwanderung und es kommt immer auf den Einzelfall an. Aber auch hier würde ich sagen: Wir können nicht von allen Russen, damit sie ihren Job behalten, von vornherein eine Distanzierung von Putin und dem Krieg gegen die Ukraine verlangen, sozusagen als vorsorglichen Gesinnungstest. Die Frage muss sein: Beschädigt jemand durch sein konkretes Verhalten das Amt, die Institution? Die bloße Nichtdistanzierung reicht nach meiner Auffassung dafür nicht aus. Schädigendes Verhalten entsteht erst dann, wenn die betreffende Person aktiv etwas tut, wodurch der Ruf der Institution in Gefahr gerät. Gergijew hat in der Vergangenheit Wahlwerbung für Putin gemacht und die Annexion der Krim ausdrücklich befürwortet. Da liegt viel mehr vor als eine unterlassene Distanzierung.

Gibt es das Recht, unpolitisch zu sein?

Juli Zeh: Absolut, in bestimmten Bereichen gibt es sogar die Pflicht, unpolitisch zu sein. Ich finde, in der Erziehung von Kindern ist das fast zwingend. Das bleibt natürlich Geschmackssache, manch anderer würde vielleicht antworten: »Nein, gerade Kinder müssen von klein auf politisch gebildet werden, sie sind die Zukunft unseres Landes.« Ich hingegen würde sagen, es ist wichtiger, dass man ein ethisch korrektes Verhalten vorlebt, als dass man alles politisiert. Politik hat viel mit Ego zu tun, und ich finde, es muss egofreie Räume geben.

Gibt es auch für Kulturschaffende, die im Scheinwerferlicht stehen, das Recht, unpolitisch zu sein, selbst in einem Krieg?

Juli Zeh: Selbstverständlich, aber es kommt wie gesagt immer auf den Einzelfall an. Wer sich mit Putin verbrüdert, kann sich nicht mit der Entschuldigung rechtfertigen, er sei ein unpolitischer Mensch und habe darum auch keine Haltung zum Krieg.

Könnte die internationale Kulturbranche am Streit über Russland und den Krieg in der Ukraine langfristig Schaden nehmen?

Juli Zeh: Das glaube ich nicht. Der Disput ist ein Teil von Kultur, und die Auseinandersetzungen können durchaus sehr wehtun, schrill und ungerecht sein. Es wäre schon schön, wenn alle Beteiligten verbal ein wenig abrüsten und die Faust in der Tasche lassen würden. Zum Teil wird da ein unwürdiges Bild geboten. Aber auch ein überdrehter Diskurs führt nicht zum Untergang von kulturellen Institutionen. Weit größere Sorgen mache ich mir um die internationale Kulturbranche aus einem ganz anderen Grund: wegen der Spätfolgen der Coronapandemie. Auch wegen der finanziellen Lasten, aber vor allem wegen der Entwöhnungseffekte während des Lockdowns. Theater, Konzertsäle, Opernhäuser, Kinos, Museen, Kleinbühnen – alle blieben lange Zeit geschlossen. Jetzt, da sie wieder öffnen, droht die Gefahr, dass viele Menschen sich in ihrem Konsumverhalten umorientiert haben, dass sie nicht mehr zu den Veranstaltungen kommen, weil ihnen in den vergangenen zwei Jahren Kultur bequem und frei Haus digital geboten wurde. Kultur lebt jedoch auch davon, dass Menschen zu ihr hingehen, sich dort treffen, etwas anschauen, hören, sehen, empfinden – und sich danach mit anderen Menschen darüber unterhalten und austauschen. Kultur lebt von der Begegnung im öffentlichen Raum. Und da in dieser Branche sowieso alles finanziell auf Kante genäht ist, kann ein Schwund an Zuschauern und Zuhörern für viele Kulturschaffende und Institutionen das Aus bedeuten.

Braucht Kultur nicht sogar politische Spannung? Manche sagen, bestimmte Formen der Kultur, zum Beispiel die Literatur, der Film, das Theater, das Kabarett, blühten immer dann besonders auf, wenn gesellschaftliche und politische Verhältnisse hart aufeinanderprallen.

Juli Zeh: In gewisser Weise stimmt das. Wobei Kultur ein wahnsinnig weiter Begriff ist. Auch der ungestört durch den Rosengarten flanierende und vor sich hin kontemplierende Lyriker, der am besten schreibt, wenn nichts passiert, ist ja ein legitimer und wichtiger Teil der Kultur.

Andere Künstler werden vielleicht von Spannungen und politischem Streit in ihrer Kreativität beflügelt. Interessant ist, dass man sich immer das wünscht, was man gerade nicht hat. Jahrelang wurde sich in Deutschland darüber beschwert, die deutschen Autoren und Künstler wären allesamt unpolitisch und Schlappschwänze. Die Feuilletons waren voll mit der Klage: »Ja, wo sind sie denn, die politischen Denker und Schreiber?« Man glaubte, nur ausländische Autoren, etwa in Frankreich, Großbritannien oder den USA, hätten noch Feuer. Und jetzt, seit Russlands Krieg gegen die Ukraine, hagelt es Meinungsstücke und offene Briefe im Minutentakt. Doch auch das ist dann wieder nicht recht, und die Feuilletons beschweren sich über die Gesinnungsflut. Aber dieses Auf und Ab sind wir gewöhnt, und es ist auch nicht weiter schlimm.

Wird dieser intellektuelle Diskurs über den Umgang mit Russland und die Folgen des Ukraine-Kriegs offen und kontrovers genug geführt?

Juli Zeh: Es wird inzwischen kontroverser diskutiert. Aber offen und breit? Leider nicht. Manche, selbst gestandene Persönlichkeiten, haben totale Angst, sich in diesem Streit wirklich offen zu äußern und zu positionieren. Sie lavieren, taktieren, sind übervorsichtig aus Furcht, etwas zu sagen, was Anstoß erregen und eine Hasswelle auslösen könnte. Offen wäre eine Debatte, wenn niemand Angst hat.

Sind soziale Medien ein Angstverstärker?

Juli Zeh: Das wird immer wieder behauptet, aber ich halte das für eine faule Ausrede. Die sozialen Medien müssen immer ein bisschen als Sündenbock herhalten, nach dem Motto: »Twitter ist schuld!« Aber wenn man mal genau hinschaut, wer sich so alles auf Twitter äußert, stellt man schnell fest, dass es große Schnittmengen gibt mit den Qualitätsmedien und der Politik, also Leute, die auch in den Zeitungen, im Fernsehen und Radio sprechen, Journalisten, Politiker, Experten und dann natürlich noch etliche Psychopathen, manche von ihnen auch in Personalunion. Es ist sozusagen die Abbildung einer Blase, die auch außerhalb der sozialen Netzwerke den Diskurs bestimmt. Man sollte sich darum nicht auf die sozialen Medien einschießen und sagen, da findet eine Verrohung statt, die jetzt die Restgesellschaft infiziert. Es *ist* unsere Gesellschaft, die sich auf Twitter wie die Axt im Wald benimmt. Was den Diskurs wirklich gefährdet und was auch außerhalb der sozialen Medien überdeutlich aufscheint, ist die fehlende Bereitschaft, sich überhaupt auseinanderzusetzen – und zwar in der Sache und mit Argumenten.

Ist es nicht sonderbar, dass es erst des inzwischen 93-jährigen Philosophen Jürgen Habermas bedurfte, seiner Parteinahme für den vorsichtigen Kurs der Bundesregierung gegenüber Putin, um in Deutschland eine lebhafte Kontroverse über den Umgang mit Russland zu entfachen?

Juli Zeh: Da muss ich doppelt widersprechen. Zum einen wurde der erste offene Brief, der bereits Verhandlungen anmahnte, der in *Emma* veröffentlicht wurde und den ich auch mitunterzeichnet habe, weitaus stärker rezipiert als der zeitgleich erschienene, sehr interessante und kluge Essay von Habermas. Zum anderen wurde dadurch keine lebhafte Kontroverse ausgelöst, sondern vor allem ein Shitstorm. Statt sich in aller Ruhe damit auseinanderzusetzen, worauf Habermas oder die Unterzeichner des *Emma*-Briefs vielleicht hinweisen wollten, ging es in der anschließenden Debatte vor allem darum, wer was hätte sagen oder nicht sagen dürfen, zu welchem Lager er oder sie gehört und so weiter. Für mich war dieser geradezu tribunalartige Streit, diese – gut vermarktbare – Lust an Beleidigungen nicht nur völlig unangemessen, sondern ein Tiefpunkt der Diskussionskultur und eine Verschwendung von Zeitungsseiten, Radiominuten und Fernsehwellen.

Aber hat uns dieser Streit über den russischen Angriff auf die Ukraine nicht ein wenig aus unserer westeuropäischen Selbstvergessenheit geholt? Hat er einer breiteren Gesellschaft nicht die Augen geöffnet für Osteuropa, für andere Kulturräume mit ihren ungeheuren Schätzen?

Juli Zeh: Es wäre wunderbar, wenn die Hybris der westlichen Kultur verschwände und wir als Gesellschaften offener und empfänglicher würden für andere Kulturen, nicht nur für die osteuropäische, sondern auch zum Beispiel für jene in asiatischen oder afrikanischen Ländern. Leider zeigt die Debatte um den Ukraine-Krieg eigentlich bislang eher das Gegenteil von Öffnung gegenüber anderen politischen und kulturellen Räumen. Man denkt doch recht eurozentristisch. Ich hoffe sehr, dass sich das noch ändert und wir in Zukunft verstehen, dass wir globale Allianzen brauchen, wenn wir in dieser Welt bestehen wollen. Wir Westeuropäer sind trotz allem Bemühen um Dekolonialisierung immer noch verdammt davon überzeugt, dass wir allein die Weisheit mit Löffeln gefressen haben. Das sitzt tief, das kriegt man kaum raus. Ich glaube, niemand von uns ist tief in seinem Herzen wirklich bereit zu glauben, dass China irgendetwas richtig machen kann.

Auf jeden Fall tritt die chinesische Regierung die Menschenrechte mit Füßen und droht dem demokratischen Taiwan mit einer militärischen Okkupation und einem mit Gewalt erzwungenen Anschluss. Ist es Hybris, wenn man auf die Einhaltung universaler Grundsätze, wie sie etwa in der Charta der Vereinten Nationen festgeschrieben sind, pocht?

Juli Zeh: Man merkt an der Art, wie Sie die Fragen stellen, sehr deutlich dieses binäre Gut-Böse-Muster, auf das ich hier immer wieder hinzuweisen versuche. Warum soll es nicht möglich sein, auf Menschenrechtsverletzungen hinzuweisen und auf universale Grundsätze zu pochen, ohne deshalb eine fremde Kultur im Ganzen als minderwertig zu empfinden? Darüber hinaus sollten wir ehrlich genug sein, um zuzugeben, dass ein globales Miteinander aus möglichst nicht kriegerischen Beziehungen nicht funktionieren kann, wenn man nicht bereit ist, mit Menschen zu kommunizieren, die einen anderen Wertekanon vertreten als man selbst. Man gibt nicht die eigenen Überzeugungen preis, wenn man mit jemandem – oder mit einem ganzen Land – zu tun hat, der oder das andere Überzeugungen vertritt. Herablassung ist weder im individuellen noch im globalen Umgang ein hilfreicher Stil. Es ist absolut richtig, dass wir unseren westlichen Wertekanon schätzen, hochhalten und verteidigen. Aber persönliche und politische Reife erlangen wir nur, wenn wir die eigenen Prinzipien nicht in Arroganz und moralische Hochnäsigkeit verwandeln. Auch in Richtung Osteuropa lassen wir die Menschen hinter dem ehemaligen Eisernen Vorhang immer noch fühlen, dass sie bestenfalls »Neudemokraten« sind und darum noch unendlich viel vom Westen lernen müssen. Selbst Ostdeutschen wird entgegenhalten, dass sie immer noch nicht richtig wüssten, wie eine Demokratie funktioniere.

Wie wird man diese Hybris los? Wie schafft man in diesem Klima Offenheit, Toleranz und kulturelle Annäherung?

Juli Zeh: Es wäre gut, wenn wir in Europa und darüber hinaus zu einer Art des angstfreien Sprechens zurückfinden würden, die es erlaubt, unkonventionell und spekulativ zu sein, auch in moralischen Fragen. Wenn man etwas über sich selbst und andere lernen möchte, muss es erlaubt sein, sich in fremde Geisteshaltungen hineinzuversetzen und sie einmal so zu durchdenken, als wären sie die eigenen. Das Interessante ist ja, dass jeder immer glaubt, dass er selbst alles richtig macht. Das ist auch bei Staaten so. Und etwas zu verstehen, bedeutet noch lange nicht, es zu rechtfertigen, zu relativieren oder sogar zu übernehmen. Wenn man als Putinversteher oder als Chinaversteher hingestellt wird, weil man versucht, Putin oder China zu verstehen – dann ist es mit der Erkenntnismöglichkeit nicht mehr weit her, und dann wird man Schwierigkeiten haben, die geistige Offenheit zu entwickeln, die man braucht, um der Hybris zu entgehen.

Der Maler Ernst Ludwig Kirchner soll mal gesagt haben, ein einigendes Europa wäre das Ende aller Kriege und es wird kommen. Aber wann?

Juli Zeh: Das frage ich mich auch. Leider ist nicht nur das »Wann« unsicher, sondern auch das »Ob«. Der optimistische Teil in mir nährt sich aus der Überzeugung, dass es möglich ist, was Kirchner prognostiziert hat. Ich betrachte die EU nach wie vor als ein sensationelles Erfolgsprojekt. Sie wurde nach den Verheerungen des Zweiten Weltkriegs gegründet als ein System, das Europa durch Zusammenarbeit befrieden soll, und ich bin von diesem Konzept nach wie vor überzeugt. Leider konnte man mit der Zeit erleben, wie diese Friedensaufgabe nach und nach in Vergessenheit geriet und das Gefühl aufkam: »Die EU, das ist so eine Art Beglückungsmaschine. Sie ist in erster Linie dazu da, dass es uns allen immer richtig gut geht und wir möglichst reich werden.« Leichtes Reisen, leichtes Geldtauschen, eine Komfortmaschine für die Bürger. Und wehe, das klappt nicht so, wie es sich jeder Einzelne vorgestellt hat! In dem Augenblick, als ein Missverständnis über das Wesen der EU eingetreten ist, begann das Genörgel. Alle wurden plötzlich unzufrieden und riefen: »Diese Idioten in Brüssel. Alles Bürokraten, alle abgehoben!« Europas Ansehen sackte folglich in den Keller, weil inzwischen eine völlig andere Erwartungshaltung vorherrschte. Es wäre darum schön, wir würden uns noch einmal auf die Ursprünge zurückbesinnen, in unseren Ansprüchen etwas bescheidener werden und in alle europäischen Richtungen sagen: »Hört mal auf mit eurem Wehklagen, liebe Leute! Das wichtigste Projekt der EU ist es, dass wir uns hier in Europa nicht gegenseitig totschlagen. Leider, wie die Geschichte zeigt, neigen wir dazu. Deshalb haben wir Institutionen geschaffen, die Streit schlichten, Kompromisse schließen und Kriege verhindern sollen.« Die fehlende Europabegeisterung nährt den pessimistischen Teil in mir. Nur weil etwas möglich ist, heißt es ja noch lange nicht, dass es auch eintreten wird. Wir erleben es in der Historie, wir erleben es in unserem kleinen persönlichen Umfeld – Menschen neigen dazu, das Gute zu übersehen oder leichtfertig aufzugeben, weil sie sich zu sehr daran gewöhnen und keine Kraft mehr aufbringen, um es zu verteidigen. Erst im Nachhinein erkennt man, welche Chance man hatte und auf wie viel Glück man leichtfertig verzichtet hat. Das ist die menschliche Tragödie.

Wäre Europa, wären seine Institutionen überhaupt stark genug für eine dauerhafte Einigung?

Juli Zeh: Institutionen können nur so stark sein, wie ihre Mitglieder sie auch stark haben wollen. Als die Osterweiterung der EU anstand, war ich viel in Polen und in anderen osteuropäischen Ländern unterwegs. Damals herrschte eine große Euphorie für Europa, sie war überall zu spüren. Das war ein tolles Gefühl. Die Menschen glaubten an das europäische Projekt und waren bereit, in eine europäische Zukunft aufzubrechen. Nun ist die EU längst Alltagsrealität, und sie hat auch ihre neuen Mitglieder in einem rasanten Tempo nach vorn gebracht. Und was passiert? Die Europabegeisterung nimmt ab. Es gab natürlich immer Kräfte, die Brüssel für den großen Vormund gehalten haben und jeden weiteren Integrationsschritt ganz schrecklich fanden. Aber diese Leute bekommen derzeit Oberwasser. Es ist oft so schmerzhaft mitanzusehen. Trotzdem besteht die einzige Antwort darin, den Mut nicht sinken zu lassen und weiter an dem festzuhalten, was Kirchner formulierte: Ein einiges, integriertes und an gemeinsamen Werten orientiertes Europa ist notwendig und verdammt noch mal auch möglich. Rückschläge gilt es auszuhalten. Und dann volle Kraft voraus. Eine Rückkehr zum Nationalismus ist nicht die Antwort.

Der andere Blick

Die osteuropäischen Perspektiven und ihre Bedeutung für das Gleichgewicht innerhalb der EU

Von Piotr Buras

Die Zeitenwende ist zu einem geflügelten Wort geworden. Nicht nur aufgrund neuer Weichenstellungen der deutschen Außen- und Sicherheitspolitik, sondern auch als Folge tektonischer Veränderungen der Geopolitik. Deutschland und die Europäische Union, heißt es, stünden nun an einem Scheideweg. Russlands Angriff auf die Ukraine und auf die Prinzipien der internationalen Ordnung würden der Europäischen Union einen neuen kräftigen Schub verleihen, sie werde zwangsläufig noch mehr zusammenrücken, sich stärker integrieren müssen. Kurzum, Europa stehe unter Schock, alles werde von nun anders. Aber stimmt das?

In der Tat beweisen die Antworten der Europäischen Union auf Russlands Krieg, dass die Mitgliedstaaten in der Krise durchaus resilient und fähig zur Zusammenarbeit sind. Man könnte darum von einer »guten Krise« für die Gemeinschaft sprechen, doch das wäre zynisch und verbietet sich angesichts der Brutalität dieses Krieges. Dennoch gelingt es der EU trotz ihrer vielen Schwierigkeiten einstweilen, ihre Einheit zu bewahren, die 27 Staaten unterstützen gemeinsam die Ukraine, ein für viele EU-Bürger nach wie vor fernes, unbekanntes Land. Mehr noch: Die Union hat wegen des Krieges gemeinsam weitreichende Entscheidungen zur Energiesicherheit getroffen, die die Zukunft der EU bestimmen werden. Erleben wir also eine europäische Zeitenwende, die diesen Namen verdient?

Im Sommer 2022, als dieser Beitrag entsteht, ist es noch zu früh, Bilanz zu ziehen. Niemand weiß in diesem Augenblick, wie lange der Krieg dauern und wie er ausgehen wird – und ob die EU tatsächlich zusammenhalten wird. Die Einheit der Union ist ein fragiles Gut, ob der durch den Krieg hervorgerufene neue Gemeinsamkeitsschub die EU enger und dauerhaft zusammenschweißen wird, ist darum völlig offen. Denn so sehr Wladimir Putins Angriff auch Europas Reihen zu schließen vermag, so sehr offenbart er zugleich ziemlich brutal die tiefen Risse und oft verleugneten Schwächen der Union.

Die Einheit der Union ist ein fragiles Gut, ob der durch den Krieg hervorgerufene neue Gemeinsamkeitsschub die EU enger und dauerhaft zusammenschweißen wird, ist darum völlig offen.

Aus Angst vor schmerzhaften Wahrheiten sind die EU-Mitgliedstaaten jahrelang wichtigen Entscheidungen ausgewichen. Nun hat der Krieg mit aller Kraft die Scheinwerfer auf diese bislang unbewältigten inneren Probleme der EU gerichtet. Vor allem irritiert, dass ausgerechnet in einem Augenblick, in dem der Zusammenhalt der Gemeinschaft besonders wichtig ist, die alten Ost-West-Gegensätze wieder aufbrechen und dieser Disput so extrem emotional aufgeladen ist. Leider zeigt sich: Je länger der Krieg anhält, desto stärker und offensichtlicher werden die inneren Konflikte der EU.

Natürlich vereinfacht der Hinweis auf die wachsende Ost-West-Spaltung der Union die tatsächliche politische Gemengelage. Denn auch zwischen den EU-Staaten Ost- oder Mittelosteuropas bestehen erhebliche Meinungsunterschiede und Interessenkonflikte, nicht zuletzt zwischen den ehemals eng Verbündeten Polen und Ungarn, deren Reaktion auf Putins Angriffskrieg gegen die Ukraine nicht hätte unterschiedlicher sein können. Dennoch steht im Vordergrund das Schreckgespenst einer neuen Entfremdung zwischen dem Westen und dem Osten der EU. Dieser Konflikt bestimmt nicht nur die Diskussion darüber, wie die EU am besten auf den Krieg in der Ukraine reagieren sollte, sondern beeinflusst auch wichtige künftige Vorhaben der EU.

In Mittel- und Osteuropa wird dieser Ost-West-Gegensatz besonders geschürt – und je stärker der Dissens über den richtigen Umgang mit Russland und dem Krieg, desto heftiger die Emotionen. Eine zentrale Rolle spielt dabei die osteuropäische Enttäuschung über das zaudernde Engagement vieler westlicher Partner, vor allem Deutschlands. Die unterschiedlichen Sensibilitäten und Perspektiven, die Differenzen in der Sicherheitswahrnehmung, die aufgestauten Kränkungen verstärken diesen Zwist noch weiter.

Doch was dabei übersehen wird: In dem Streit liegen auch Chancen für die EU. Weil in diesem Krieg *alle* Mitgliedstaaten gefordert sind und es dabei im Kern auch immer um eine *gemeinsame* Gestaltung europäischer Politik geht, fühlen sich die Länder Mittel- und Osteuropas – möglicherweise zum ersten Mal seit ihrem Beitritt – auf Augenhöhe mit ihren westlichen Partnern. Diese neue Lage ist darum eine gute Gelegenheit, das politische Gleichgewicht in der EU insgesamt neu auszutarieren und einen neuen Konsens der 27 zu bilden. Voraussetzung dafür wäre allerdings, das in letzter Zeit verloren gegangene Vertrauen wiederherzustellen.

Weil in diesem Krieg *alle* Mitgliedstaaten gefordert sind und es um eine *gemeinsame* Gestaltung europäischer Politik geht, fühlen sich die Länder Mittel- und Osteuropas auf Augenhöhe mit ihren westlichen Partnern.

Dieser Beitrag will sowohl die mittel- und osteuropäischen Sichtweisen auf den russischen Krieg beleuchten und deren Folgen analysieren, als auch aufzeigen, was der sich in Osteuropa ausbreitende Unmut über den Westen für die EU bedeutet.

Im Osten nichts Neues

In der Tat gibt es in der EU zwei völlig unterschiedliche Wahrnehmungen des Krieges und seiner Konsequenzen: Die eine, im Westen des Kontinents, ist hoch im Kurs: Sie betont das schockhafte Neue an der düsteren Realität und schwört die Union auf einen Reformkurs ein. Im Osten der EU hingegen ist dieser Krieg weniger ein Schock als der Vollzug des Erwarteten und Erwartbaren. Der bulgarische Intellektuelle Ivan Krastev hat diese Stimmung in der *Financial Times* auf den Punkt gebracht: »We are bombarded with the oft-repeated bromide that on February 24 we woke up to a different world. The truth is that this ›different world‹ has been with us for a long time. The trouble is that we were reluctant to see it.«[1]

Mit anderen Worten: Während sich die Westeuropäer infolge des Kriegs auf einer Entdeckungstour zu einer neuen Weltordnung fühlen, sehen sich die Osteuropäer in ihrem Wissen über Putins Revisionismus und in ihren Warnungen vor dem russischen Imperialismus geradezu bestätigt. Für Letztere stand schon immer fest: Auf Russland ist kein Verlass; nationale Souveränität bietet einen besseren Schutz als Interdependenzen; *Soft Power* ohne *Hard Power* taugt wenig; und im 21. Jahrhundert wird das Militär nicht weniger gebraucht als vorher. Für die Menschen im Osten waren diese Erkenntnisse schon immer eine Selbstverständlichkeit, darum erleben sie im Jahr 2022 auch weniger eine »Zeitenwende« als eine »Wendezeit«: Denn das im Westen lange Verleugnete erfährt plötzlich eine späte Bestätigung. So wird zumindest in Warschau, Bukarest oder Riga gedacht.

Das im Westen lange Verleugnete erfährt plötzlich eine späte Bestätigung. So wird zumindest in Warschau, Bukarest oder Riga gedacht.

Das bleibt selbstverständlich nicht ohne Wirkung auf die gesamte Europäische Union: Im breiteren Kontext ihrer jüngeren Geschichte ist der Krieg in der Ukraine, so beispiellos und überraschend er ist, ebenso Teil wie auch Beschleuniger einer schon seit Längerem stattfindenden grundsätzlichen Veränderung der EU: der Wandel der Union von einem Projekt, das ursprünglich als eine Antwort auf innereuropäische Probleme gedacht war, zu einem Gebilde, das mehr und mehr von äußeren Herausforderungen bestimmt wird.

Die EU wurde einst geschaffen, um Kriege zwischen konfliktbeladenen europäischen Nationen zu verhindern. Ihr Ziel war es, die Demokratie zu bewahren, das wirtschaftliche Wohlergehen auf dem Kontinent zu sichern und die Versöhnung zwischen den Nationen zu fördern. Nach dem Ende des Kalten Krieges wurde die EU zu einem Instrument, das helfen sollte, die ökonomische und politische Kluft zwischen dem europäischen Osten und Westen zu überbrücken. Diese unterschiedliche Vergangenheit und die inneren Probleme Europas waren die treibenden Kräfte des Erweiterungs- und Integrationsprozesses, zumindest noch 2004, als die EU ihre Tore für zehn neue Mitglieder im Osten öffnete. Die Union schöpfte ihre Energie aus der Bewältigung der europäischen Dämonen, die den Kontinent in vielerlei Hinsicht geteilt hatten. Die Ziele waren die Überwindung der Gräben, ökonomische wie politische Konvergenz und die Einigung des gespaltenen Europas, die nicht zuletzt den östlichen Völkern großen Nutzen brachte.

Allerdings waren die mit der wachsenden Einbindung zwangsläufig verbundenen »Einschnitte« in die nationale Souveränität für die Bevölkerungen im Osten weit offensichtlicher als für die Menschen im Westen. Für Letztere fanden diese Einschnitte schrittweise und über einen viel längeren Zeitraum statt. Nun aber musste die europäische Integration sehr viel schneller vorangehen, war es doch inzwischen weit dringender und notwendiger als je zuvor, als Gemeinschaft in einer immer komplexeren Welt zu bestehen, in der unsere wichtigsten westlichen Werte und Grundsätze besonders bedroht sind. Zwangsläufig verschoben und veränderten sich darum die Prioritäten der EU. Der Klimawandel, die Systemrivalität mit China, die Covid-19-Pandemie, geopolitische Instabilitäten in der europäischen Nachbarschaft – all diese fundamentalen äußeren Herausforderungen beschleunigten den Wunsch nach einer stärkeren Behauptung der EU gegenüber der Außenwelt und nahmen entscheidenden Einfluss auf die Agenda und die weitere Integration der Union.

Der europäische Green Deal, die neue Wettbewerbspolitik, der Konjunkturfonds – die wichtigsten Initiativen und Projekte, die heute die EU ausmachen – sind allesamt Ergebnis und Symbol dieses Wandels der EU-Identität. Die Union ist in den vergangenen Jahren weniger transformativ und eher defensiv geworden; es geht in der EU heute weniger um Konvergenz als um Geopolitik. Nach wie vor scheint der Blick der Union oft stark nach innen gerichtet, wird aber in Wirklichkeit von der Notwendigkeit bestimmt, sich an eine neue Welt anzupassen, in der viele grundlegende Annahmen Europas keine Gültigkeit mehr besitzen. Das war und ist der wahre Paradigmenwechsel der europäischen Integration, die Zeitenwende, die die Osteuropäer schon viel früher zu spüren bekommen haben.

Die EU von 2004 setzte vor allem auf weitere Liberalisierung, auf Öffnung und Wirtschaftswachstum. Der EU von heute aber geht es seit einigen Jahren in erster Linie nur noch um die Verteidigung des bisher Erreichten (was oft auch als gegen den Osten gerichteter Protektionismus empfunden wird) und um eine nachhaltige Entwicklung unter Berücksichtigung von Klima- und Umweltzielen. Das derzeit ehrgeizigste und größte Ziel der europäischen Integration, das in seiner Bedeutung sogar die Schaffung des Binnenmarktes und die Einführung einer gemeinsamen Währung in den Schatten stellt, ist der Aufbau einer klimaneutralen Wirtschaft. Das Klimaneutralitätsziel 2050 erfordert in den nächsten 30 Jahren fundamentale Veränderungen nicht nur im Energiesektor, sondern in allen Bereichen des Wirtschaftslebens. Es wird Schritt für Schritt ein völlig neues europäisches Wirtschaftsmodell entstehen, für das Wirtschaftswachstum gleichbedeutend ist mit Klimaneutralität, mit der Schonung natürlicher Ressourcen und den Grundsätzen von Gerechtigkeit und Solidarität.

Wenn also im Rahmen des europäischen Integrationsprozesses von einer Zeitenwende die Rede ist, sehen Mittel- und Osteuropäer darin sofort jene grundlegende Weichenstellung, die ihre Regionen schon seit Jahren vor noch viel größere wirtschaftliche und soziale Herausforderungen stellt als den Rest der EU-Mitgliedstaaten. Mit anderen Worten: Für Osteuropäer bedurfte es nicht erst des Russland-Schocks, um in einem anderen, einem »neuen« Europa aufzuwachen. Für sie ist diese Zeitenwende aus anderen Gründen bereits seit Langem Realität.

Wenn im Rahmen des Integrationsprozesses von einer Zeitenwende die Rede ist, sehen Mittel- und Osteuropäer darin jene grundlegende Weichenstellung, die sie schon seit Jahren vor viel größere Herausforderungen stellt als den Rest der EU-Mitgliedstaaten.

Nukleare Bedrohung oder konventioneller Krieg: eine neue sicherheitspolitische Kluft?

Schon seit geraumer Zeit werden im Osten und Westen Europas sicherheitspolitische Gefahren unterschiedlich wahrgenommen, sind auch die Diskussionen innerhalb der NATO – und der EU – davon geprägt. Während im Westen die Vision einer echten Partnerschaft mit Moskau vorherrschte, blieb Russland für die ehemaligen Ostblockstaaten immer eine hautnahe Bedrohung. Die unterschiedlichen Sichtweisen führten immer wieder zu Zerwürfnissen zwischen Ost und West. Etwa als Polen und die baltischen Staaten darauf bestanden, die NATO-Russland-Grundakte über gegenseitige Beziehungen und Sicherheit wegen der Verletzungen dieses Abkommens durch Russland formal außer Kraft zu setzen, während Deutschland und Frankreich befürchteten, mit diesem Schritt würden auch die diplomatischen Kanäle zerstört. Oder als sich die Länder an der NATO-Ostflanke dafür starkmachten, die militärischen Fähigkeiten des Bündnisses für die (europäische) Landesverteidigung – sprich: für die Abwehr gegen eine mögliche russische Aggression – zu erhalten, während viele westliche Partner in Russland keine Bedrohung mehr sahen und die NATO-Truppen hauptsächlich auf sogenannte »Out-of-area-Einsätze«, also auf Kriseninterventionen außerhalb Europas, vorbereiten wollten.

Doch Putins Krieg gegen die Ukraine, wie zuvor die Annexion der Krim und der verdeckte Kampf in der Ostukraine, haben Westeuropas

Blick auf Russland grundlegend verändert. Noch nie lagen die Einschätzungen von West und Ost in dieser Frage so nah beieinander. Selbst jene Politiker, die sich immer noch hartnäckig für eine Suche nach Gemeinsamkeiten mit Russland einsetzen (abgesehen von Putin-Verehrern und Russland-Lobbyisten), schauen heute ebenso nüchtern wie ernüchtert auf das Moskauer Regime. Natürlich existieren nach wie vor Beurteilungsunterschiede, in der Lageanalyse jedoch herrscht zwischen Ost- und Westeuropäern weitgehend Konsens.

Dennoch gibt es hinsichtlich der akuten russischen Bedrohung unterschiedliche Wahrnehmungen, was sich auch auf die jeweiligen Stimmungen in den Bevölkerungen und die Kalkulationen der Politiker auswirkt. Vor allem Polen und die Länder des Baltikums halten die Gefahr einer direkten militärischen Konfrontation mit Russland für nicht komplett ausgeschlossen, gleich, ob als Folge eines direkten Angriffs, eines hybriden Krieges oder eines unbeabsichtigten Zwischenfalls, der außer Kontrolle gerät. Eine wichtige strategische Erkenntnis der östlichen Staaten fällt dabei besonders ins Gewicht: Sollte die Ukraine besiegt werden, würden russische Truppen an den osteuropäischen Grenzen von NATO und EU stehen. Es wäre dann nur eine Frage der Zeit, bis Moskau, ermutigt durch den militärischen Erfolg, sein Imperium weiter ausdehnen würde.

Polen und die Länder des Baltikums halten die Gefahr einer militärischen Konfrontation mit Russland – ob als Folge eines Direktangriffs, eines hybriden Krieges oder eines außer Kontrolle geratenen Zwischenfalls – für nicht komplett ausgeschlossen.

Es ist nachvollziehbar, dass diese Sorge jene Europäer weit weniger umtreibt, die außerhalb der Reichweite russischer Panzer leben und von

Putin nicht oder zumindest weniger als Teil der russischen Einflusszone gesehen werden. Das heißt nicht, dass man sich in Berlin, Paris oder Amsterdam entspannt zurücklehnt. Im Gegenteil. Nur sind die Westeuropäer aus ganz anderen Gründen besorgt. Was ihnen die meiste Angst einjagt, ist nicht ein möglicher konventioneller Krieg, wie er derzeit in der Ukraine geführt wird, sondern als dessen Folge eine nukleare Konfrontation. Die Furcht vor dem Atomtod ist nicht neu, sondern prägte in den 1980er-Jahren in Westeuropa die Vorstellungswelt von ganzen Generationen. Der Protest gegen die Stationierung amerikanischer atomarer Mittelstreckenraketen hatte seine Wurzeln auch in der Sorge, dass die damalige Sowjetunion einen globalen Konflikt eskalieren lassen und am Ende den Atomknopf drücken könnte.

Es wundert darum nicht, dass die Gefahr einer plötzlichen Verschärfung eines internationalen Konflikts unter der Beteiligung einer großen Nuklearmacht diese Angst gerade jetzt wieder aufleben lässt. Zugleich ist es bezeichnend, dass der Westen (zumal die Deutschen) derzeit das Gespenst eines Atomkriegs an die Wand malt, während die Osteuropäer diese Bedrohung entweder herunterspielen oder nicht als ihre primäre Sorge betrachten.

Der andere Blick des Ostens ist allerdings ebenso von historischen Erfahrungen geprägt. In der Endphase des Kommunismus hielten es nur wenige im Ostblock für realistisch, dass es die Amerikaner riskieren würden, eine Atombombe über Warschau oder Prag abzuwerfen. Zwar war für viele Menschen dort die Sowjetunion weit unberechenbarer und gefährlicher, aber nicht für sie, sondern nur für die Menschen im Westen stellte die UdSSR ein *unkalkulierbares* atomares Risiko dar. Mit anderen Worten: Nur die West-, aber nicht die Osteuropäer mussten auf ihrem jeweiligen Territorium einen Nuklearkrieg befürchten. Letzteren drohte nicht die Atombombe, sondern wenn überhaupt, die

Gefahr einer sowjetischen Intervention, wie 1956 in Ungarn, 1968 in der Tschechoslowakei oder 1980 in Polen.

Heute, 40 Jahre später, ist die Realität und sind deren jeweilige Wahrnehmung paradoxerweise nicht viel anders: Westeuropa treibt in erster Linie die Angst vor einer unkontrollierten Eskalation des Ukraine-Krieges um, die Russland dazu verleiten könnte, eine Atombombe zu zünden. Egal, ob dieses Szenario realistisch ist oder nicht, es ist das einzige, in dem das Leben der Bewohner westeuropäischer Städte ernsthaft bedroht wäre. Der westliche Wunsch nach einem baldigen Ende der Kriegshandlungen, bei dem der Preis für einen Waffenstillstand offenbar keine allzu große Rolle spielt, mag aus dieser Perspektive rational erscheinen. Die Haltung, man dürfe Putin nicht mit überzogenen Gegenreaktionen reizen und müsse den Krieg im Zaum halten, damit er nicht auf den Rest des Kontinents überschwappe, ist darum im Westen viel mehr verbreitet als im Osten.

Die Denkfabrik European Council on Foreign Relations (ECFR) führte dazu eine Meinungsumfrage in zehn EU-Mitgliedstaaten durch. Danach, so heißt es in der Studie, »fühlten sich die mittel- und osteuropäischen Länder in der Anfangsphase des Krieges in ihrer ablehnenden Haltung gegenüber Russland bestätigt und haben innerhalb der EU an Vertrauen und Macht gewonnen«[2]. Die Umfrage zeigt jedoch auch, dass sich das Bild mit der Zeit gewandelt hat. Mehrere Monate nach Kriegsbeginn wollen nun viele europäische Bürger und Bürgerinnen so schnell wie möglich »Frieden«, selbst um den Preis, dass die Ukraine Zugeständnisse machen müsse. Nur in Polen sprach sich eine große Mehrheit dafür aus, dass der »Gerechtigkeit« für die Ukraine der Vorrang gegeben werden sollte, selbst wenn die Kosten für Europa und die Ukraine sehr hoch ausfallen würden. Darin spiegelt sich die feste Überzeugung der Polen wider, dass der Preis für ein Nachgeben (einen falschen Kompromiss) größer sein würde als für hartnäckigen Widerstand. Ein nächster konventioneller Krieg, dem die Osteuropäer zum Opfer fallen könnten, erscheint aus polnischer Perspektive realistischer als die Chimäre eines Atomangriffs.

Die moralische Überlegenheit: der östliche Blick auf Westeuropa

Die politischen Folgen dieser unterschiedlichen Beurteilungen liegen auf der Hand. Während die Osteuropäer, vor allem die Polen und die Balten, sich in der Pflicht sehen, der Ukraine nach Kräften unter die Arme zu greifen, nicht zuletzt, um ihre eigene Sicherheit zu verteidigen, vermissen sie eine ähnliche Entschlossenheit im Westen – und zwar sowohl bei der Rhetorik und Diplomatie als auch bei Waffenlieferungen und Sanktionen. Die immer wieder betonte Bereitschaft westlicher Führungspolitiker, mit Wladimir Putin im Gespräch zu bleiben und nach Möglichkeiten zu suchen, den Krieg auf dem Verhandlungsweg zu beenden, wird im Osten häufig als Naivität und Zeichen der Schwäche ausgelegt. Ebenso sieht man in Deutschlands und Frankreichs zögerlicher militärischer Unterstützung der Ukraine den Versuch, die Tür zu einer diplomatischen Lösung mit Moskau offenzuhalten.

Die Bereitschaft westlicher Führungspolitiker, mit Putin im Gespräch zu bleiben und nach Möglichkeiten zu suchen, den Krieg auf dem Verhandlungsweg zu beenden, wird im Osten als Naivität und Zeichen der Schwäche ausgelegt.

So ließ Polens stellvertretender Außenminister Szymon Szynkowski vel Sęk den deutschen Bundeskanzler Olaf Scholz brüsk wissen, dass »Gespräche mit Putin völlig sinnlos sind«, und Polens Ministerpräsident

Mateusz Morawiecki bemerkte spitz über die Telefonate des französischen Präsidenten Emmanuel Macron mit dem russischen Präsidenten, dass – obwohl diese Behauptung historisch falsch ist – schließlich auch »niemand mit Hitler verhandelt hat«. Die estnische Ministerpräsidentin Kaja Kallas schüttelte öffentlich den Kopf über die Unermüdlichkeit von Macron und Scholz, Putin mit Telefonaten zu beglücken, und Lettlands stellvertretender Ministerpräsident Artis Pabriks zürnte angesichts der heiß gelaufenen Telefondrähte: »Die Russen müssen lernen, wie man verliert. Sie müssen verlieren, und erst dann können wir sprechen.«

Seit dem Krieg verlieren die westlichen EU-Partner in Mittel- und Osteuropa immens an Ansehen. Das ist noch kein abschließendes Urteil, weder über die Absichten des Westens noch über seine Politik, sondern lediglich die momentane Feststellung einer Tatsache. Laut der eben zitierten ECFR-Umfrage meinen vor allem viele Polen, Deutsche und Franzosen hätten eine zu freundliche Einstellung gegenüber Putin. 50 Prozent der Polen denken so über die Deutschen, in anderen befragten Ländern, die auch westeuropäische einschließen, sind es hingegen nur durchschnittlich 18 Prozent. 40 Prozent der Polen nehmen auch die Franzosen so wahr, verglichen mit nur 17 Prozent in anderen Ländern. Ähnlich wie in Polen würden wohl auch die Ergebnisse in Litauen oder Lettland ausfallen, hätte man die dortigen Bevölkerungen ebenfalls befragt. Angesichts dieser Zahlen ist es auch kein großer Trost, dass gerade in Polen die Stimmung gegen Deutschland und den Westen gezielt von regierungsnahen Medien und Politikern geschürt wird.

Allerdings: Die Polen kritisieren nicht nur Westeuropa, noch misstrauischer sind sie gegenüber Ungarn: 61 Prozent meinen, das Land, in dem Ministerpräsident Viktor Orbán seit 2010 regiert, sei mit Russland verbündet. In den anderen neun befragten Staaten denken im Durchschnitt nur 34 Prozent so. Mateusz Morawiecki, bis zum Krieg noch ein enger Verbündeter Orbáns, verkündete im Sommer 2022, dass Budapest und Warschau aufgrund ihrer Meinungsunterschiede fortan getrennte Wege gehen würden. In der Tat hat der Krieg einen Keil zwischen die beiden populistischen Regierungen getrieben – eine Entwicklung, die manche in der EU durchaus freut und der gebeutelten Union ausnahmsweise nicht schaden dürfte.

Gleichwohl steht nicht in erster Linie das polnisch-ungarische Zerwürfnis für den europäischen Streit über den Krieg, gekennzeichnet ist er vor allem vom neuen osteuropäischen Selbstwertgefühl, vom Bewusstsein moralischer Überlegenheit gegenüber dem Westen. Die politischen Auswirkungen dieses neuen Stolzes sollten nicht unterschätzt werden. Warschau meint, sich auf der richtigen Seite der Geschichte wiedergefunden zu haben, und macht dies allen anderen in der EU auch sehr deutlich. Selbstbewusst und selbstzufrieden liest die polnische Regierung den Deutschen und anderen westlichen Partnern in Sachen Ukraine die Leviten – ein scharfer Kontrast zur Kritik, die Polen wegen der Nichteinhaltung europäischer Rechtsstaatlichkeitsstandards schon seit vielen Jahren aus Berlin, Paris, Den Haag, Luxemburg und Brüssel zu hören bekommt.

Warschau meint, sich auf der richtigen Seite der Geschichte wiedergefunden zu haben, und macht dies allen anderen in der EU sehr deutlich. Selbstbewusst liest es den Deutschen und anderen westlichen Partnern in Sachen Ukraine die Leviten.

Für Deutschland sind die Konsequenzen dieser Wende wahrscheinlich am größten. Denn es ist die erste europäische Krise, in der das Land nicht Europas Garant und Beschützer, sondern Bittsteller ist. In der

Eurokrise war vor allem Berlins Finanzkraft der entscheidende Rettungsanker, in der Migrationskrise trug Deutschland die Hauptlast. Und 2014, als Russland die Krim annektierte und im Donbass einen Krieg entfachte, verhinderte Angela Merkels geschickte Diplomatie, dass das Feuer sich auf die gesamte Ukraine und Europa ausbreitete, flankiert durch die deutsche Bereitschaft, die Sanktionen gegen Russland aufrechtzuerhalten. Wirtschaftliche und finanzielle Strafmaßnahmen waren damals allerdings die einzige Reaktion der EU auf Russlands Aggression, mehr kam nicht in Betracht.

Die Zeiten sind nun anders. Diesmal ist es umgekehrt, ist Deutschland insbesondere wegen seiner fatalen Abhängigkeit vom russischen Gas und Öl auf die Unterstützung seiner EU-Partner angewiesen. Das Land erhält Öllieferungen über Polen und fordert von den anderen EU-Ländern Gassolidarität, von der es bereits im kommenden Winter profitieren könnte. Die Bundesrepublik ist nicht nur ökonomisch verwundbar, sie ist auch weder militärisch noch politisch in der Lage, einen nennenswerten Beitrag zur wichtigsten Anstrengung des Westens gegen Putins Angriffskrieg zu leisten: zur militärischen Unterstützung der Ukraine. Berlin bringt vergleichsweise wenig ein und hat auch deshalb viel von seiner Glaubwürdigkeit verloren.

Berlin bringt vergleichsweise wenig ein und hat deshalb viel von seiner Glaubwürdigkeit verloren.

Hinzu kommt Deutschlands Verlust an moralischer Stärke, die in früheren Krisen sein großer Vorteil war. Der Krieg in der Ukraine markiert den Zusammenbruch der langjährigen deutschen Russlandpolitik und schwächt massiv die Fähigkeit der Berliner Regierung, Lösungen zu finden und eine Führungsrolle zu übernehmen. Zum Vergleich: Deutschlands Austeritätspolitik in der Eurokrise basierte auf solider Finanzpolitik, die als eine moralische deutsche Tugend charakterisiert wurde. Moralische Stärke demonstrierte Deutschland auch im Flüchtlingsherbst 2015, als es kurzfristig die Grenzen öffnete und im Laufe der Zeit fast eine Million Geflüchtete ins Land ließ.

Doch nicht dieses Mal: Im Abwehrkampf gegen Putin und seine imperialen Gelüste steht Deutschland nicht als europäischer Musterknabe da, sondern als Zauderer mit schwankendem moralischen Kompass. Der Krieg hat die tiefgreifenden Schwächen des deutschen Modells offengelegt, die Anfälligkeit des Energiesektors und der desolate Zustand der Bundeswehr sind nur zwei Beispiele. Deutschlands Vorbildfunktion, die es lange in Mittel- und Osteuropa genoss, hat großen Schaden erlitten, der nicht leicht wettzumachen sein wird.

Europa ohne Führung

Doch ob sich als Folge deutscher Schwäche darum der politische Schwerpunkt der EU gen Osten verschieben wird, ist ungewiss. Die neue moralische Stärke und das hohe Selbstwertgefühl in politischen Einfluss umzumünzen, bleibt eine Herausforderung, die an eben diesen Eigenschaften auch leicht scheitern könnte. Darüber hinaus lassen sich die Rolle und der Einfluss großer EU-Mitgliedstaaten nicht so einfach ersetzen. Dass die mittel- und osteuropäischen Länder, wie etwa das Magazin *Foreign Policy* behauptet hat[3], in einer neuen Allianz mit der Ukraine und Großbritannien in diese Führungsrolle schlüpfen könnten, ist nicht mehr als ein Wunschdenken. Folglich schlittert die EU nicht in eine neue Ära, die von einer anderen, einer östlichen Führungsnation geprägt wird, sondern eher in einen Zustand der Führungslosigkeit.

Die Frage ist darum, welche Konsequenzen sich daraus für die EU, für das europäische Projekt ergeben. Unumstritten ist dabei: Die so oft

Die EU schlittert nicht in eine neue, von einer östlichen Führungsnation geprägten Ära, sondern eher in einen Zustand der Führungslosigkeit.

beschworene Wende, der Beginn einer neuen Epoche kann nur dann funktionieren, wenn die EU die richtigen Lehren aus ihren Schwächen zieht, wenn sie zusammenrückt und sich unverzüglich ihrer bislang unerledigten, gleichwohl drängenden Aufgaben annimmt. Denn der Streit über den Krieg hat offengelegt, dass die EU sich um ihrer selbst willen kein weiteres Lavieren und Durchwursteln erlauben kann.

Doch ist eine neue gemeinsame Kraftanstrengung nicht mehr als eine bloße Illusion? Nicht unbedingt. Die Erfahrungen seit dem Ukraine-Krieg zeigen, dass sich die EU, wenn es darauf ankommt, durchaus einen Ruck geben kann und eine sogenannte »gute Krise« nutzt, um insgesamt resilienter und zukunftsfähiger zu werden.

Drei Lehren sollte die EU aus den Fehlern der Vergangenheit ziehen: Die *erste* betrifft die Notwendigkeit, die Verteidigungsfähigkeit der Gemeinschaft zu stärken. Ausgerechnet mit Beginn des russischen Angriffs auf die Ukraine verabschiedete die EU ihren Strategischen Kompass, eine Art europäische Sicherheitsstrategie. Weil das Dokument in einem langwierigen Prozess über viele Monate verhandelt worden war, konnten darin die grundstürzenden Auswirkungen der geopolitischen Wende nur noch am Rande berücksichtigt werden. Gleichwohl hat der Krieg den Kernaussagen des Strategischen Kompasses zusätzliche Bestätigung und zusätzliches Gewicht verliehen, nämlich dass die EU endlich sicherheitspolitische Reife erlangen und einen wesentlich größeren Beitrag zu ihrer eigenen Verteidigung leisten muss (die bislang vor allem von den Vereinigten Staaten im Rahmen der NATO gewährleistet wird). Weil genau das schon seit vielen Jahren gefordert wird, ist diese Aussage eine Binse. Doch besteht jetzt die berechtigte

Hoffnung, dass der Krieg dieser allgemeinen Weisheit endlich konkrete Taten folgen lässt. Die Zeitenwende-Rede von Bundeskanzler Olaf Scholz und das beschlossene Sondervermögen von 100 Milliarden Euro für die überfällige Modernisierung der Bundeswehr sind zum Symbol dieser neuen Ernsthaftigkeit geworden.

Doch während Deutschland die verlorene Zeit aufzuholen versucht und Frankreich im Streben nach größerer europäischer Autonomie das Gebot der Stunde erblickt, lässt sich kaum übersehen, dass die Länder Mittel- und Osteuropas vor allem das französische Begehren noch skeptischer sehen als zuvor. Für sie ist nicht ein Mehr an europäischer Verteidigung, sondern vor allem die Unverzichtbarkeit der amerikanischen Verteidigungsgarantie die wichtigste (wenn auch nicht ganz neue) Schlussfolgerung aus der Krise mit Russland. Die Dissonanz zwischen Ost und West, die unterschiedlichen Blickwinkel, Prioritäten und Empfindungen legen sich aus östlicher Sicht wie ein Schatten auf die französische Idee, die EU zu einem sicherheitspolitisch relevanten Akteur zu entwickeln.

Deutschland versucht die verlorene Zeit aufzuholen und Frankreich erblickt im Streben nach größerer europäischer Autonomie das Gebot der Stunde. Kaum zu übersehen ist, dass die Länder Mittel- und Osteuropas das französische Begehren noch skeptischer sehen als zuvor.

Es ist ein Paradox: Egal, wie man im Einzelnen zur deutschen Zeitenwende oder zu Macrons Telefonaten mit Putin stehen mag, einerseits kommen die verstärkten Verteidigungsanstrengungen und die grundsätzliche Richtung des neuen westeuropäischen Sicherheitsdiskurses den Erwartungen der Mittel- und Osteuropäer weit entgegen, so weit wie wahrscheinlich nie zuvor. Andererseits ist die östliche Ernüchterung wegen des als unzureichend empfundenen tatsächlichen westlichen Handelns derart groß, dass eine strategische Neuorientierung im Konzert mit den Westeuropäern für den Osten keine erstrebenswerte Option mehr ist.

Das sind keine bloß theoretischen Erwägungen. Das Auseinanderdriften schreitet auch faktisch voran. Um ihre Verteidigungsfähigkeit zu stärken, beschloss die polnische Regierung im Juli 2022 im Rahmen eines Mega-Deals mit Südkorea den Kauf von unter anderem 48 Kampfflugzeugen und circa 1000 Panzern. Die Regierung in Warschau traf diese Entscheidung, nachdem die Lieferung deutscher Leopard-Panzer an Polen im Rahmen eines von Berlin vorgeschlagenen Tauschgeschäfts (Ringtausch für Panzer, die Polen aus seinen Beständen bereits an die Ukraine geliefert hat) gescheitert war. Die ersten koreanischen Panzer sollen noch 2022 ausgehändigt werden, und ab 2026 ist eine Produktion auch in Polen geplant. Außerdem hat Warschau angekündigt, den Vereinigten Staaten 116 gebrauchte Abrams-Panzer abzukaufen.

Diese Waffengeschäfte wie auch ihr finanzieller Umfang im Wert von knapp sechs Milliarden Dollar haben weit mehr als nur symbolische Bedeutung: Das größte und militärisch wichtigste Land im Osten der EU bindet sich hinsichtlich seiner Rüstung langfristig industriepolitisch an nicht europäische Partner. Das schafft Abhängigkeiten, die nicht leicht zu korrigieren sein werden. Darüber hinaus zeugt der schiere wie präzedenzlose Umfang dieser Waffenkäufe davon, dass Polen in der Lage sein will, sich in einem viel größeren Ausmaß selbst gegen einen möglichen russischen Angriff zu verteidigen, statt sich »nur« auf den Beistand der Verbündeten zu verlassen.

Ob das eine kluge Strategie ist, steht auf einem anderen Blatt. Klar jedoch ist, dass diese Rüstungsgeschäfte den Ambitionen eines europäischen Schulterschlusses im Bereich von Sicherheit und Verteidigung zuwiderlaufen. Die Verantwortung dafür tragen allerdings nicht allein die Europaskeptiker in der polnischen Regierung, von mindestens ebenso großer Relevanz dürfte hier die latente Entfremdung zwischen den EU-Mitgliedstaaten seit dem Ukraine-Krieg sein.

Eine *zweite* Lehre betrifft die Erweiterungspolitik der EU und die Notwendigkeit, diese neu auszurichten. Russlands Aggression wendet sich nämlich gegen die gesamte europäische Sicherheitsordnung und damit gegen die grundlegenden Interessen der EU. Folglich darf eine weitere Aufnahme und Integration östlicher und südosteuropäischer Partner nicht nur unter dem Gesichtspunkt wirtschaftlicher und sozialer Herausforderungen gesehen werden, sondern sie ist auch wegen der gesamten künftigen Sicherheitsordnung in Europa und des neuen Selbstverständnisses der Europäischen Union als geopolitischer Akteur von entscheidender Bedeutung. Die Politik gegenüber den Nachbarn, deren Bevölkerungen und Regierungen mit ihrem Beitrittsbegehren den Willen zum Zusammenschluss mit der EU demonstrieren, wird damit zu einer Priorität der EU-Außenpolitik.

Eine weitere Aufnahme östlicher und südosteuropäischer Partner darf nicht nur als Herausforderung gesehen werden. Sie ist wegen der künftigen Sicherheitsordnung in Europa und des Selbstverständnisses der EU als geopolitischer Akteur von entscheidender Bedeutung.

Lange war die EU zu zögerlich, doch als Folge des russischen Angriffs hat sie sich nun bereit erklärt, ihre Türen für neue Mitglieder zu öffnen. Die Ukraine und die Republik Moldau erhielten den Kandidatenstatus, während Albanien und Nordmazedonien nach mehrjähriger Wartezeit endlich mit konkreten Beitrittsverhandlungen beginnen können. Das sind richtige, wichtige und fundamentale Entscheidungen.

Damit diese Verhandlungen irgendwann erfolgreich zum Abschluss gebracht werden können, müssen aber nicht nur die Anwärterstaaten, sondern muss auch die EU Voraussetzungen erfüllen und Ängste ausräumen. Eine Befürchtung der EU, die den Erweiterungseifer einiger Mitgliedstaaten ausbremst, hängt mit den Abstimmungsverfahren im EU-Rat zusammen. Vor allem in Fragen der Außenpolitik herrscht das Einstimmigkeitsprinzip, das dazu führt, dass ein einzelner Mitgliedstaat mit seinem Nein alle anderen erpressen beziehungsweise Entscheidungen blockieren kann. Wie krisenanfällig dieses Einstimmigkeitsprinzip die EU macht, zeigte die wiederholte Drohung von Premierminister Viktor Orbán, eine Verschärfung der Sanktionen gegen Russland am ungarischen Veto scheitern zu lassen.

Es war Bundeskanzler Olaf Scholz, der unlängst eine EU-Reform und die Aufhebung des Einstimmigkeitsprinzips als Voraussetzung für die Aufnahme neuer Mitglieder forderte.[4] Auch die sogenannten Schlussfolgerungen der Konferenz über die Zukunft Europas, die Empfehlungen aus Bürgerkonsultationen in ganz Europa enthalten, rufen dazu auf, in weit größerem Umfang als bisher Mehrheitsentscheidungen zuzulassen. Viele Mitgliedstaaten sind der Ansicht, dass eine funktionsfähige und zukunftstaugliche EU ohne diesen wichtigen Schritt nicht möglich sein wird, zumal wenn die Union eines Tages mehr als 30 Mitglieder haben sollte.

Die Einführung von Mehrheitsentscheidungen ist jedoch ein politisch heikles Unterfangen, tangiert es doch Fragen der Souveränität und Macht. Je tiefer die Vertrauenskrise der EU, desto größer die nationalen Egos und umso unwahrscheinlicher das Mehrheitsprinzip. Sollte der Krieg einen Einfluss auf diese Debatte haben, dann leider nur einen negativen. Auf den Vorschlag einer EU-Vertragsreform, die ja noch nie sonderlich viel Zuspruch gefunden hat, folgte das prompte Nein von beinahe der Hälfte aller EU-Mitgliedstaaten. In einem gemeinsamen Brief erteilten sie der Reform eine klare Absage. Neun der Neinsager sind mittel- und osteuropäische, drei skandinavische Staaten. Auch die folgende Initiative, Mehrheitsentscheidungen wenigstens in der EU-Außenpolitik zuzulassen, erhielt nicht die Unterstützung dieser Länder.

Je tiefer die Vertrauenskrise der EU, desto größer die nationalen Egos und umso unwahrscheinlicher das Mehrheitsprinzip. Sollte der Krieg einen Einfluss auf diese Debatte haben, dann leider nur einen negativen.

Es wäre jedoch falsch, den Grund für diese Abwehrhaltung nur in nationalistischem Souveränitätsdenken zu sehen. Die Angst eines EU-Staates, von den Großen überstimmt zu werden, wird umso größer, je mehr er um seine eigene Sicherheit fürchtet, je näher die Gefahr an seine Landesgrenzen rückt. Aus diesem Grund muss die EU ihre Erweiterungspolitik zu ihrer sicherheitspolitischen Priorität machen, denn erst dann demonstriert sie auch nach außen, dass sie ihre neue geopolitische Rolle in ihrer unmittelbaren Nachbarschaft auch wirklich wahr- und ernst nimmt.

Die *dritte* Lehre schließlich betrifft die Notwendigkeit zum europäischen Schulterschluss in der Energiepolitik und die Erkenntnis, dass unbewältigte Verstimmungen aus der Vergangenheit die dringend erforderliche Solidarität erschweren. Ausgerechnet in einem Augenblick, da Einigkeit das Gebot der Stunde ist, drohen einige EU-Mitglieder, sich – aus politischen Gründen – der von Brüssel geforderten Gassolidarität zu verweigern. Warum? Die Drosselung russischer Gaslieferungen und die Tatsache, dass Moskau Energie als Waffe einsetzt, haben die EU und vor allem Deutschland kalt erwischt. Um den nächsten Winter zu überbrücken und die Abhängigkeit von russischen fossilen Brennstoffen zu kappen, wird Europa sehr viel Energie einsparen müssen. Aus diesem Grund hat die Europäische Kommission einen Solidaritätsmechanismus vorgeschlagen, demzufolge jeder EU-Mitgliedstaat seinen Jahresverbrauch an Gas um 15 Prozent reduzieren soll. Die eingesparte, also übrig gebliebene Gasmenge, soll allen in der EU zugutekommen. Kurzum: Die EU-Mitgliedstaaten sollen sich im Notfall mit der Reservemenge gegenseitig unterstützen.

Doch das erfordert wechselseitiges Vertrauen und Kooperationsbereitschaft, und daran mangelt es angesichts der Verwerfungen über Waffenlieferungen, Sanktionen und Putin-Telefonate. Zwar erheben nicht nur die Mittel- und Osteuropäer Einspruch gegen eine Gassolidarität, die vor allem Deutschland nutzen würde. Doch bei manchem Protest scheint auch ein wenig Schadenfreude durch, dass jetzt ausgerechnet Berlin in arge Bedrängnis gerät. War doch Deutschland mehr als einmal Grund für große Verärgerung in der EU, indem es zum Beispiel auf den Bau der russischen Nord-Stream-2-Pipeline bestand oder sich bei Waffenlieferungen an die Ukraine sperrig gab. Wen also wundert es, dass so mancher in der EU den Deutschen in Sachen Gassolidarität – zumindest einstweilen – die kalte Schulter zeigt?

Ausblick

Europas gegenwärtiger Zustand ist jedenfalls alles andere als gut. Eine toxische Mischung populistisch-nationalistischer Bewegungen gibt immer öfter den Ton an, nicht nur in Mittel- und Osteuropa, aber dort mit unmittelbar spürbaren Folgen. Die tiefe Enttäuschung über das westliche Zaudern gegenüber Russland droht das gesamte europäische Projekt in Mitleidenschaft zu ziehen. Sollte das tatsächlich geschehen, würde der Begriff der europäischen »Zeitenwende« leider eine völlig andere, eine fatale Bedeutung erhalten.

Russlands Krieg gegen die Ukraine hat zwar einerseits zum europäischen Schulterschluss geführt, andererseits aber auch die bösen Geister der Vergangenheit auf den Plan gerufen und einen Teufelskreis aus Rechthaberei, Kränkungen und Vorurteilen beschleunigt. Doch angesichts der gewaltigen Herausforderungen sollten die 27 ihre Zeit nicht für gegenseitige Vorwürfe, Anfeindungen und das Begleichen alter Rechnungen verschwenden. In der Stunde der Bewährung werden die Führungspersönlichkeiten der Europäischen Union, im Westen wie im Osten, allein daran gemessen werden, ob sie den hochgefährlichen Spaltungsversuchen widerstehen und die so wichtige Einheit bewahren können.

Anmerkungen

1 https://www.ft.com/content/ebe92bd2-877e-4f6c-8be9-38aea3b29784
2 https://ecfr.eu/podcasts/episode/peace-versus-justice-the-coming-european-split-over-the-war-in-ukraine/
3 https://foreignpolicy.com/2022/06/21/eu-russia-ukraine-war-european-union-france-germany-poland-eastern-europe-baltics/
4 https://www.sueddeutsche.de/politik/bundesregierung-eu-reformen-1.5605949

Die Rechtsstaatlichkeitskrise

Zukunftssicherung durch Rückbesinnung: die Reaktivierung der gemeinsamen Werte in der Europäischen Union

Von Anna Katharina Mangold

Seit ihren Gründungsjahren ist die Europäische Union immer gerade in irgendeiner Krise. In den vergangenen Jahren häuften sich diese, aktuell erleben wir sogar mehrere fundamentale Krisen gleichzeitig: Staatsschuldenkrise, Migrationskrise, Brexit, Corona, die allumfassende Klimakrise, nun die russische Aggression gegen die Ukraine mit einer drohenden Energie- und Inflationskrise als Folge – Krisen, wohin das Auge blickt. Angesichts dieser Vielzahl erscheint die sogenannte Rechtsstaatlichkeitskrise als nur eine unter vielen – und nicht gerade als die wichtigste. Die EU-Kommission unter Präsidentin Ursula von der Leyen jedenfalls möchte sie so schnell wie möglich abräumen und für beendet erklären.

Doch wird dabei verdrängt: Die Europäische Union ist eine Errungenschaft des Rechts, wesentlich durch Recht und in Formen des Rechts geschaffen, sie ist eine Rechtsgemeinschaft. Attacken auf rechtsstaatliche Prinzipien und damit auf diese unionale Rechtsgemeinschaft gefährden darum die Union selbst, sie drohen, den Stoff aufzuribbeln, aus dem die EU gewebt ist. Und wenn das geschieht, ist auch eine Lösung der übrigen Krisen nicht mehr möglich.

Die Wahl von autoritär-nationalistischen Parteien und Regierungen in Polen und Ungarn sowie die grassierende Korruption in Bulgarien und Rumänien haben in diesen Ländern Politiken hervorgebracht, die sich gegen Gewaltenteilung, Rechtsbindung und die Unabhängigkeit der Justiz, gegen Menschenrechte und Minderheitenschutz richten. Gibt es keine justizielle Kontrolle mehr, so können die Herrschenden die Axt an das demokratische System legen und Wahlrecht und Pressefreiheit so verändern, dass eine Wiederwahl der regierenden Parteien höchst wahrscheinlich und ein friedlicher Machtwechsel höchst unwahrscheinlich werden. Diese Entwicklung muss nicht nur all jene mit Sorge erfüllen, denen das Wohlergehen der Menschen in den betreffenden EU-Mitgliedstaaten wichtig ist. Sie betrifft auch unmittelbar das Miteinander der Mitgliedstaaten insgesamt, wie dieser Essay argumentiert.

Für den Umgang mit all diesen Krisen ist entscheidend, wie sich jeder einzelne Mitgliedstaat verhält und wie gut es vor allem gelingt, auch Polen und Ungarn, Bulgarien und Rumänien in die Formen der europäischen Zusammenarbeit einzubinden. Das hat sich im Negativen an der jüngsten Blockadehaltung des ungarischen Regierungschefs Viktor Orbán bei den Wirtschaftssanktionen gegen Russland gezeigt, und im Positiven in der Schlüsselrolle Polens bei der massenhaften Aufnahme ukrainischer Flüchtlinge. Aus diesem Grunde haben die europäischen Institutionen, allen voran die EU-Kommission, die besorgniserregenden Entwicklungen der Rechtsstaatlichkeit in einigen EU-Mitgliedstaaten von Beginn an aufmerksam beobachtet und mit verschiedenen rechtlichen Mitteln versucht, die Einhaltung rechtsstaatlicher Prinzipien sicherzustellen oder gar zu erzwingen. Doch muss inzwischen konstatiert werden, dass dieser Zwangsansatz bislang nicht funktioniert hat.

Die Hoffnung ruht nun auf den europäischen Bevölkerungen, die sich eine fortdauernde Einbettung in die EU wünschen. Doch in welche

EU, wie sollte diese EU sein? Die Diskussion über die EU als Rechtsgemeinschaft und ihre Bedrohung durch die Rechtsstaatlichkeitskrise verweisen auf die altbekannte und doch stets neu zu führende Debatte über die Finalität der EU: Wo soll es mit der Europäischen Union hingehen? Ist sie lediglich eine Wirtschaftsgemeinschaft oder auch eine politische Gemeinschaft demokratischer Staaten? Gilt Letzteres, darf es der EU dann egal sein, wenn im Wege demokratischer Wahlen undemokratische Parteien und Regierungen an die Macht gelangen, welche die Demokratie in diesen Mitgliedstaaten aushöhlen und wie Orbán ganz offiziell eine »illiberale Demokratie« anstreben? Die Frage nach dem Legitimationsgrund der EU impliziert die jeweils unterschiedlichen politischen Strategien im Umgang mit Mitgliedstaaten, die systematisch rechtsstaatliche Prinzipien verletzen.

Dieser Essay will darlegen, warum das Funktionieren der Rechtsstaatlichkeit in den einzelnen Mitgliedstaaten von derart fundamentaler Bedeutung für die gesamte EU ist. Der Blick zurück in die Rechtsgeschichte der europäischen Integration legt Entwicklungspfade offen, die bis heute zentral sind für die Integration der Mitgliedstaaten. Diese Entwicklungspfade erklären auch, warum die bislang gewählten Instrumente der EU nicht fruchteten, mit denen besonders Polen und Ungarn zu Wohlverhalten in Fragen der Rechtsstaatlichkeit angehalten oder gar gezwungen werden sollen. Notwendig ist vielmehr die Hinwendung zu einer vollständigen Demokratisierung der EU, einschließlich ihrer Mitgliedstaaten. Denn es sind nicht Märkte, die im Binnenmarkt der EU integriert werden, es sind demokratische Staaten. Das bedeutet aber auch, dass demokratische Prinzipien einschließlich Rechtsstaatlichkeit in allen Mitgliedstaaten eingehalten werden müssen, damit die EU als Ganzes funktionieren kann.

Der Blick zurück in die Rechtsgeschichte der europäischen Integration legt Entwicklungspfade offen, die erklären, warum die Instrumente der EU nicht fruchteten, mit denen besonders Polen und Ungarn zu Wohlverhalten in Fragen der Rechtsstaatlichkeit angehalten werden sollen.

Ungarn[1]

In Ungarn errang Viktor Orbáns Fidesz-Partei bei den Parlamentswahlen 2010 eine Zweidrittelmehrheit. Umgehend machte sich der neue Premier mit seiner Partei daran, die ungarische Verfassung so umzugestalten, dass eine effektive Opposition sehr erschwert bis unmöglich und eine Wiederwahl von Fidesz sichergestellt wurde. Zentrale politische Positionen, insbesondere ein übersteigerter ungarischer Nationalismus, wurden in Verfassungsform gegossen, damit künftige Regierungsmehrheiten sie kaum mehr würden ändern können. Zu diesem Zweck verabschiedete Fidesz mit ihrer parlamentarischen Zweidrittelmehrheit 2011 ein neues ungarisches Grundgesetz[2] und ergänzte diese Verfassung mit sogenannten »Schwerpunktgesetzen«. Das sind laut Artikel T Absatz 4 des ungarischen Grundgesetzes von 2011 Gesetze, »zu deren Verabschiedung und Modifizierung zwei Drittel der Stimmen der anwesenden Parlamentsabgeordneten erforderlich sind«. Damit unterliegen auch diese Schwerpunktgesetze dem formalen Erfordernis einer verfassungsändernden Mehrheit.

Mit den Übergangsbestimmungen der neuen Verfassung sowie dem Richtergesetz 2011 griff die neue Regierung massiv in die Unabhängigkeit der Justiz ein, indem sie das Rentenalter für amtierende Richter*innen, Staatsanwält*innen und Notar*innen von 70 auf 62 Jahre absenkte mit dem Ziel, die Posten zeitnah mit parteinahen Jurist*innen besetzen zu können.[3]

2013 kam es zu einer erneuten Novellierung der ungarischen Verfassung, bei der insbesondere die Kompetenzen des Verfassungsgerichts stark beschnitten wurden. So darf das Gericht nunmehr Verfassungsänderungen und Verfassungszusätze, einschließlich der Schwerpunktgesetze, die zu einem wesentlichen Machtinstrument der Fidesz-Partei wurden, nur verfahrensrechtlich, aber nicht mehr inhaltlich überprüfen. Außerdem ist es den Verfassungsrichter*innen nur noch gestattet, auf die eigene Rechtsprechung seit 2012, also seit dem Inkrafttreten der neuen Verfassung, aber nicht mehr auf frühere Entscheidungen Bezug zu nehmen.

Bei den Wahlen 2014 musste Fidesz zwar Stimmverluste hinnehmen, errang jedoch aufgrund der Veränderungen des Wahlrechts erneut eine Zweidrittelmehrheit. Bei den Wahlen 2018 und 2022 war es ebenso.

Bis 2019 war Fidesz, was kaum zu fassen ist, im Europäischen Parlament Mitglied in der konservativen Parteienfraktion EVP (Europäische Volkspartei), die zugleich die größte Fraktion bildet. Diese Tatsache wird vielfach dafür verantwortlich gemacht, warum gegen Ungarn wegen andauernder Verstöße gegen und Angriffen auf rechtsstaatliche Prinzipien nur recht zögerlich Maßnahmen ergriffen wurden. Die konservative deutsche Bundeskanzlerin Angela Merkel wartete lange, bis sie klar Stellung bezog gegen die Entwicklungen in Ungarn.

Polen

Die politische Strategie der polnischen Regierungspartei Prawo i Sprawiedliwość (»Recht und Gerechtigkeit«, kurz: PiS) um Jarosław Kaczyński ist seit ihrer Machtübernahme 2015 noch deutlicher gegen die Unabhängigkeit der Justiz gerichtet als die Strategie der ungarischen Fidesz-Partei. Die hochkomplexe Geschichte kann man in einer spannend aufbereiteten sechsteiligen Podcast-Serie des Verfassungsblogs nachhören.[4] Beschrieben hat sie aus verfassungsrechtlicher Sicht Wojciech Sadurski,[5] der selbst von der PiS wegen Diffamierung angeklagt worden ist, weil er es gewagt hatte, den Kaiser, sprich die PiS, als nackt zu bezeichnen: Der Rechtswissenschaftler musste sich wiederholt vor Gericht verantworten, weil er als Akademiker und Privatperson Kritik an der Politik der PiS-Regierung geübt hatte.[6]

In einer ersten Phase nach dem Wahlsieg machte sich die Regierung daran, das polnische Verfassungsgericht sowie den Obersten Gerichtshof und den Nationalen Justizrat zu entmachten und nach eigenen politischen Präferenzen neu zu besetzen. Auch hier spielten neue Rentenaltersgrenzen für Richter*innen des Obersten Gerichts eine Rolle.[7] Zu erinnern ist an den Widerstand der damaligen Präsidentin des Obersten Gerichts Małgorzata Gersdorf, die den politischen Manövern der PiS-Regierung mutig und beharrlich entgegentrat und ihre Kolleg*innen dazu aufrief, »für jeden Zollbreit Gerechtigkeit« zu kämpfen.[8] 2017 führte die PiS-Regierung eine Disziplinarkammer ein, die missliebige Richter*innen, die sich gegen die Parteilinie stellen oder Verfahren zu freundlich nach EU-Recht betreiben, sanktionieren kann, etwa indem den Richter*innen das Gehalt gekürzt wird oder sie gleich ganz entlassen werden.[9] Es war vor allem diese ganz offensichtlich hoch problematische Disziplinarkammer, an der sich der aktuelle Streit zwischen der EU-Kommission und der polnischen Regierung um die Rechtsstaatlichkeit festmachte. Die Disziplinarkammer ist zwar inzwischen formal abgeschafft worden, um einer finanziellen Sanktionierung durch die EU zu entgehen, doch handelt es sich dabei um Lippenbekenntnisse, weil gleichzeitig der Einfluss der Regierung auf die Justiz auf andere Weise sichergestellt wird.[10]

Bulgarien und Rumänien

In den Erzählungen über die Rechtsstaatlichkeitskrise wird selten über Bulgarien und Rumänien gesprochen. Dabei leiden diese Staaten, die erst 2007 Mitglieder der EU wurden, an massiver Korruption in Justiz und Verwaltung. Auch das ist ein Problem für die Unabhängigkeit der Justiz und damit für die Einhaltung rechtsstaatlicher Prinzipien in diesen Mitgliedstaaten.

Fragen im Zusammenhang mit Korruption und ihrer strafrechtlichen Verfolgung haben das rumänische Verfassungsgericht zu einem *political player* gemacht. Kurz vor Weihnachten 2021 suchte das Verfassungsgericht den offenen Konflikt mit dem Europäischen Gerichtshof (EuGH), indem es untergeordneten Gerichten in einer Pressemitteilung empfahl, dem EuGH keine Rechtsfragen in Sachen Korruption mehr vorzulegen. Stattdessen sollten sie lieber der Rechtsprechung des rumänischen Verfassungsgerichts folgen, die gerade vom EuGH für unionsrechtswidrig erklärt worden war.[11]

In Bulgarien hat der ehemalige Ministerpräsident Bojko Borissow wiederholt Eingriffe in die Struktur der bulgarischen Justiz vorgenommen, um sich und seine politischen Vasallen vor strafrechtlicher Verfolgung wegen Korruption zu schützen. Nachdem er die Parlamentswahl 2021 nicht mehr gewonnen hatte, musste sich Borrisow im März 2022 gegen von der Europäischen Staatsanwaltschaft erhobene Vorwürfe der Veruntreuung von EU-Geldern verteidigen und wurde sogar kurzfristig festgenommen;[12] allerdings weigerte sich die bulgarische Staatsanwaltschaft, weiter gegen Borrisow zu ermitteln.[13] Der von Borrisow installierte Generalstaatsanwalt Iwan Geschew, der sich schützend vor Borrisow gestellt hatte, muss sich ebenfalls aktuell zur Wehr setzen gegen heftige Korruptionsvorwürfe zweier Minister*innen, die Geschew wegen »systematischen Amtsversagens« aus dem Amt entfernen wollen. Das allerdings versucht die bulgarische Justiz, die selbst der Korruption und Vetternwirtschaft beschuldigt wird, momentan mit Verzögerungstaktiken zu verhindern.[14] Die bulgarische Juristin Radosweta Wassilewa, die insbesondere auf dem Verfassungsblog schon lange über die bulgarische Rechtsstaatskrise schreibt, schildert die augenblickliche Situation wie folgt:

> Die neue Regierung seit 2021 »scheint entschlossen zu sein, aber ihr sind aufgrund des von Borissow geschaffenen Rechtsrahmens in vielerlei Hinsicht die Hände gebunden. Ohne Geschew aus dem Amt zu entfernen und die Staatsanwaltschaft zu reformieren, ohne Borissows paralleles Gerichtssystem abzuschaffen, das er seit seinem Amtsantritt eingerichtet hatte, und ohne die von Borissow eingesetzte Antikorruptionskommission zu reformieren, die Korruption beschönigt und Borissows Gegnerinnen und Gegner schikaniert, wird kein Rechtsstaat möglich sein.«[15]

Recht: der Stoff, aus dem die EU gewebt ist

Was mit dem Recht und der Rechtsstaatlichkeit in den Mitgliedstaaten passiert, ist relevant für das Recht der EU. Die große Bedeutung des Rechts für den Integrationsprozess ist in dem Begriff von der Europäischen Union als »Rechtsgemeinschaft« bildlich gefasst. Der Begriff der »Rechtsgemeinschaft« geht zurück auf Walter Hallstein, der ihn erstmals 1962 prägte.[16] 1969 führte der erste Präsident der Europäischen Kommission in seinem Buch über den damals wie heute »unvollendeten Bundesstaat« aus:

> »Die Gemeinschaft ist eine *Schöpfung des Rechts*. Das ist das entscheidend Neue, was sie gegenüber früheren Versuchen auszeichnet, Europa zu einigen. Nicht Gewalt, nicht Unterwerfung ist als

> Mittel eingesetzt, sondern eine geistige, eine kulturelle Kraft, das Recht. Die Majestät des Rechts soll schaffen, was Blut und Eisen in Jahrhunderten nicht vermochten. Denn nur die selbstgewollte Einheit hat Aussicht auf Bestand, und Rechtsgleichheit und Einheit sind untrennbar miteinander verbunden. Keine Rechtsordnung ohne Gleichheit vor dem Gesetz, Gleichheit aber bedeutet Einheit. Auf dieser Einsicht beruht der Vertrag von Rom, und darum schafft er eine Friedensordnung par excellence.«[17]

Das Recht, das dürfte einhellige Meinung in der Europawissenschaft sein, ist der europäische Integrationsmodus »par excellence«,[18] ein wichtiger Forschungsansatz trägt darum den prägnanten Titel: »Integration durch Recht«.[19] Denn, so bereits Walter Hallstein treffend, die Europäischen Gemeinschaften waren und die Europäische Union ist heute »in dreifacher Hinsicht ein Phänomen des Rechts: Sie ist Schöpfung des Rechts, sie ist Rechtsquelle und sie ist Rechtsordnung.«[20]

Der Europäische Gerichtshof und das europäische Justizsystem

Um eine europäische Friedensordnung mithilfe des Rechts herzustellen und sicherzustellen, bedurfte es einer europäischen Gerichtsbarkeit. Es ist diese Innovation, welche die Europäischen Gemeinschaften von herkömmlichen völkerrechtlichen Organisationen maßgeblich unterscheidet: der Europäische Gerichtshof (EuGH). In den Verhandlungen über den Schuman-Plan von 1950, der 1952 zur Gründung der Europäischen Gemeinschaft für Kohle und Stahl als erster Vorläuferin der heutigen Union führte, war freilich nicht von Anfang an klar, ob es überhaupt einen Europäischen Gerichtshof geben sollte.[21] Ein Gericht war im Schuman-Plan nämlich noch nicht explizit vorgesehen. Jean Monnet, Erfinder des Europäischen Einigungsprozesses, der eher von der technokratischen Seite kam, war vor allem wichtig, eine unabhängig von jedweder Kontrolle agierende, supranationale Hohe Behörde zu schaffen. So blieb der Schuman-Plan hinsichtlich der gerichtlichen Kontrolle des Handelns dieser Exekutivbehörde vage.[22]

Es war dann der deutsche Verhandlungsführer Walter Hallstein, der ein permanentes Schiedsgericht forderte, dem eine »erzieherische Funktion« zukommen sollte, nämlich die eines »Hüters der Objektivität der Hohen Behörde«.[23] Dabei betonte Hallstein die einigende Kraft einer einheitlichen Rechtsprechung und deren Beitrag zur Entwicklung eines »europäischen Bewusstseins«.[24] Jean Monnet fügte sich dieser Vorstellung, nicht zuletzt, weil ihm seine amerikanischen Freunde das Vorbild des US Supreme Court vor Augen stellten.[25] Der Europäische Gerichtshof der Gemeinschaft für Kohle und Stahl bewährte sich so gut, dass die 1957 gegründete Europäische Wirtschaftsgemeinschaft (EWG) die Idee eines Europäischen Gerichtshofs beibehielt.

Der Bestand des europäischen Rechts

Das, was der EuGH seither zu interpretieren hat, sind einerseits die europäischen Verträge, heute also der »Vertrag über die Europäische Union« (EUV), der »Vertrag über die Arbeitsweise der Europäischen Union« (AEUV) und die »Charta der Grundrechte der Europäischen Union« (GRCh), auf die sich die Mitgliedstaaten 2007 im Vertrag von Lissabon einigten. Andererseits hat der EuGH die schier unübersehbare Menge an Entscheidungen der europäischen Gesetzgebungsorgane, das sogenannte Sekundärrecht, zu kontrollieren. Sekundär ist dieses Recht, weil das Primärrecht, die EU-Verträge, den Erlass dieses Sekundärrechts vorsieht, konkret in Artikel 288 AEUV. In den sekundärrechtlichen Rechtsformen von Verordnungen und Richtlinien findet europäische Politik statt, sie sind das Ergebnis der komplexen

Aushandlungsprozesse in der föderalen politischen Gemeinschaft der EU. Während Verordnungen mit ihrem Erlass unmittelbar wirken und deswegen als europäische Gesetze gelten, müssen Richtlinien erst noch von den Mitgliedstaaten in ihre Rechtsordnungen umgesetzt werden, bedürfen also vermittelnder legislativer Entscheidungen der mitgliedstaatlichen Parlamente.

Das europäische Recht wird nun nicht etwa, wie man meinen könnte, durch die europäische Verwaltung angewandt. In der EU herrscht wie in so vielen föderalen Rechtsordnungen dezentraler Verwaltungsvollzug. Das bedeutet, dass die Verwaltungen und Gerichte der einzelnen Mitgliedstaaten das europäische Recht anwenden und ihm zur Durchsetzung verhelfen müssen. Die derzeit 27 EU-Staaten müssen also willens sein, das europäische Recht als bindend anzuerkennen und anzuwenden. Auch hieran zeigt sich die tiefe Verflochtenheit und die Angewiesenheit der EU auf ihre Mitgliedstaaten. Stellen sich Mitgliedstaaten stur, haben sie die Macht, das EU-Recht auszuhebeln – und damit die politischen Entscheidungen der EU-Institutionen ins Leere laufen zu lassen.

Die derzeit 27 EU-Staaten müssen willens sein, das europäische Recht als bindend anzuwenden. Auch hieran zeigt sich die tiefe Verflochtenheit und die Angewiesenheit der EU auf ihre Mitgliedstaaten.

Das Vorabentscheidungsersuchen

Schon der EWG-Vertrag weitete 1957 die Befugnisse des Europäischen Gerichtshofes in entscheidender Weise aus: Der Gerichtshof konnte nunmehr nicht nur Einzelakte der Hohen Behörde (inzwischen: Kommission) überprüfen, sondern ihm war »die Auslegung dieses [EWG-]Vertrages« insgesamt übertragen, und zwar durch die

Einführung von Vorabentscheidungsersuchen: Jedes mitgliedstaatliche Gericht durfte (und darf) sich an den EuGH wenden und das europäische Gericht um Anleitung in der Auslegung europäischen Rechts ersuchen, letztinstanzliche Gerichte trifft eine Vorlagepflicht. Mittels dieses abstrakten, allgemeinen Verfahrens war es dem EuGH gemeinsam mit den mitgliedstaatlichen Gerichten fortan möglich, unabhängig von Entscheidungen der europäischen Institutionen das Recht fortzuentwickeln. Heute ist es in Artikel 267 AEUV geregelt.

Alle bahnbrechenden Urteile des EuGH sind in Form von Vorabentscheidungsverfahren ergangen.[26] Zugleich ist dieses Verfahren, auch wenn es eigentlich der Auslegung des europäischen Rechts dient, dasjenige Mittel, mit dem die mitgliedstaatlichen Rechtsordnungen am stärksten beeinflusst werden. Im Laufe der Jahrzehnte ist der Europäische Gerichtshof vor allem dank seiner Vorabentscheidungen zu einem zentralen politischen Akteur geworden.[27]

Im Vorabentscheidungsverfahren werden mitgliedstaatliche Gerichte zu dezentralen europäischen Gerichten und die Richter*innen der Mitgliedstaaten zu immer auch potenziell unionalen, also europäischen Richter*innen. Hier wird deutlich, wie sehr das Funktionieren des europäischen Rechtssystems auf die mitgliedstaatlichen Gerichte angewiesen ist. Der polnischen PiS-Regierung ist das ein Dorn im Auge, und sie versucht darum schon länger, polnische Gerichte daran zu hindern, den EuGH um Vorabentscheidungen zu ersuchen.[28] Denn mutige polnische Richter*innen haben sich gerade im Wege von Vorabentscheidungsersuchen an den EuGH gewandt, um Beistand zu erhalten in ihrem Kampf gegen die Angriffe der PiS-Regierung auf rechtsstaatliche Prinzipien. Sie taten und tun das in dem sicheren Wissen um persönliche Repressalien.[29] Es kann nur ein Akt der Verzweiflung sein, wenn das Gericht eines Mitgliedstaats sich mit der Frage an den EuGH wendet, ob es selbst eigentlich noch als ein rechtsstaatliches Gericht anzusehen sei.

Es kann nur ein Akt der Verzweiflung sein, wenn das Gericht eines Mitgliedstaats sich mit der Frage an den EuGH wendet, ob es selbst eigentlich noch als ein rechtsstaatliches Gericht anzusehen sei.

Die Kommission als Kontrolleurin der Mitgliedstaaten: das Vertragsverletzungsverfahren

Der Kontrolle einheitlichen Unionsrechts dient auch das Vertragsverletzungsverfahren. Die Kontrollaufgabe selbst obliegt der EU-Kommission, die darüber zu wachen hat, ob die Mitgliedstaaten sich stets unionsrechtskonform verhalten. Wenn sich ein Mitgliedstaat im noch weitgehend informellen Vorverfahren nicht einsichtig zeigt, kann die Kommission ein Vertragsverletzungsverfahren beim EuGH beginnen und gegen den Mitgliedstaat klagen. Der EuGH entscheidet sodann über die Reichweite der unionalen Rechtsverpflichtungen und deren Einhaltung durch den Mitgliedstaat. Das Vertragsverletzungsverfahren ist in den Artikeln 258 bis 260 AEUV geregelt.

Erstaunlich ist, wie lange es gedauert hat, bis derartige Entscheidungen des EuGH überhaupt mit Sanktionsmechanismen ausgestattet wurden. Es gab und gibt bis zum heutigen Tag ja weder eine europäische Gerichtsvollziehung noch eine europäische Polizei oder gar eine europäische Armee, die den Willen der Unionsorgane und des EuGH gegen widerständige Mitgliedstaaten durchsetzen könnten. Erst mit dem Vertrag von Lissabon im Jahr 2007 wurde erstmals die Verhängung von Zwangsgeld als Sanktionsmittel vorgesehen. Diese Entwicklung zeigt, dass die EU-Vertragsstaaten selbst die Befolgungsbereitschaft der einzelnen Mitgliedstaaten als nicht mehr ausreichend und problematisch eingeschätzt haben.

Es gab und gibt bis zum heutigen Tag weder eine europäische Gerichtsvollziehung noch eine europäische Polizei oder gar eine europäische Armee, die den Willen der Unionsorgane und des EuGH gegen widerständige Mitgliedstaaten durchsetzen könnten.

Insbesondere Polen hat es schon seit längerer Zeit mit der Befolgung von EuGH-Entscheidungen in Vertragsverletzungsverfahren nicht so genau genommen. Der EuGH reagierte darauf mit immer drastischeren Zwangsgeldern gegen die Regierung in Warschau. Um den polnischen Białowieża-Urwald, ein UNESCO-Weltkulturerbe, vor einer unumkehrbaren Abholzung zu schützen, verhängte der EuGH bereits 2017 im einstweiligen Rechtsschutzverfahren ein tägliches Zwangsgeld von 100 000 Euro gegen Polen.[30]

In einer Entscheidung vom Oktober 2021 hat der EuGH die tägliche Zwangsgeldsumme in vormals ungeahnte Höhen katapultiert: Eine Million Euro soll Polen täglich zahlen, werden die Vorgaben des EuGH zur Wiederherstellung der Rechtsstaatlichkeit in Polen nicht umgesetzt.[31] Obwohl sich diese (tägliche!) Summe gewaltig anhört, ist sie im Vergleich zu den Finanzsummen, die Polen (ebenfalls täglich!) von der EU erhält, doch überschaubar[32] – was wiederum erklärt, warum die EU-Kommission schon seit Längerem an einem anderen Finanzsanktionsmechanismus arbeitet.[33]

Gegenseitige Anerkennung, gegenseitiges Vertrauen

Doch zunächst noch einmal zurück zur Funktionsweise des europäischen Rechts. Es geht darum, die Komplexität des europäischen Rechts in seiner Verwobenheit von unionalem und mitgliedstaatlichem Recht zu verstehen, um so ermessen zu können, wie fundamental Angriffe auf die Rechtsstaatlichkeit in einzelnen Mitgliedstaaten für das Gesamtkonstrukt EU sind.

> »Die Europäische Union beruht auf Vertrauen. Die Verbindung von 27 Rechtsordnungen zu einer ›Einheit in Vielfalt‹ ist nicht möglich ohne das Vertrauen auf die grundsätzliche Gleichwertigkeit der Rechtssysteme und der Rechtspraxis.«[34]

Es war der Europäische Gerichtshof, der in einer Phase der europäischen Stagnation 1979 das Prinzip der gegenseitigen Anerkennung für den Bereich der Produktzulassung erfand. In der berühmten Entscheidung »Cassis de Dijon« hatte Frankreich einen alkoholhaltigen Johannisbeerlikör, der zur Herstellung von Kir Royal verwendet wird, für den französischen Markt zugelassen. Deutschland jedoch weigerte sich, den Import dieses Likörs auch auf dem deutschen Markt zu genehmigen, weil das deutsche Recht einen höheren Mindestalkoholgehalt vorsah. Wegen der politisch volatilen Lage in den 1970er-Jahren fanden Vorschläge der Kommission zu vereinheitlichenden Regelungen für den europäischen Binnenmarkt freilich schon länger keine Mehrheiten mehr unter den Mitgliedstaaten, der Integrationsprozess durch den Erlass harmonisierender Regelungen war an sein vorläufiges Ende gelangt.

In dieser Situation hatte der EuGH darüber zu befinden, ob die deutsche Regelung ein Hindernis für den freien Warenverkehr in der Wirtschaftsgemeinschaft sei. In einer grundlegenden Entscheidung befand der EuGH, ein rechtmäßig in einem Mitgliedstaat in den Verkehr gelangtes Produkt müsse auch in allen anderen Mitgliedstaaten frei zirkulieren dürfen, sofern der Mitgliedstaat nicht zwingende Gründe für die Beschränkung der freien Importierbarkeit angeben könne.[35] Damit hatte der EuGH ein Grundprinzip des Europarechts im Produktzulassungsrecht etabliert: Was in einem Mitgliedstaat der EU rechtmäßig auf den Markt gebracht wird, muss auch in den anderen Mitgliedstaaten anerkannt werden. Das setzt eine gehörige Portion Vertrauen voraus.

In der Zeit stagnierender politischer Einigungsprozesse setzte der EuGH den Mitgliedstaaten damit die Pistole auf die Brust: Wenn sie sich nicht auf neue, europäische Maßstäbe verständigen konnten, mussten sie alle Produkte als rechtmäßig anerkennen, die in irgendeinem Mitgliedstaat rechtmäßig auf den Markt gelangt waren. Das bedeutete in der Konsequenz, dass ein *race to the bottom* ermöglicht wurde: Denn produzierende Gewerbe brächten nunmehr ihre Produkte in jenem Mitgliedstaat auf den Markt, der die geringsten Anforderungen stellen würde. Diese unerwünschte Folge bildete somit einen Anreiz für die Mitgliedstaaten, lieber gemeinsam Maßstäbe zu entwickeln.

Gleichzeitig ermöglichte der EuGH so aber auch die Förderung größerer europäischer Integration, trotz politischer Stagnation: Die Einzelnen, darunter insbesondere wirtschaftlich tätige Unternehmen, konnten nun gerichtlich gegen mitgliedstaatliche Regelungen vorgehen, die den freien Warenverkehr behinderten. Der EuGH setzte mitgliedstaatliche Regelungen mit Hindernissen für den freien Warenverkehr gleich und befand deren Europarechtswidrigkeit. Mit dem Argument eines Verstoßes gegen die ökonomischen Grundfreiheiten konnten Unternehmen so dazu beitragen, dass ein gemeinsamer Markt entstand, ohne dass die Mitgliedstaaten sich erst mühsam auf neue Regeln einigen mussten.

Der Politikwissenschaftler und Jurist Fritz Scharpf hat diese beiden verschiedenen Modi treffend und diskursprägend als »positive« und »negative« Integration einander gegenübergestellt.[36] Bei »positiver« Integration werden auf dem politischen Weg gemeinsame neue Regeln ausgehandelt. Bei »negativer« Integration räumt der EuGH, meist in

Vorabentscheidungen, mitgliedstaatliche Regelungen ab, die den ökonomischen Verkehr in der Wirtschaftsgemeinschaft behindern.

Mit dem Prinzip gegenseitiger Anerkennung hatte der EuGH ein Erfolgsmodell ersonnen, das sich alsbald breiter Beliebtheit erfreute. 1985 griff die visionäre Kommission unter Präsident Jacques Delors die Idee in ihrem einflussreichen *Weißbuch zur Vollendung des Binnenmarktes* auf und entwickelte die gegenseitige Anerkennung weiter zu einem allgemeinen Grundsatz gegenseitigen Vertrauens.[37] Auch der EuGH bezeichnete bereits 1989 das Prinzip gegenseitiger Anerkennung als »besondere Ausprägung des allgemeineren Grundsatzes des gegenseitigen Vertrauens zwischen den Behörden der Mitgliedstaaten«.[38]

Dieses Prinzip gegenseitigen Vertrauens ist fundamental für die Wirkweise des europäischen Rechts. Zwar hindert es nicht gänzlich widerständige Praktiken der Mitgliedstaaten, selbst im ursprünglichen Bereich der Produktzulassungen.[39] Dennoch findet es insbesondere bei der nicht vollharmonisierten justiziellen Zusammenarbeit in Zivil- und Strafsachen Anwendung, allerdings mit durchwachsenen Ergebnissen. Denn hier wird besonders deutlich, dass Gerichte eines Mitgliedstaates der Justiz eines anderen Mitgliedstaates vertrauen müssen.

Strategien der EU zur Erzwingung von Rechtsstaatlichkeit in Polen und Ungarn

Dass die EU und insbesondere die EU-Kommission den Verfall der Rechtsstaatlichkeit in Polen und Ungarn nicht einfach würde hinnehmen können, wurde im Falle Ungarns seit 2010, im Falle Polens seit 2015 rasch immer deutlicher. Im Laufe der Jahre probierte die Kommission, beraten durch ihren Juristischen Dienst, eine ganze Reihe von Strategien aus, von denen einige in den EU-Verträgen vorgesehen sind, andere rechtliche Neuschöpfungen darstellen.

Die *erste* Reaktion war, das in Artikel 7 EUV vorgesehene Verfahren zu starten. Es ermöglicht, die Rechte eines Mitgliedstaats in der EU auszusetzen, wenn dieser Mitgliedstaat die Werte der EU schwerwiegend und anhaltend verletzt, wie sie Artikel 2 EUV aufzählt, wozu auch die Rechtsstaatlichkeit gehört. Der Nachteil dieses Verfahrens ist, dass nach Artikel 7 Absatz 2 EUV Einstimmigkeit im Europäischen Rat erforderlich ist. Das führt immer wieder zu Blockaden und Lähmung, weil sich Polen und Ungarn mit ihrer Vetostimme wechselseitig schützen können und dies auch tun. Zwar hat die EU-Kommission schon 2017 in einem umfangreichen Dokument alle Verstöße Polens aufgeführt und das Verfahren nach Artikel 7 EUV gegen Polen angestoßen.[40] Angesichts der politischen Konstellation ist dieses Verfahren aber bis zum heutigen Tage nicht vorangekommen.

Die *zweite* Strategie der Kommission war und ist es, Polen und Ungarn im Wege von Vertragsverletzungsverfahren samt der Verhängung eines täglichen Zwangsgelds zu Wohlverhalten zu animieren. Diese Strategie ist allerdings mäßig erfolgreich, weil sich beide Staaten standhaft weigern, den Entscheidungen des EuGH Folge zu leisten, oder Wege ersinnen, die zwar den Buchstaben der Entscheidungen folgen, aber in der Sache neue Mechanismen zur Beeinflussung der Justiz einführen.

Eine *dritte* Strategie, wenn man sie denn so nennen möchte, bleibt, dass der EuGH auf mitgliedstaatliche Vorabentscheidungsersuche antwortet, um die unter Druck gesetzten Richter*innen zu unterstützen. Doch die dem EuGH vorgelegte Frage nach der eigenen richterlichen Unabhängigkeit ist nicht völlig frei von Paradoxien. Außerdem beziehen sich Vorabentscheidungen des EuGH immer nur auf Einzelfälle und ermöglichen deshalb nicht die Feststellung allgemeiner systemischer Rechtsstaatlichkeitsdefizite.

Weil die herkömmlichen und vertraglich vorgesehenen Mechanismen allesamt nicht richtig funktionieren, hat die EU-Kommission eine *vierte* Strategie ersonnen und bereits 2014 einen neuen »Rahmen zur Stärkung des Rechtsstaatsprinzips« vorgestellt.[41] Die Grundidee war, frühzeitig in einen Dialog mit dem betreffenden Mitgliedstaat einzutreten und ihn zurück auf den rechtsstaatlichen Weg zu führen. In einem ebenso desillusionierenden wie desillusionierten Dokument stellte die Kommission 2019 fest, dass der Dialog mit Polen bislang nicht zur Lösung der Probleme in Polen beigetragen hat.[42] Ebenfalls 2019 schlug die Kommission deshalb vor, ein regelmäßiges Monitoring »in Form eines Zyklus zur Überprüfung der Rechtsstaatlichkeit« einzuführen.[43] 2020 erschien der erste derartige Rechtsstaatlichkeitsbericht (noch dazu unter Coronabedingungen).[44] Solche Berichte sollen von nun an jährlich vorgelegt werden, damit Jahr für Jahr eine Bestandsaufnahme der desaströsen Lage verfügbar ist.

In einem ebenso desillusionierenden wie desillusionierten Dokument stellte die EU-Kommission 2019 fest, dass der Dialog mit Polen nicht zur Lösung der Probleme beigetragen hat.

Als Ausweg aus der Krise erschien zunächst schließlich eine weitere neue Idee, eine *fünfte* Strategie: Die Auszahlung von EU-Geldern an Mitgliedstaaten sollte von der Einhaltung rechtsstaatlicher Prinzipien abhängig gemacht werden.[45] Doch in die Fänge der Mitgliedstaaten geraten, verwandelte sich der Vorschlag in einen bloßen Antikorruptionsmechanismus und verlor so enorm an Schlagkraft.[46] Auf Beschluss des Europäischen Rates musste zunächst der EuGH über die Zulässigkeit dieser neuen Rechtsstaatskonditionalität entscheiden.[47] Kurz vor Beginn des Ukraine-Kriegs entschied das Plenum des Europäischen Gerichtshofes zugunsten der Zulässigkeit dieser Konditionalität,[48] was aufgrund des russischen Angriffskriegs auf die Ukraine der öffentlichen Aufmerksamkeit weitgehend entgangen sein dürfte.[49] Kommissionspräsidentin Ursula von der Leyen setzte den Mechanismus erst[50] im April 2022 gegenüber Ungarn[51] in Gang. Hinsichtlich Polens ist die Kommission nicht einmal bereit gewesen, den Mechanismus zu starten, sondern hat im Juni 2022 ein Hilfspaket in Höhe von 35,4 Milliarden Euro bereitgestellt, obgleich die Rechtsstaatlichkeitsprobleme längst nicht gelöst sind. Dafür ist von der Leyen zu Recht schwer kritisiert worden,[52] mag man auch die Zwänge verstehen, deretwegen Polen, das mehr als drei Millionen geflohene Ukrainer*innen aufgenommen hat, finanziell unterstützt werden soll.

Das Beispiel des Europäischen Haftbefehls

Die Probleme, die das Prinzip des gegenseitigen Vertrauens in die wechselseitige Beachtung rechtsstaatlicher Grundsätze aufwirft, lassen sich besonders gut anhand des Europäischen Haftbefehls aufzeigen. Hier zeigt sich, wie die fünf eben genannten Strategien miteinander verflochten sind und sich gegenseitig sogar behindern. Viel Hoffnung auf rechtliche Lösungen der Rechtsstaatlichkeitskrise bleibt so am Ende nicht.

Viel Hoffnung auf rechtliche Lösungen der Rechtsstaatlichkeitskrise bleibt am Ende nicht.

Der Europäische Haftbefehl erlaubt den Strafverfolgungsbehörden der Mitgliedstaaten, einen unionsweit gültigen Haftbefehl zu erlassen. Dieser verpflichtet alle anderen EU-Staaten, die gesuchte Person einerseits festzunehmen und andererseits an den ersuchenden Mitgliedstaat auszuliefern, um dort das Strafverfahren zu ermöglichen.[53] Angesichts der hohen Eingriffsintensität von freiheitsentziehenden Festnahmen – ein stärkerer staatlicher Grundrechtseingriff ist jenseits von Tötungen kaum denkbar – bedarf ein solches europaweit einheitliches Verfahren ersichtlich eines hohen Maßes an Vertrauen unter den Mitgliedstaaten, etwa in ein faires Gerichtsverfahren, menschenwürdige Haftbedingungen und so weiter. Der Rahmenbeschluss, der die rechtliche Grundlage von Europäischen Haftbefehlen bildet, gilt denn auch nur für bestimmte Straftaten und listet eine ganze Reihe von obligatorischen oder fakultativen Ausschlussgründen für eine Auslieferung auf. Dazu zählen aber nicht Zweifel an der Rechtsstaatlichkeit eines anderen Mitgliedstaates.

Diese Zweifel wurden jedoch mehrmals von mitgliedstaatlichen Gerichten erhoben, und nicht nur Polen und Ungarn betreffend. In einem aufsehenerregenden Beschluss verweigerte das Bundesverfassungsgericht 2015 die Auslieferung einer in Abwesenheit verurteilten Person nach Italien mit der Begründung, diese sei mit der in Artikel 1 Absatz 1 Grundgesetz geschützten Menschenwürde unvereinbar.[54] Denn nach der Rechtsprechung des Bundesverfassungsgerichts müssen alle unionsrechtlich determinierten nationalen Rechtsakte ihrerseits die Verfassungsidentität der Bundesrepublik wahren. Aufgrund der sogenannten Ewigkeitsklausel in Artikel 79 Absatz 3 Grundgesetz sind danach sowohl Verletzungen der in Artikel 1 Absatz 2 garantierten Menschenwürde als auch Verstöße der in Artikel 20 Grundgesetz festgeschriebenen Staatsfundamentalprinzipien ausnahmslos und dauerhaft verboten.[55] Im konkreten Auslieferungsfall nach Italien drohte nach Auffassung des Bundesverfassungsgerichts eine Verletzung des in der Menschenwürde wurzelnden Schuldprinzips, weil der Auszuliefernde in Abwesenheit verurteilt worden war.

Das Verfassungsgericht hielt aber zugleich fest, dass es nicht auf den konkreten Fall ankäme, »wenn in dem ersuchenden Staat eine ständige

Praxis grober, offenkundiger oder massenhafter Verletzungen der Menschenrechte herrscht. Die Auslieferung in Staaten, die eine ständige Praxis umfassender und systematischer Menschenrechtsverletzungen aufweisen, wird regelmäßig die Wahrscheinlichkeit einer Verletzung der elementaren Grundsätze der deutschen verfassungsrechtlichen Ordnung begründen«.[56] Im Dezember 2020 konkretisierte das Bundesverfassungsgericht diese Grundsätze für die Haftbedingungen in rumänischen Gefängnissen und untersagte eine Auslieferung dorthin. Zugleich aber betonte es den Gleichklang zwischen dem Grundrechtsschutz nach dem Grundgesetz und der Grundrechtecharta der EU und federte so den drohenden Konflikt mit dem EuGH ab.[57]

Aufgrund einer Vorlage des OLG Bremen, das massive Zweifel an der Zumutbarkeit von Haftbedingungen in Rumänien und Ungarn hegte, hatte der EuGH bereits 2016 über just diese Fragen zu befinden. Der EuGH ging davon aus, dass eine Auslieferung nur dann unterbleiben dürfe, wenn in dem Staat, der den Haftbefehl ausstellt, sowohl systemische Mängel hinsichtlich der Achtung rechtsstaatlicher Standards einschließlich der Menschenrechte herrschten als auch im konkreten Fall der auszuliefernden Person eine Grundrechtsverletzung drohe.[58] Das ist allerdings nicht einfach zu ermitteln für ein Gericht in einem anderen Mitgliedstaat, das über eine Auslieferung zu befinden hat.

Deswegen legte der irische High Court dem EuGH die Frage vor, ob die Auslieferung nach Polen nicht bereits wegen der systemischen Mängel der Unabhängigkeit der polnischen Justiz unterbleiben müsse, zumal die EU-Kommission diese Mängel ja bereits selbst in ihrem Bericht zur Rechtsstaatslage in Polen von 2017 aufgeführt und damit die Notwendigkeit des Verfahrens nach Artikel 7 EUV begründet hatte.[59] Der EuGH entschied jedoch, mitgliedstaatliche Gerichte dürften vom Grundsatz des gegenseitigen Vertrauens nur dann abweichen, wenn die anderen Mitgliedstaaten im Europäischen Rat *einstimmig* eine schwerwiegende und anhaltende Verletzung der Werte der EU nach Artikel 7 Absatz 2 EUV festgestellt haben.[60] Im Übrigen bleibe es bei der zweistufigen Prüfung, wonach sich systemische Rechtsstaatsmängel auch auf den konkreten Einzelfall der auszuliefernden Person auswirken müssen. Damit hat der EuGH die politische Blockade unter den europäischen Mitgliedstaaten an die mitgliedstaatlichen Gerichte weitergereicht – ein Danaergeschenk.

Das OLG Karlsruhe und das Amsterdamer Bezirksgericht begehren gegen den unpraktikablen und wirkungslosen zweistufigen Test schon länger auf.[61] Doch auf die besorgte Rückfrage des Amsterdamer Bezirksgerichts hin bestätigte die Große Kammer des EuGH im Februar 2022 seine Rechtsposition[62] – und kapitulierte somit faktisch vor den endemischen Rechtsstaatlichkeitsproblemen in der polnischen Justiz. Nun steht zu erwarten, dass mitgliedstaatliche Gerichte die Angelegenheit selbst in die Hand nehmen, indem sie etwa umfangreiche Fragenkataloge nach Polen senden, um Aufschluss über den konkreten Einzelfall zu erhalten, ohne je mit einer Antwort zu rechnen, weswegen durch Zeitablauf eine Freilassung der Festgenommen erfolgen muss. Bei allem Verständnis für derartige Praktiken insbesondere der deutschen und niederländischen Gerichte werden diese doch absehbar dazu beitragen, den Stoff, aus dem die EU gewebt ist, weiter aufzuribbeln.

Die Hoffnung ruht nicht auf rechtlichen Mechanismen, sondern auf uns Unionsbürger*innen

Das alles macht deutlich, dass die Bekämpfung von politisch gewollter und veranlasster Erosion von Rechtsstaatlichkeit nicht allein mit rechtlichen Mitteln zu bekämpfen ist. Es bedarf vielmehr des politischen Willens aller EU-Mitgliedstaaten, zur Rechtsstaatlichkeit zurückzukehren und sie sicherzustellen. Dieser Wille jedoch fehlt ganz offensichtlich den Regierungschef*innen, die sich im Europäischen Rat treffen, sonst hätten sie das Verfahren nach Artikel 7 EUV längst vorangetrieben und sich kreative Lösungen für das Vetospiel Polens und Ungarns einfallen lassen. Die Kommission unter Ursula von der Leyen hat ihre Bemühungen zur Nutzung der rechtlichen Instrumente im Wesentlichen schon länger eingestellt. Und der EuGH scheint nicht bereit, die Konsequenzen aus den eklatanten Rechtsstaatlichkeitsproblemen zu ziehen, wie das unwürdige Geschachere um den Europäischen Haftbefehl verdeutlicht hat.

Es bedarf des politischen Willens aller EU-Mitgliedstaaten, zur Rechtsstaatlichkeit zurückzukehren. Dieser Wille jedoch fehlt den Regierungschef*innen, die sich im Europäischen Rat treffen.

Die Hoffnung kann deshalb nur auf den Bevölkerungen in den Mitgliedstaaten ruhen, besonders auf jenen in Polen und Ungarn. Die ungarische Parlamentswahl 2022 hat aufgrund des zurechtgestutzten Wahlrechts wenig überraschend die Fidesz-Partei an der Macht gehalten. In Polen besteht hingegen eine gewisse, wenn auch geringe Chance, die PiS-Regierung bei den Parlamentswahlen 2023 abzulösen. Unabhängig von den Abstimmungen, die aufgrund des auf pure Machterhaltung getrimmten Wahlrechts nicht als fair und frei gelten können,[63] bleibt es wichtig, die Zivilgesellschaft in den betreffenden Ländern nicht alleinzulassen, sondern die Kontakte zu ihr aufrechtzuerhalten beziehungsweise aufzubauen, um so oppositionelle Kräfte zu fördern und zu stärken. Druck sollte auch auf die europäischen Institutionen ausgeübt werden, vor allem auf die Kommission. Die so rasche, völlig übereilte Aufgabe der mühsam eingeführten Rechtsstaatskonditionalität ist ein großer Fehler und muss scharf kritisiert werden. Damit europäische Bürger*innen ihre Aufgabe als Kontrolleur und Korrektiv fundiert ausüben können, gilt es zu verstehen, was dieser Essay darlegen wollte: zum einen, wie rechtlich verwoben die EU-Mitgliedstaaten sind und wie komplex diese Verwobenheit inzwischen ist. Und zum anderen, warum die Rechtsstaatsprobleme in anderen EU-Mitgliedstaaten nicht irgendwo in weiter Ferne geschehen, sondern uns alle sehr direkt angehen.

Wir sind alle Unionsbürger*innen. Es ist unsere EU.

Anmerkungen

1 Über den verfassungsrechtlichen Niedergang Ungarns schreibt unermüdlich die Rechtswissenschaftlerin Kim Lane Scheppele aus Princeton, vgl. die Zusammenstellung: https://lapa.princeton.edu/content/kim-lane-scheppele-analyzes-present-situation-hungary

2 Grundgesetz Ungarns, verabschiedet durch die Nationalversammlung am 18. April 2011, promulgiert durch den Staatspräsidenten am 25.4.2011, in Kraft getreten am 1.1.2012.

3 Darstellung nach dem Vertragsverletzungsverfahren der Kommission gegen Ungarn wegen Altersdiskriminierung (sic!) in EuGH, 6.11.2012, Rs. C-286/12, ECLI:EU:C:2012:687 – Kommission/Ungarn.

4 Schlenk, Jochen/Steinbeis, Maximilian, *Verfassungsblog*: EU v. Polen, Dezember 2021 bis Februar 2022, https://verfassungsblog.de/pod/

5 Sadurski, Wojciech, *Poland's Constitutional Breakdown*, Oxford 2019.

6 de Búrca, Gráinne/Morijn, John, »Repression of Freedom of Expression in Poland: Renewing support for Wojciech Sadurski«, *Verfassungsblog*, 3.6.2020, https://verfassungsblog.de/repression-of-freedom-of-expression-in-poland-renewing-support-for-wojciech-sadurski/, DOI: 10.17176/20200604-013506-0.

7 Vgl. EuGH, 19.11.2019, Rs. C-585/18, ECLI:EU:C:2019:982 – A. K. gegen Krajow a Rada Sądow nictwa und CP und DO gegen Sąd Najwyższy; EuGH, 24.6.2019, Rs. C-619/18, ECLI:EU:C:2019:531 – Kommission/Polen.

8 Davis, Christian, »Polish judges urged to ›fight every inch‹ for their independence«, in: *The Guardian*, 26.2.2017, https://www.theguardian.com/world/2017/feb/26/polish-judges-urged-fight-independence-supreme-court

9 EuGH, 26.3.2020, Rs. C-558/18 u. C-563/18, ECLI:EU:C:2020:234, Rn. 20f. – Miasto Łowicz.

10 Kość, Wojciech, »Poland's parliament partially rolls back judicial changes to get EU cash – Critics warn that the effort is a sham designed to deceive Brussels«, in: *Politico EU*, 26.5.2022, https://www.politico.eu/article/poland-parliament-partially-rolls-back-judicial-changes-rule-of-law-eu-recovery-funds/; Pech, Laurent, »Covering Up and Rewarding the Destruction of the Rule of Law One Milestone at a Time«, in: *Verfassungsblog*, 21.6.2022, https://verfassungsblog.de/covering-up-and-rewarding-the-destruction-of-the-rule-of-law-one-milestone-at-a-time/, DOI: 10.17176/20220621-153415-0.

11 Zu diesen Zusammenhängen Selejan-Gutan, Bianca, »Who's Afraid of the ›Big Bad Court‹?«, in: *Verfassungsblog*, 10.1.2022, https://verfassungsblog.de/whos-afraid-of-the-big-bad-court/, DOI: 10.17176/20220110-195203-0.

12 »Bulgariens Ex-Regierungschef Borissow festgenommen«, 18.3.2022, in: *Spiegel Online*, https://www.spiegel.de/ausland/bulgarien-boiko-borissow-ex-regierungschef-boyko-borissov-festgenommen-a-c51abb24-10c7-404b-aacd-814d258bf86d

13 Fiedler, Mathias, »Umstrittene Ermittlungen«, in: *jungle.world*, 24.3.2022, https://jungle.world/artikel/2022/12/umstrittene-ermittlungen

14 Zu diesem Komplex Vassileva, Radosveta, »Impunity: The Unbearable Difficulty of Dismissing a General Prosecutor for Abuses of Office and Other Crimes«, in: *Verfassungsblog*, 18.3.2022, https://verfassungsblog.de/impunity/, DOI: 10.17176/20220318-121202-0.

15 Zitat bei Fiedler, Mathias, »Umstrittene Ermittlungen«, in: *jungle.world*, 24.3.2022, https://jungle.world/artikel/2022/12/umstrittene-ermittlungen

16 Rede Walter Hallsteins »Die EWG – Eine Rechtsgemeinschaft« von 1962 zur Ehrenpromotion in Padua, abgedruckt in Oppermann, Thomas/Kohler, Joachim (Hrsg.), Walter Hallstein: *Europäische Reden*, 1979, S. 343 ff. Später ders., »Der unvollendete Bundesstaat: Europäische Erfahrungen und Erkenntnisse«, 1969, S. 33: »Die Europäische Wirtschaftsgemeinschaft ist in dreifacher Hinsicht ein Phänomen des Rechts: Sie ist Schöpfung des Rechts, sie ist Rechtsquelle und sie ist Rechtsordnung.« Später auch ders., *Die Europäische Gemeinschaft*, 5. Aufl. (1979), S. 51–77. – Zur Begriffsgenese Zuleeg, Manfred, »Die Europäische Gemeinschaft als Rechtsgemeinschaft«, *NJW* 1994, S. 545 (546), sowie insgesamt zum Konzept der »Rechtsgemeinschaft«; Mayer, Franz C., »Europa als Rechtsgemeinschaft«, in: Schuppert, Gunnar F./Bach, Maurizio/Pernice, Ingolf (Hrsg.), *Europawissenschaft*, 2005, S. 429 (bes. 430 m. Fn. 1); Voßkuhle, Andreas, »§ 59 Europäische Rechtsgemeinschaft – Konzept und praktische Umsetzung«, in: Kahl, Wolfgang/Ludwigs, Markus (Hrsg.), *Handbuch des Verwaltungsrechts III: Verwaltung und Verfassungsrecht*, 2022, S. 33 ff.

17 Hallstein, *Der unvollendete Bundesstaat* (Fn. 1), S. 33 (Hervorh. i. O.).

18 Programmatisch etwa der Titel der Rede von Schwartz, Ivo E., »Europäische Rechtsgemeinschaft als Antriebsmotor der Integration – die Regelungspolitik und -praxis der Europäischen Gemeinschaften«, in: Ministerium für Justiz, Bundes- und Europaangelegenheiten Baden-Württemberg (Hrsg.), *Ausbau der Europäischen Rechtsgemeinschaft – Ausverkauf unserer Rechtsordnung?*, 1988, S. 27–47.

19 Grundlegend die am Europäischen Hochschulinstitut in Florenz entstandenen Bände Cappelletti, Mauro/Seccombe, Monica/Weiler, Joseph (Hrsg.), *Integration Through Law*, 1986 ff. Zu dem Forschungskonzept »Integration through Law« Haltern, Ulrich, »Integration durch Recht«, in: Lerch, Marika/Bieling, Hans-Jürgen (Hrsg.), *Theorien der europäischen Integration*, 2006, S. 399 ff.; politikwissenschaftliche Theoretisierung bei Rittberger, Berthold/Schimmelpfennig, Frank, »Integrationstheorien: Entstehung und Entwicklung der EU«, in: Holzinger, Katharina/Knill, Christoph/Peters, Dirk/Rittberger, Berthold/Schimmelpfennig, Frank/Wagner, Wolfgang (Hrsg.), *Die Europäische Union. Theorien und Analysekonzepte*, 2005, S. 19 (55–60: 5.1 Rechtsintegration); Byberg, Rebecca, »The History of the Integration Through Law Project: Creating the Academic Expression of a Constitutional Legal Vision for Europe«, *German Law Journal* 2020, S. 1431 ff.

20 Hallstein, Walter *Der unvollendete Bundesstaat* (Fn. 1), S. 33.

21 Zu den Verhandlungen über einen Gerichtshof der Montanunion unter Auswertung aller erreichbaren Archive (außer der italienischen) Boerger-de Smedt, Anne, *La Cour de Justice dans les négociations du traité de Paris instituant la CECA*, JEIH 2008, H. 2, S. 7–33.

22 Diese Linie vertrat Jean Monnet auch in den folgenden Verhandlungen, Boerger-de Smedt, *La Cour de Justice* (Fn. 3), JEIH 2008, H. 2, S. 7 (passim, deutlich: 12).

23 Küsters, Hanns J., »Die Verhandlungen über das institutionelle System zur Gründung der Europäischen Gemeinschaft für Kohle und Stahl«, in: Schwabe, Klaus (Hrsg.), *Die Anfänge des Schuman-Plans. 1950/51*, 1988, S. 73 (82 f.).

24 Aus einer Notiz an Außenminister Clemens von Brentano vom 8. August 1950, auf Frz. zitiert bei Boerger-de Smedt, *La Cour de Justice* (Fn. 3), JEIH 2008, H. 2, S. 7 (31).

25 Boerger-de Smedt, *La Cour de Justice* (Fn. 3), JEIH 2008, H. 2, S. 7 (17).

26 Zu nennen sind zuvorderst die Entscheidung zur Direktwirkung des EWG-Vertrags in den Mitgliedstaaten, EuGH, 5.2.1963, Rs. 26/62, Slg. 1963, 1 – van Gend & Loos, und die Entscheidung zum Vorrang des Gemeinschaftsrechts vor mitgliedstaatlichem Recht, EuGH, 15.7.1964, Rs. 6/64, Slg. 1964, 1253 – Flaminio Costa/E.N.E.L. Zu denken ist aber auch an den Haftungsanspruch von Bürger*innen gegen ihren Mitgliedstaat, wenn dieser europäische Richtlinien nicht umsetzt, EuGH, 19.11.1991, verb. Rs. C-6/90 u. C-9/90, Slg. 1991, I-5357 – Francovich.

27 Mangold, Anna Katharina, *Gemeinschaftsrecht und deutsches Recht*, 2011, S. 138 ff.

28 Im Verfahren K3/21 vor dem polnischen Verfassungstribunal ersuchte der polnische Premierminister Mateusz Morawiecki das Tribunal, die Vereinbarkeit des Unionsrechts mit der polnischen Verfassung zu untersuchen. In einer spektakulären und furchtbaren Entscheidung befand das Verfassungstribunal weite Teile des EU-Vertrages und seiner Grundlagen für unvereinbar mit der polnischen Verfassung. Zum Ganzen eindrücklich Jaraczewski, Jakub, »Gazing into the Abyss: The K 3/21 decision of the Polish Constitutional Tribunal«, in: *Verfassungsblog*, 12.10.2021, https://verfassungsblog.de/gazing-into-the-abyss/, DOI: 10.17176/20211012-185821-0.

29 Vgl. die eindrückliche Schilderung disziplinarrechtlicher Repressalien gegen vorlegende Richter in EuGH, 26.3.2020, Rs. C-558/18 u. C-563/18, ECLI:EU:C:2020:234, Rn. 20 f. – Miasto Łowicz.

30 EuGH, 27.7.2017, Rs. C-441/17 R, ECLI:EU:C:2017:877, Rn. 118 – Kommission./. Polen; dazu Grzeszczak, Robert; Karolewski, Ireneusz Pawel, »Bialowieza Forest, the Spruce Bark Beetle and the EU Law Controversy in Poland«, in: *Verfassungsblog*, 27.11.2017, https://verfassungsblog.de/bialowieza-forest-the-spruce-bark-beetle-and-the-eu-law-controversy-in-poland/, DOI: 10.17176/20171127-182151.

31 EuGH, 27.10.2021, Rs. C-204/21 R, ECLI:EU:C:2021:878, Rn. 64 – Kommission./. Polen.

32 Zu diesem Argument mit konkreten Zahlen Nguyen, Thu, »How Much Money is a Lot of Money?: The Recovery Fund and the Battle over Rule of Law in Poland«, in: *Verfassungsblog*, 17.9.2021, https://verfassungsblog.de/how-much-money-is-a-lot-of-money/, DOI: 10.17176/20210917-195936-0.

33 Dazu sogleich bei den Strategien der EU.

34 Kaufhold, Ann-Katrin, »§ 48 Grundsätze der gegenseitigen Anerkennung und des gegenseitigen Vertrauens«, in: Kahl, Wolfgang/Ludwigs, Markus (Hrsg.), *Handbuch des Verwaltungsrechts II: Grundstrukturen des europäischen und internationalen Verwaltungsrechts*, 2021, Rn. 1.

35 EuGH, 20.2.1979, Rs. C-120/78 – Rewe-Zentral AG gegen Bundesmonopolverwaltung für Branntwein.

36 Scharpf, Fritz W., »Negative and Positive Integration in the Political Economy of European Welfare States«, in: Marks, Gary/Scharpf, F. W./Schmitter, Philippe C. (Hrsg.), *Governance in the European Union*, 1996, S. 15 ff.; ders., »Regieren in Europa: Effektiv und demokratisch?«, 1999, S. 47 ff.; ders., »Positive und negative Integration«, in: Höpner, Martin/Schäfer, Armin (Hrsg.), *Die Politische Ökonomie der europäischen Integration*, 2008, S. 49 ff.

37 Kommission, Weißbuch zur Vollendung des Binnenmarktes v. 14.6.1985, COM 85 (310) endg., Nr. 41, 93, 212.

38 EuGH, 11.5.1989, Rs. C-25/88, ECLI:EU:C:1989:187, Rn. 18.

39 Vgl. Erwägungsgrund 7 der Verordnung (EU) 2019/515 des Europäischen Parlaments und des Rates vom 19. März 2019 über die gegenseitige Anerkennung von Waren, die in einem anderen Mitgliedstaat rechtmäßig in Verkehr gebracht worden sind, und zur Aufhebung der Verordnung (EG) Nr. 764/2008, ABl. EU L 91, 29.3.2019, S. 1 ff.

40 Vorschlag der Kommission für einen Beschluss des Rates zur Feststellung der eindeutigen Gefahr einer schwerwiegenden Verletzung der Rechtsstaatlichkeit durch die Republik Polen, 20.12.2017, COM(2017)835.

41 Kommission, Ein neuer EU-Rahmen zur Stärkung des Rechtsstaatsprinzips, 19.3.2014, COM(2014)158.

42 Kommission, Die weitere Stärkung der Rechtsstaatlichkeit in der Union – Aktuelle Lage und mögliche nächste Schritte, 3.4.2019, COM(2019)163.

43 Kommission, Die Stärkung der Rechtsstaatlichkeit in der Union: Ein Konzept für das weitere Vorgehen, 17.7.2019, COM/2019/343.

44 Kommission, Bericht über die Rechtsstaatlichkeit 2020, 30.9.2020, COM(2020)580.

45 Kommission, Vorschlag für eine Verordnung des Europäischen Parlaments und des Rates über den Schutz des Haushalts der Union im Falle von generellen Mängeln in Bezug auf das Rechtsstaatsprinzip in den Mitgliedstaaten, 3.5.2018, COM(2018)324.

46 Verordnung (EU, Euratom) 2020/2092 des Europäischen Parlaments und des Rates vom 16. Dezember 2020 über eine allgemeine Konditionalitätsregelung zum Schutz des Haushalts der Union, ABl. EU L 433, 22.12.2020, S. 1 ff.

47 Europäischer Rat, Schlussfolgerung, 11.12.2020, EUCO 22/20.

48 EuGH, 16.2.2022, C-156/21, ECLI:EU:C:2022:97 – Ungarn und Polen gegen Europäisches Parlament und Rat der Europäischen Union.

49 Hilfreiche Analyse von Pech, Laurent, »No More Excuses: The Court of Justice greenlights the rule of law conditionality mechanism«, in: *Verfassungsblog*, 16.2.2022, https://verfassungsblog.de/no-more-excuses/, DOI: 10.17176/20220217-001101-0.

50 Ungeduldig das Editorial von Kelemen, Roger Daniel, »Appeasement, Ad Infinitum«, *Maastricht Journal of European and Comparative Law* 29 (April 2022), S. 177 ff., https://doi.org/10.1177/1023263X221097648

51 Cseres, Kati/Borgers, Michael, Competition and Conditionality: »The missing piece of the puzzle in the case of Hungary?«, in: *Verfassungsblog*, 2.6.2022, https://verfassungsblog.de/competition-and-conditionality/, DOI: 10.17176/20220602-182405-0.

52 Sadurski, Wojciech, »The European Commission Cedes its Crucial Leverage vis-à-vis the Rule of Law in Poland«, in: *Verfassungsblog*, 6.6.2022, https://verfassungsblog.de/the-european-commission-cedes-its-crucial-leverage-vis-a-vis-the-rule-of-law-in-poland/, DOI: 10.17176/20220606-182327-0; Pech, Laurent, »Covering Up and Rewarding the Destruction of the Rule of Law One Milestone at a Time«, in: *Verfassungsblog*, 21.6.2022, https://verfassungsblog.de/covering-up-and-rewarding-the-destruction-of-the-rule-of-law-one-milestone-at-a-time/, DOI: 10.17176/20220621-153415-0.

53 Rahmenbeschluss 2002/584/JI des Rates vom 13. Juni 2002 über den Europäischen Haftbefehl und die Übergabeverfahren zwischen den Mitgliedstaaten, ABl. EU L 190, 18.7.2002, S. 1 ff., in der Fassung des Rahmenbeschlusses 2009/299/JI des Rates vom 26. Februar 2009 zur Änderung der Rahmenbeschlüsse 2002/584/JI, 2005/214/JI, 2006/783/JI, 2008/909/JI und 2008/947/JI, zur Stärkung der Verfahrensrechte von Personen und zur Förderung der Anwendung des Grundsatzes der gegenseitigen Anerkennung auf Entscheidungen, die im Anschluss an eine Verhandlung ergangen sind, zu der die betroffene Person nicht erschienen ist, ABl. EU L 81, 27.3.2009, S. 24 ff.

54 BVerfGE 140, 317, Rn. 62 f. – Europäischer Haftbefehl [2015].

55 Zum Konzept der Verfassungsidentität so spöttisch wie kritisch Schönberger, Christoph, »Identitäterä. Verfassungsidentität zwischen Widerstandsformel und Musea-

lisierung des Grundgesetzes«, in: *Jahrbuch des öffentlichen Rechts* 63 (2015), S. 41 ff.; messerscharf analysierend Ingold, Albert, »Die verfassungsrechtliche Identität der Bundesrepublik Deutschland: Karriere – Konzept – Kritik«, in: *Archiv des öffentlichen Rechts* 140 (2015), S. 1 ff.

56 BVerfGE 140, 317, Rn. 71 (Nachweise weggelassen) – Europäischer Haftbefehl [2015].

57 BVerfGE 156, 182 – Europäischer Haftbefehl [2020].

58 EuGH, 5.4.2016, Rs. C-404/15 – Pál Aranyosi und Robert Căldăraru.

59 EuGH, 25.7.2018, C-216/18 PPU, ECLI:EU:C:2018:586, Rn. 17-21 – LM.

60 EuGH, 25.7.2018, C-216/18 PPU, ECLI:EU:C:2018:586, Rn. 70 – LM.

61 Bárd, Petra/Morijn, John, »Domestic Courts Pushing for a Workable Test to Protect the Rule of Law in the EU: Decoding the Amsterdam and Karlsruhe Courts' post-LM Rulings (Part II)«, in: *Verfassungsblog*, 19.4.2020, https://verfassungsblog.de/domestic-courts-pushing-for-a-workable-test-to-protect-the-rule-of-law-in-the-eu/, DOI: 10.17176/20200419-182125-0.

62 EuGH, 22.2.2022, C-562/21 PPU u. C-563/21 PPU, ECLI:EU:C:2022:100 – X und Y.

63 So für die Wahlen in Ungarn: Parlamentarische Versammlung der OECD International Election Observation Mission, Hungary – Parliamentary Elections and Referendum, 3.4.2022, https://www.osce.org/odihr/elections/hungary/515111

Nur gemeinsam sind wir stark

Vertiefung der ökonomischen Integration und Stärkung der Souveränität - Europa krisenfester machen

Von Klaus Regling

1. Einleitung

»Nur wer die Vergangenheit kennt, kann die Gegenwart verstehen und die Zukunft gestalten.« Dieses Zitat wird August Bebel, einem der Begründer der Sozialdemokratie, zugesprochen. Es beschreibt auch gut die Geschichte der Europäischen Integration.

Es gab in den vergangenen Jahren viele Krisen in Europa. Die Antworten auf diese Krisen waren oft schmerzhaft und mühsam. Aber letztendlich hat jede Krise Europa gestärkt. Während der Pandemie wurde deutlich, wie viel wir aus der vorangegangenen Krise, der Eurokrise, gelernt hatten – anfängliche Koordinierungsprobleme auf nationaler Ebene wurden rasch überwunden. Europa lernt aus der Vergangenheit: Durch jede Krise und durch jede Antwort auf die Krise wurde die europäische Integration vertieft und Europa resilienter.

2. Vier Krisen in 14 Jahren

Infolge des russischen Angriffskriegs gegen die Ukraine, der am 24. Februar 2022 seinen Anfang nahm, brach die vierte schwere wirtschaftliche Krise in Europa innerhalb der vergangenen 14 Jahre aus.

- Die globale Finanzkrise in den Jahren 2007 bis 2009 hatte ihren Ursprung in den Vereinigten Staaten, traf aber auch Europa mit voller Wucht. Diese Krise wurde genutzt, um die Banken- und Finanzmarktaufsicht fundamental zu stärken.
- Die Euro- und Staatsschuldenkrise in den Jahren 2009 bis 2013 hätte beinahe zum Auseinanderbrechen der Währungsunion geführt. Dank tiefgreifender Reformen in den Mitgliedsländern und der Stärkung der institutionellen Architektur der Währungsunion konnte dies verhindert werden.
- Die Erholungsphase von sechs Jahren wurde schlagartig beendet, als im März 2020 die Coronapandemie große Teile der Weltwirtschaft paralysierte. Die Pandemie war im ökonomischen Sinne ein transitorischer Schock, auf den schnell und umfassend reagiert wurde. Europa ist das gut gelungen: Die wirtschafts- und finanzpolitische Reaktion auf die Pandemie war schnell und überzeugend.[1]
- Die wirtschaftlichen Folgen der Pandemie waren noch nicht ausgestanden, als der russische Angriff auf die Ukraine im Februar 2022 Europa in eine auch ökonomisch dramatisch veränderte Wirklichkeit stürzte.

Zu diesen vier Krisen können noch zwei weitere Entwicklungen hinzugefügt werden, die langfristige ökonomische Konsequenzen haben: der Flüchtlingsstrom nach Europa zwischen 2015 und 2016 sowie die weltweiten Klimaveränderungen, die eine grundlegende Transformation unserer Verbrauchsgewohnheiten und wirtschaftlichen Strukturen erfordern. All diese Krisen und Entwicklungen lassen sich nur durch eine stärkere europäische Zusammenarbeit schultern.

Vier Krisen in 14 Jahren. So viele Krisen in so kurzer Zeit hat es in Europa seit dem Zweiten Weltkrieg nicht gegeben. Es wurden Wege gefunden, die Krisen zu bewältigen, auch wenn das oft mühsam war. Die Antworten auf die bisherigen Krisen haben geholfen, auf künftige, bisher noch unbekannte Krisen besser vorbereitet zu sein.

Da wir nicht wissen, wie die nächste Krise aussehen und wann sie kommen wird, ist Resilienz – die Bereitschaft und Fähigkeit, auf verschiedene überraschende Entwicklungen reagieren zu können – unverzichtbar. In den vergangenen 20 Jahren sind wir in Europa auf diesem Weg gut vorangekommen, aber die wirtschaftliche Widerstandsfähigkeit, die Resilienz, muss und kann weiter gestärkt werden. Darüber hinaus wird immer deutlicher, dass viele grundlegende Probleme nur durch geeintes europäisches Handeln gelöst werden können.

Die russische Aggression gegenüber der Ukraine hat vieles verändert, nicht nur auf menschlicher, wirtschaftlicher und militärischer Ebene. Wir erleben einen Paradigmenwechsel im Verhältnis zwischen der Russischen Föderation und der westlichen Welt. Wir müssen uns darauf einstellen, dass Russland auf absehbare Zeit von der wirtschaftlichen Integration – das heißt von Handelsbeziehungen und grenzüberschreitenden Finanztransaktionen – mit der Europäischen Union (EU) und den G7-Staaten abgeschnitten wird.[2]

Die russische Aggression gegenüber der Ukraine hat vieles verändert. Wir erleben einen Paradigmenwechsel im Verhältnis zwischen der Russischen Föderation und der westlichen Welt.

Geopolitisch scheint sich die Welt in drei Gruppen aufzuteilen: in der ersten Gruppe sind hoch entwickelte Länder wie die Mitgliedstaaten der EU, Japan, Kanada, die USA und das Vereinigte Königreich sowie weitere 15 demokratische Länder wie Australien, Neuseeland, Südkorea, die Schweiz, Norwegen und Taiwan mit einer Gesamtbevölkerung von knapp 1,1 Milliarden Menschen und einem Anteil von 57 Prozent am globalen Bruttoinlandsprodukt (BIP).

Eine zweite Gruppe bildet sich um autoritär regierte Staaten wie China, Russland und gleichgesinnte Länder wie etwa Nordkorea, Kuba, Belarus und andere. In dieser Gruppe leben ungefähr 1,7 Milliarden Menschen.

Die größte Gruppe – gemessen an der Bevölkerungszahl – besteht aus den übrigen Ländern. Hier sind vor allem Indien, Indonesien (zwei wichtige Länder der »Blockfreien« während des Kalten Krieges), Brasilien und ein großer Teil des afrikanischen Kontinents zu nennen. Von den acht Milliarden Menschen auf unserer Erde, leben in solchen »allianzfreien« Nationen nahezu fünf Milliarden Menschen.[3,4] Ihr Anteil an der Weltbevölkerung wird in den kommenden Jahrzehnten weiter wachsen. Gleichzeitig wird der Bevölkerungsanteil der EU von heute knapp sechs Prozent auf ungefähr 4,5 Prozent im Jahr 2050 schrumpfen.[5] Der Anteil Europas am globalen BIP wird noch schneller zurückgehen, von fast 15 Prozent heute auf circa neun Prozent im Jahr 2050.[6]

Die Zusammensetzung dieser Gruppen mag sich mit der Zeit ändern. Bei der Entscheidung, wie und mit wem sich Europa verbündet, ist es aber sicherlich ratsam, sich auf verschiedene Szenarien vorzubereiten. Vor allem ist die zukünftige Position der USA schwer vorhersehbar. Auch wenn die Vereinigten Staaten ein Teil der westlichen Kultur-, Wirtschafts- und Sicherheitsgemeinschaft bleiben, verschiebt sich ihr Fokus zunehmend von der transatlantischen Kooperation hin zu einer pazifischen. Es gab in den USA immer wieder isolationistische Strömungen, diese scheinen im vergangenen Jahrzehnt an Bedeutung gewonnen zu haben und könnten mit der Präsidentenwahl 2024 weiter zunehmen. In der Sicherheitspolitik ist deshalb größere europäische Eigenverantwortung unabdingbar. Auch in der Wirtschaftspolitik gibt es eine gewisse Abkoppelung zwischen den USA und Europa, vor allem in der Handels- und Wettbewerbspolitik.

In den vergangenen sieben Jahrzehnten hat sich das europäische Wirtschafts-, Sozial- und Gesellschaftsmodell bewährt. Die EU war in der Lage, sowohl auf Krisen adäquat zu reagieren – wenn auch manchmal langsam – als auch ihr Modell zu reformieren (zum Beispiel durch Arbeitsmarkt- und Rentenreformen, Reformen der Steuer- und Sozialsysteme auf nationaler Ebene sowie der weiteren Vertiefung der institutionellen Architektur der Währungsunion) und es widerstandsfähiger zu machen. Dieser Weg sollte weitergegangen werden.

Die EU war in der Lage, sowohl auf Krisen adäquat zu reagieren als auch ihr Modell zu reformieren und es widerstandsfähiger zu machen. Dieser Weg sollte weitergegangen werden.

Freiheit, Demokratie und Wohlstand in der Europäischen Union sind heute in einer Art und Weise bedroht, wie es bis zum Ausbruch des Krieges in der Ukraine unvorstellbar war. Gemeinsames Handeln und eine Vertiefung der europäischen Integration in wichtigen Bereichen (wie in Abschnitt 4 dargestellt) – immer unter Berücksichtigung des Subsidiaritätsprinzips – sind deshalb wichtiger denn je.[7]

3. Die EU als offene Wirtschaft

Seit ihrer Gründung basiert die Entwicklung der EU auf dem Dogma, dass ein intensiver, grenzüberschreitender Austausch – politisch und wirtschaftlich – der beste und schnellste Weg zu mehr Wohlstand und mehr Demokratie sei. David Ricardos These von »komparativen

Vorteilen« in der Produktion hat einen enormen Einfluss auf die Denkweise gehabt. Diese Strategie war nach dem Zweiten Weltkrieg mehr als ein halbes Jahrhundert erfolgreich und einer der Gründe für den wirtschaftlichen Erfolg der EU.

Auch im Verhältnis zu autoritär regierten Staaten galt bis vor Kurzem, dass eine wirtschaftliche, kulturelle und politische Annäherung zur Verbesserung der Lebensverhältnisse in diktatorischen Staaten führen könnte. Dieser Ansatz steht in der Tradition von Willy Brandt, der mit seiner Ostpolitik seit 1970 auf »Wandel durch Annäherung« gesetzt hat. Seine Nachfolger im Bundeskanzleramt haben diese Politik ausnahmslos und konsequent weitergeführt. Aus »Wandel durch Annäherung« wurde dann im Laufe der Zeit »Wandel durch Handel«. Ohne diese Politik wären der Mauerfall 1989 und die darauffolgende deutsche Einheit nicht möglich gewesen. Diese Politik der Offenheit ist keine deutsche Besonderheit, sondern kennzeichnet grundsätzlich die Haltung der EU.

Als Ergebnis dieser Politik ist die EU eine – im Vergleich zu den USA – relativ offene Volkswirtschaft. Der gesamte Außenhandel (mit Waren) macht ungefähr 30 Prozent des BIP aus – in den USA beträgt die entsprechende Zahl circa 20 Prozent.[8,9] Die beiden Volkswirtschaften – die EU und die USA – haben, gemessen an der Bevölkerungszahl oder dem Bruttoinlandsprodukt, etwa die gleiche Größenordnung.

Mit dem russischen Angriff auf die Ukraine ist diese Politik der Offenheit an ihre Grenzen gestoßen. Sie hat Europa in eine Abhängigkeit von russischen Energiequellen geführt, von der wir uns nun befreien müssen. Sicherlich hat der Handel mit Russland in den vergangenen Jahrzehnten beiden Seiten wirtschaftliche Vorteile gebracht. Entgegen der gehegten Hoffnung hat die wirtschaftliche Zusammenarbeit aber keine positive Auswirkung auf die demokratische und menschenrechtliche Situation in Russland gehabt.

Eine ähnliche Beobachtung kann man im Verhältnis zu China machen. Die Pandemie hat gezeigt, wie verletzlich wir durch die an sich effiziente »Just-in-time«-Strategie in Europa geworden sind. Bei der Beschaffung von Vor- und Zwischenprodukten müssen europäische Unternehmen sowohl politische als auch logistische Unwägbarkeiten in Kauf nehmen, wenn sie weiterhin auf China als »verlängerte Werkbank« setzen wollen. Die Alternative, die Wertschöpfungskette wieder zurück nach Europa zu holen, ist nur zu höheren Kosten zu haben.

Die Volksrepublik China hat sich seit dem Beitritt zur Welthandelsorganisation im Jahre 2001 zwar sehr stark in die Weltwirtschaft integriert; jedoch ohne dass dies zu einer Liberalisierung oder Demokratisierung des Landes geführt hätte. 2021 war China der drittgrößte Partner für EU-Warenausfuhren (10,2 Prozent) und der größte Partner für EU-Wareneinfuhren (22,4 Prozent).[10] Viele europäische Unternehmen haben vom chinesischen Absatzmarkt stark profitiert. Gleichzeitig sind viele europäische – nicht zuletzt deutsche – Produktionsunternehmen von chinesischen Importen abhängig geworden.

China hat sich seit dem Beitritt zur Welthandelsorganisation zwar sehr stark in die Weltwirtschaft integriert; jedoch ohne dass dies zu einer Liberalisierung oder Demokratisierung des Landes geführt hätte.

Die vertiefte wirtschaftliche Zusammenarbeit mit anderen asiatischen Staaten wie Indien, Südkorea und den zehn ASEAN-Staaten erscheint deshalb wirtschaftlich und geopolitisch vernünftig.[11]

Auch die wirtschaftliche Zusammenarbeit mit Afrika wird zunehmend wichtiger. Die EU ist bereits mit Abstand der größte Investor auf dem afrikanischen Kontinent.[12] Eine gesunde Wirtschaftsentwicklung Afrikas ist wichtig, um eine unkontrollierte Einwanderung nach Europa zu verhindern. Afrika hat die am schnellsten wachsende Bevölkerung der Welt; Prognosen zeigen, dass die Bevölkerung von derzeit rund einer Milliarde auf rund vier Milliarden Menschen am Ende des Jahrhunderts wachsen wird. Gleichzeitig wird Europa wegen des starken Rückgangs seiner erwerbsfähigen Bevölkerung eine kontrollierte Einwanderung von jüngeren Menschen – auch aus Afrika – brauchen.

Seit vielen Jahren gibt es tatsächlich eine positive Nettoeinwanderung in die Länder der EU, vor allem nach West- und Nordeuropa.[13] Dieser Trend wird sich voraussichtlich in der Zukunft fortsetzen. Weil die EU-Mitgliedstaaten wirtschaftlich so eng miteinander verbunden sind, muss dieser Einwanderungsstrom auf europäischer Basis koordiniert werden.

4. Vertiefung der europäischen Wirtschaftspolitik

Der Krieg in der Ukraine zeigt einmal mehr, wie wichtig der Zusammenhalt in Europa ist, das gilt auch für die Wirtschaftspolitik. Schauen wir auf den Euroraum, so sehen wir, dass die Währungsunion dank der Reformen während der Eurokrise und dank neuer Institutionen heute Krisen besser bewältigen kann.

Mit Blick auf die Zukunft sollte jedoch die »Risikoteilung« in der Währungsunion verstärkt werden. Risikoteilung bedeutet nicht Transfers. Vielmehr beschreibt der Begriff einen Ausgleichsmechanismus, der die Risiken innerhalb eines Wirtschaftsraums verteilt. So werden regionale Sonderkonjunkturen ausgeglichen, die in allen großen Wirtschaftsräumen von Zeit zu Zeit stattfinden. Das ist das, was Ökonomen Risikoteilung nennen.

Vielen ist das Konzept der Risikoteilung fremd, in der Politik wird es kontrovers diskutiert. Ich denke aber, dass es für den Zusammenhalt der EU und ihre Krisenfestigkeit wichtig ist, dieses Thema besser zu verstehen.

Im Vergleich zu den USA ist die Risikoteilung in Europa gering. Ausgleichende Mechanismen sorgen in den USA dafür, dass regionale Sonderkonjunkturen nicht zu großen wirtschaftlichen Divergenzen innerhalb der USA führen. Im Euroraum können asymmetrische Schocks – Probleme, die nur ein einziges Land oder eine einzige Region betreffen – hingegen zu Divergenzen führen. Das ist für den EU-Binnenmarkt und die Währungsunion schädlich.

Europa hat kein gemeinsames Steuer- und soziales Sicherungssystem – und wird das wohl auch nie bekommen. Ein gemeinsames Steuer- und soziales Sicherungssystem ist aber ein wichtiger Grund, warum die automatische Risikoteilung in den USA viel ausgeprägter ist als in Europa. Wir haben allerdings auch keinen integrierten Banken- und Kapitalmarkt, obwohl das machbar wäre.

Ein gemeinsames Steuer- und soziales Sicherungssystem, das Europa nicht hat, ist ein wichtiger Grund, warum die automatische Risikoteilung in den USA viel ausgeprägter ist als bei uns. Wir haben allerdings auch keinen integrierten Banken- und Kapitalmarkt, obwohl das machbar wäre.

Maßnahmen, um die Wirtschafts- und Währungsunion durch mehr Risikoteilung widerstandsfähiger zu machen, stehen schon seit geraumer Zeit auf der Tagesordnung der europäischen Gremien, insbesondere der Eurogruppe.[14] Bankenunion und Kapitalmarktunion sind die entsprechenden Stichworte. Ein Binnenmarkt für Finanzdienstleistungen würde durch eine effizientere Allokation von Kapital auch zu einem stärkeren durchschnittlichen Wirtschaftswachstum in Europa beitragen und außerdem die internationale Rolle des Euro stärken (siehe Exkurs zur internationalen Rolle des Euro).

Integration des Banken- und Kapitalmarktes

Eine Bankenunion und ein Binnenmarkt für Finanzdienstleistungen – eine Kapitalmarktunion – hätten viele Vorteile: Weniger Hindernisse für grenzüberschreitende Investitionen würden zu einer effizienteren Nutzung des Kapitals führen, neue Wege der Unternehmensfinanzierung und Anlagemöglichkeiten eröffnen, damit die Wettbewerbsfähigkeit stärken und zu einem stärkeren Wachstum in Europa beitragen.

Ein vollständig integrierter Finanzmarkt, eine Kapitalmarktunion, würde konjunkturelle Divergenzen zum Teil automatisch zwischen den Mitgliedstaaten abfedern.

Voraussetzung für eine Kapitalmarktunion ist die Teilharmonisierung der nationalen Insolvenzgesetze, eine gemeinsame Bemessungsgrundlage für die Körperschaftssteuer und eine weitere Konvergenz der Banken- und Finanzmarktaufsicht.

Zur Veranschaulichung: Derzeit besteht der Euroraum aus 19 nationalen Kapitalmärkten mit jeweils eigenen Regeln im Aufsichts-, Steuer- und Insolvenzrecht beziehungsweise unterschiedlicher nationaler Auslegung gemeinsamer Regeln. Ein Investor außerhalb des Euroraums braucht also 19 unterschiedliche Experten für Aufsichts-, Steuer- und Insolvenzrecht, um Investitionen in allen Ländern des Euroraums tätigen zu können. Das ist für die internationale Rolle des Euro schädlich.

Der nächste wichtige Schritt in der Bankenunion ist die Letztabsicherung für den einheitlichen Bankenabwicklungsfonds durch den Euro-Rettungsschirm ESM. Nach der Eurokrise wurde das System der Bankenabwicklung neu konzipiert und auf die europäische Ebene gehoben – um den Einsatz von Steuergeldern zu vermeiden, wie es in der Vergangenheit immer wieder geschehen ist. Neue europäische Institutionen wie die bei der Europäischen Zentralbank (EZB) in Frankfurt angesiedelte Bankenaufsicht (Single Supervisory Mechanism) und das

Single Resolution Board (einheitliches Abwicklungsgremium) in Brüssel kümmern sich darum, dass Krisen im Regelfall mit Eigenmitteln des Bankensektors bewältigt werden können. Die neue Architektur reduziert zudem Ansteckungsgefahren innerhalb des Finanzsektors.

Warum benötigen wir dennoch eine Letztabsicherung im Euroraum? Weil dieser sogenannte »backstop« dazu beitragen wird, dass Banken auch in einer größeren Finanz- und Wirtschaftskrise in geordneter Weise abgewickelt werden können, ohne dass – was Bürgerinnen und Bürger verständlicherweise verdrießen würde – Steuergelder für ihre Rettung ausgegeben werden müssen. Die Letztabsicherung stellt sicher, dass genügend Geld für eine Bankenrettung vorhanden ist. Der Bankenabwicklungsfonds arbeitet grundsätzlich mit Beiträgen der Banken, um eine eventuelle Abwicklung zu finanzieren. Für den seltenen Fall, dass das nicht reicht, gibt es die Letztabsicherung.

Die Letztabsicherung wird dazu beitragen, dass Banken auch in einer größeren Finanz- und Wirtschaftskrise in geordneter Weise abgewickelt werden können, ohne dass Steuergelder für ihre Rettung ausgegeben werden müssen.

Mit einer vollständigen Banken- und Kapitalmarktunion würde die Risikoteilung innerhalb der Währungsunion sehr viel stärker werden – ähnlich wie in den Vereinigten Staaten, wo der integrierte Finanz- und Kapitalmarkt dazu beiträgt, dass regionale konjunkturelle Unterschiede nicht zu groß werden.

Darüber hinaus kann die Risikoteilung auch über Fiskalmechanismen erfolgen. Dies geschieht seit Langem über den EU-Haushalt und über Darlehen der Europäischen Investitionsbank, seit einem Jahrzehnt über Kredite des ESM und seit Neuestem auch über den Wiederaufbaufonds der Europäischen Kommission.

Die notwendige stärkere Integration in Europa, gerade die Vertiefung der Wirtschafts- und Währungsunion, kann auf mehreren Wegen geschehen: innerhalb des bestehenden EU-Vertrages, durch eine verstärkte Zusammenarbeit (»enhanced cooperation«) oder durch eine Änderung des EU-Vertrages.[15]

Da sich nicht alle EU-Mitgliedstaaten in demselben Tempo und mit derselben Intensität integrieren wollen oder können, gab es bereits mehrere Beispiele für eine abgestufte Integration mit unterschiedlichen Geschwindigkeiten; am wichtigsten sind das Schengenabkommen und die Wirtschafts- und Währungsunion. In diesen beiden Fällen ist die Kompetenz der EU mittlerweile Bestandteil des EU-Vertrags.

Eine weitere Stärkung der europäischen Integration ist auch innerhalb des heutigen Rechtsrahmens aufgrund des Artikel 20 im EU-Vertrag möglich. Dieser sieht vor, dass Gruppen von mindestens neun Mitgliedstaaten in bestimmten Bereichen eine verstärkte Zusammenarbeit, eine sogenannte »enhanced cooperation«, vereinbaren können. Bisher wurde diese Möglichkeit jedoch selten genutzt. Eine engere Kooperation in den Bereichen Steuerpolitik, Industriepolitik oder Flüchtlingspolitik ist aber durchaus vorstellbar.

Ein Beispiel für eine vertiefte europäische Integration ohne EU-Vertragsänderung ist die Verstärkung des Regelungsrahmens für die Sanierung und Abwicklung von Banken.[16] Auch die Bankenunion kann ohne Vertragsänderung vollendet werden, vor allem was die Risikoverringerung und eine europäische Einlagensicherung betrifft. Gleiches gilt für das Projekt der Kapitalmarktunion, das die Bankenunion komplementiert. Auch die fiskalpolitischen Regeln der EU können ohne eine Vertragsänderung reformiert werden.

Längerfristig wäre es sinnvoll, die Kompetenzen der EU zu erweitern. Es gibt »öffentliche Güter«, die eigentlich »europäische öffentliche Güter« sind: Verteidigung, Sicherheitspolitik, Klimaschutz, Energiepolitik, Außengrenzen der EU. Um die Handlungsfähigkeit der EU in diesen wichtigen und drängenden Gemeinschaftsaufgaben zu gewährleisten, wäre es sinnvoll, hier vom Konsens-, also dem Einstimmigkeitsprinzip abzuweichen und stattdessen eine Beschlussfassung mit qualifizierter Mehrheit einzuführen. Damit außerdem genügend Mittel zur Finanzierung dieser essenziellen europäischen öffentlichen Güter vorhanden sind, müsste der EU-Haushalt erhöht werden, indem Teile der bisher nationalen Budgets auf das EU-Budget übertragen werden.

Dies würde allerdings eine Änderung des EU-Vertrages erfordern, was politisch schwierig ist. Die Konferenz zur Zukunft Europas hat in ihrem Abschlussbericht im Mai 2022 genau 49 Vorschläge zur Reform der EU vorgelegt; einige davon benötigen eine Vertragsänderung.[17] Auch der Vorschlag des italienischen Ministerpräsidenten Mario Draghi für einen »pragmatischen Föderalismus«, der einen Übergang vom Einstimmigkeitsprinzip zu einer Beschlussfassung mit qualifizierter Mehrheit als Regelfall vorsieht, würde eine Änderung des EU-Vertrags erfordern. Für eine Weiterentwicklung der EU zu einer Föderation spricht sich auch der Koalitionsvertrag der deutschen Ampelkoalition aus.[18]

Modernisierung der fiskalpolitischen Regeln in der EU

Eine stärkere Integration verlangt eine engere Koordinierung der Wirtschaftspolitik in der europäischen Währungsunion. Gemeinsame fiskalpolitische Regeln sind dafür eine wichtige Säule und eine Voraussetzung für Stabilität, Konvergenz und den fiskalischen Zusammenhalt zwischen den teilnehmenden Mitgliedstaaten, besonders für die Länder des Euroraumes. Deshalb ist es wichtig, dass diese Bestimmungen verständlich und ökonomisch sinnvoll konzipiert sind.

Die Regeln des Stabilitäts- und Wachstumspaktes (SWP) wurden in den 1990er-Jahren konzipiert, aufbauend auf den Maastricht-Vertrag.[19] Der SWP wurde – überwiegend vom Rat »Wirtschaft und Finanzen«

(Ecofin-Rat) – mehrmals revidiert, neu interpretiert und durch zusätzliche Vereinbarungen ergänzt.[20] Mit den Revisionen wollte man neuen wirtschaftlichen Entwicklungen Rechnung tragen und die Regeln flexibler machen, ohne dabei das eigentliche Ziel aus den Augen zu verlieren: die Einhaltung von Haushaltsdisziplin in den Mitgliedstaaten und die Vermeidung übermäßiger Defizite und Schuldenquoten, um so dauerhaft zu gewährleisten, dass die Mitgliedstaaten der Währungsunion ihre Schulden tragen können.

Allerdings haben diese Revisionen zu größerer Komplexität und Intransparenz geführt. Das hat die Glaubwürdigkeit des SWP beschädigt. Außerdem machen einige methodologische Probleme eine Reform des Pakts notwendig. Der bisherige SWP erfordert eine Berechnung von nicht messbaren Größen wie Produktionslücken und Potenzialwachstum. Für diese Berechnungen gibt es aber keine Methode, die für alle Mitgliedstaaten zu sinnvollen Ergebnissen führt.

Mehrere Vorschläge für eine solche Reform liegen vor.[21, 22] Es geht darum, wie man die Fiskalregeln vereinfachen und gleichzeitig effektiver und glaubwürdiger gestalten kann. Eine Reform ist politisch schwierig, weil sie einen Konsens aller Mitgliedstaaten erfordert. Wenn es keine Einigung über die Reform geben sollte, würde rechtlich der bisherige SWP in Kraft bleiben. Die Anwendung durch die Europäische Kommission wäre dann nur durch den häufigen Gebrauch von Ausnahmeklauseln möglich – eine Lösung, die sich auch die Kommission nicht wünscht. Die Öffentlichkeit, politische Entscheidungsträger und die Finanzmärkte könnten dann oft nicht nachvollziehen, warum bestimmte fiskalpolitische Empfehlungen an einzelne Länder ausgesprochen werden.

Europäische Wettbewerbspolitik in einer sich wandelnden Welt

Die EU-Wettbewerbspolitik ist essenziell für das Funktionieren des europäischen Binnenmarktes und hat sich seit Jahrzehnten positiv auf Wachstum und Wohlstand in der EU ausgewirkt.

In einer immer multipolarer werdenden Welt stellt sich dennoch die Frage, ob und wie die Wettbewerbsregeln aktiver benutzt werden sollten, damit Europa sich wirtschaftlich besser behaupten kann. Besonders China, aber auch die USA nutzen ihre schiere Größe und staatlichen Ressourcen, um einige einheimische Unternehmen zu schützen und ihnen eine dominierende Rolle in der Welt zu verschaffen. Dazu zählen Alphabet (Google), Meta (Facebook), Apple, Amazon in Amerika und Huawei in China. Staatsunternehmen in China erlangen oft ungerechtfertigte Wettbewerbsvorteile durch staatliche Beihilfen.

Eine angemessene Positionierung Europas in dieser weltweiten Konkurrenz kann deshalb industriepolitische Maßnahmen erfordern. Das kann in Einzelfällen bedeuten, europäischen Champions den Weg zum globalen Erfolg zu ebnen. Dass das gelingen kann, zeigt die Erfolgsgeschichte des Luftfahrtunternehmens Airbus.

Eine angemessene Positionierung Europas in dieser weltweiten Konkurrenz kann industriepolitische Maßnahmen erfordern.

Bei der Prüfung von Unternehmenszusammenschlüssen in Europa reicht es heute nicht mehr aus, lediglich die Marktsituation innerhalb der EU zu betrachten. Die globale Wettbewerbssituation sollte mitberücksichtigt werden. Allerdings darf eine marktbeherrschende Stellung in Europa nicht dazu missbraucht werden, monopolistische Gewinne einzufahren.

Grenzüberschreitende Investitionen werden heute in allen Industriestaaten darauf überprüft, ob der damit verbundene Know-how-Transfer unter sicherheitspolitischen Aspekten vertretbar ist. Die Verknüpfung zwischen Handelspolitik und Sicherheitspolitik wird zunehmend deutlich und wichtig.

Auch eine Reziprozität in der Handelspolitik kann in bestimmten Fällen notwendig sein. Die von der OECD und den G7 vorangetriebene Mindeststeuer von 15 Prozent auf global agierende Unternehmen wird helfen, den Standort Europa zu schützen.

Exkurs: Die internationale Rolle des Euro

Die Weltwirtschaft und das internationale Währungssystem haben sich fast ein Jahrhundert lang auf den US-Dollar als Leitwährung gestützt. In den ersten Jahrzehnten nach dem Zweiten Weltkrieg trug diese dominante Rolle des Dollars zur Integration und Globalisierung der Weltwirtschaft bei. Dadurch wurde der Lebensstandard überall angehoben und Hunderte von Millionen Menschen in Entwicklungsländern aus der Armut befreit.

Aber diese Währungsdominanz brachte auch Probleme und Risiken. Die Maßnahmen der Federal Reserve Bank, der amerikanischen Zentralbank, wirken sich immer auf die gesamte Weltwirtschaft aus, insbesondere belasten sie Schwellenländer, deren Schulden häufig in US-Dollar denominiert sind. Eine Ursache der lateinamerikanischen Schuldenkrise in den 1980er-Jahren und der asiatischen Schuldenkrise in den späten 1990er-Jahren war auch diese beherrschende Rolle des US-Dollars. Im Übrigen macht es diese Währungsdominanz den US-Behörden auch leichter, extraterritoriale Sanktionen zu verhängen.

Aber die Welt verändert sich. Wir beobachten einen Trend zur Entglobalisierung – oder zumindest wird die Globalisierung nicht weiter ausgedehnt. Der Welthandel wächst schon seit geraumer Zeit nicht mehr schneller als das weltweite BIP. Außerdem lösten die Versorgungsprobleme während der Pandemie in bestimmten kritischen Branchen ein »Reshoring« aus, essenzielle Produktionen werden rückverlagert. Tendenziell löst sich das internationale Währungssystem von der absoluten Dominanz des US-Dollars ein wenig und bewegt sich langsam in Richtung eines multipolaren Währungssystems.

Wir beobachten einen Trend zur Entglobalisierung – der Welthandel wächst schon seit geraumer Zeit nicht mehr schneller als das weltweite BIP.

Der Krieg in der Ukraine wird wahrscheinlich diesen Trend zur Deglobalisierung beschleunigen. Wir steuern auf eine weniger integrierte Welt zu, in der sich die Staaten, wie bereits aufgezeigt, im Großen und Ganzen drei Gruppen zuordnen lassen. In diesem Zusammenhang wird in Europa oft übersehen, dass China die internationale Rolle seines Zahlungsmittels, des Renminbis, aktiv fördert. Chinas Handel mit den Nachbarländern in Asien wird zunehmend in dieser Währung abgewickelt. Der Renminbi ist dabei, den japanischen Yen als drittwichtigste Währung der Welt in bestimmten Bereichen zu überholen.

Was bedeutet das alles für die internationale Rolle des Euro? Seit seiner Einführung ist der Euro eindeutig die zweitwichtigste Währung im internationalen Währungssystem – allerdings deutlich hinter dem US-Dollar. In bestimmten Bereichen schrumpft dieser Abstand, etwa beim Anteil der Devisenreserven der Zentralbanken. Bei der Fakturierung von Handelsgeschäften wird der Euro inzwischen sogar häufiger verwendet als der US-Dollar. Im internationalen Finanzwesen wird die amerikanische Währung jedoch weit häufiger verwendet als der Euro, auch auf den Aktienmärkten und bei Unternehmensanleihen.

Der Euro hat aber durchaus das Potenzial, eine größere Rolle im internationalen Währungssystem zu spielen, da er sich auf den größten Binnenmarkt der Welt, ein verlässliches Rechtssystem, eine sehr offene Wirtschaft und eine unabhängige Zentralbank stützt. Wichtig ist auch, dass mehr als 60 Staaten außerhalb der EU ihre Währungen auf die eine oder andere Weise an den Euro gebunden haben.

Der Euro hat das Potenzial, eine größere Rolle im internationalen Währungssystem zu spielen, da er sich auf den größten Binnenmarkt der Welt, ein verlässliches Rechtssystem, eine sehr offene Wirtschaft und eine unabhängige Zentralbank stützt.

Um die internationale Rolle des Euro weiter zu stärken, sollten all die in diesem Beitrag bereits aufgezählten Maßnahmen ergriffen werden. Denn sie verbessern das Funktionieren der Währungsunion, stärken insbesondere die Risikoteilung und erhöhen das durchschnittliche Wirtschaftswachstum (Potenzialwachstum) Europas. Zusätzlich wird ein digitaler Euro, den die EZB bereits vorbereitet, auch die internationale Attraktivität dieser Währung stärken.

Mit einer vollendeten Banken- und Kapitalmarktunion wäre es auch für internationale Investoren einfacher und attraktiver, in Europa zu investieren. Eine zentrale Fiskalkapazität zur makroökonomischen Stabilisierung ist das andere fehlende Element in der Architektur der Wirtschafts- und Währungsunion. Mit dem Beitritt zum Euroraum haben die Länder der Währungsunion zwei wichtige volkswirtschaftliche Steuerungsinstrumente aufgegeben, die nationale Geldpolitik und den Wechselkurs. Das verbleibende makroökonomische Steuerungsinstrument, die Fiskalpolitik, gewinnt dadurch an Bedeutung. Eine zentrale Fiskalkapazität, kurz gesagt ein »Stabilitätsfonds«, würde die nationalen

Haushaltspuffer der 19 Länder in einer Krise um einen europäischen Haushaltspuffer ergänzen, um wirtschaftliche Abschwünge abzufedern.

Es liegt eigentlich auf der Hand, was zur Stärkung der EU getan werden müsste, doch sind die einzelnen Maßnahmen unter den Mitgliedstaaten umstritten. Es wäre wünschenswert, wenn alle EU-Länder ihre Verhandlungspositionen nicht nur nach ihren nationalen Präferenzen ausrichten, sondern auch berücksichtigen würden, wie sich das Funktionieren der Währungsunion insgesamt verbessern lässt. Schließlich liegt das im Interesse aller.

Die Stärkung der internationalen Rolle des Euro wäre in vielerlei Hinsicht gut für Europa und würde die europäische Souveränität im globalen Wettbewerb kräftigen. Ein multipolares Währungssystem, das sich nicht nur auf den US-Dollar stützt, sondern in dem auch der Euro und andere Währungen eine gewichtige Rolle einnehmen, wäre außerdem gut für das internationale Währungssystem, da es Anfälligkeiten verringern würde.

5. Zusammenfassung und Schlussfolgerungen

Russlands Krieg gegen die Ukraine hat die Voraussetzungen für internationale Zusammenarbeit, Globalisierung und Multilateralismus grundlegend verändert und zugleich noch einmal deutlich gemacht, wie wichtig eine weitere Stärkung der europäischen Integration ist.

Europa steckt inmitten vielschichtiger Veränderungen, sie betreffen die Klima- und Energiepolitik, die Außen- und Sicherheitspolitik, die Umsetzung von stabilitätsorientierten Grundsätzen in der Fiskalpolitik sowie die Nutzung des technologischen Fortschritts für Wohlstand und Gesundheit aller Bevölkerungsschichten.

Was dafür getan werden muss, ist evident, die Ziele sind klar:

- Unabhängigkeit von russischen Energiequellen,
- fossile Energieträger durch erneuerbare Energie ersetzen, um dem Klimawandel entgegenzuwirken,
- Europa befähigen, für die eigene Sicherheit zu sorgen,
- Wohlstand sichern durch niedrige Inflation und stabile Haushaltspolitik,
- die Alterung der Gesellschaft durch gesteuerte Einwanderung abfedern.

Um diese Ziele zu erreichen, ist gemeinsames europäisches Handeln in bestimmten Bereichen erforderlich. Unsere demokratische Gesellschaftsordnung und die soziale Marktwirtschaft sind nicht perfekt, aber sie sind besser als jede andere bekannte Form der staatlichen Steuerung in der Lage, die vielen großen Herausforderungen zu meistern.

Unsere demokratische Gesellschaftsordnung und die soziale Marktwirtschaft sind nicht perfekt, aber sie sind besser als jede andere bekannte Form der staatlichen Steuerung in der Lage, die vielen großen Herausforderungen zu meistern.

Nationalstaaten können diese Aufgaben nicht allein stemmen. Laut Meinungsumfragen halten im Durchschnitt 70 Prozent der Europäerinnen und Europäer die Mitgliedschaft ihres Landes in der EU für »wichtig« oder sogar »sehr wichtig«.[23] Das ist eine gute Grundlage für den weiteren Ausbau des pragmatischen Föderalismus, der sich in der Europäischen Union in den vergangenen 65 Jahren entwickelt hat.

Gleichzeitig ist es mit inzwischen 27 Mitgliedstaaten – statt mit nur 15 wie zu Anfang dieses Jahrhunderts – schwieriger geworden, weitreichende Änderungen der EU-Verfahren vorzunehmen. Die EU-Erweiterungen 2004, 2007 und 2013 haben die ökonomische und politische Heterogenität innerhalb der EU verstärkt. Zusätzliche Erweiterungen der EU würden diese Probleme vergrößern. Die Ukraine und Moldau haben jüngst den Status eines Kandidatenlandes bekommen und sitzen nun gemeinsam im Wartezimmer mit der Türkei (Beitrittsverhandlungen seit 1987), Nordmazedonien (Kandidatenstatus seit 2004), Montenegro (seit 2008), sowie Albanien und Serbien (beide seit 2009).[24]

Um Europas Stimme in der Welt zusätzliches Gewicht zu verleihen, ist es aber wichtig, die Kooperation mit Nichtmitgliedern zu intensivieren. Dazu zählen die eben genannten Beitrittskandidaten wie aber auch Norwegen, die Schweiz, Island – und selbstverständlich auch das ehemalige EU-Mitglied Vereinigtes Königreich. Diese engere Zusammenarbeit mag mitunter politisch schwierig sein, sie würde es aber Europa insgesamt erleichtern, sich in der künftigen, multipolaren Weltordnung besser zu behaupten. Frankreichs Präsident Emmanuel Macron hat deshalb empfohlen, diese Kooperation mit Nachbarländern in einer neuen »Europäischen p(P)olitischen Gemeinschaft« – parallel zur EU – zu formalisieren und zu verstetigen. Dies könnte das Gewicht Europas in der Welt stärken.

Europa muss sich auf die Zeitenwende und eine neue Weltordnung einstellen. Mit Abstand sind die Vereinigten Staaten und China die beiden größten Volkswirtschaften. Will Europa nicht abgehängt und sollen seine Interessen nicht zwischen den beiden globalen Supermächten zerrieben werden, muss die EU ihre Integration vertiefen und Europas Souveränität stärken.

Anmerkungen

Dieser Text entstand mit wertvoller Unterstützung durch meine Mitarbeiterin Juliana Dahl.

1 Als Sofortmaßnahmen auf die Pandemie wurden – bereits im April 2020 – drei EU-Sicherheitsnetze geknüpft, die zusammen einen finanziellen Rahmen von 540 Milliarden Euro hatten. (1) Eine Pandemie-Kreditlinie des ESM zur Finanzierung von Kosten im Gesundheitswesen; (2) ein Sicherheitsnetz (»SURE«) der Europäischen Kommission für Arbeitnehmer und (3) zusätzliche Kredite der Europäischen Investitionsbank für Unternehmensinvestitionen. Außerdem wurde im Juli vergangenen Jahres der 750 Milliarden Euro schwere Aufbauplan verabschiedet, auch bekannt als »NextGenerationEU«. Er dient der Unterstützung von Wirtschaftsreformen und Investitionen in die grüne und digitale Transformation, um langfristig ein nachhaltiges Wachstum in den EU-Ländern zu ermöglichen. Die Maßnahmen auf EU-Ebene waren erfolgreich: Die EU hatte bereits Anfang 2022 den Verlust an Wirtschaftsleistung während der Pandemie wieder eingeholt. Die Lage am Arbeitsmarkt war besser als vor der Pandemie. In vielen Mitgliedstaaten war die Schuldenquote – öffentliche Schulden in Prozent vom Bruttoinlandsprodukt – wieder rückläufig.

2 Der G7 gehören Deutschland, Frankreich, Italien, Japan, Kanada, die USA und das Vereinigte Königreich an.

3 UN World Population Prospects.

4 UN World Population Prospects.

5 World Population Prospects 2019 Highlights (un.org).

6 IMF WEO Apr. 2022, Share of EU of world total GDP on PPP basis, as of 2022.

7 https://www.esm.europa.eu/speeches-and-presentations/%E2%80%9Edas-subsidiarit%C3%A4tsprinzip-der-europ%C3%A4ischen-makropolitik%E2%80%9C-speech-klaus

8 Summe von Exporten und Importen.

9 https://ec.europa.eu/eurostat/statistics-explained/index.php?title=The_EU_in_the_world_-_international_trade

10 https://ec.europa.eu/eurostat/statistics-explained/index.php?title=China-EU_-_international_trade_in_goods_statistics

11 Brunei, Indonesien, Kambodscha, Laos, Malaysia, Myanmar, Philippinen, Singapur, Thailand, Vietnam.

12 Mit einem Bestand an Direktinvestitionen in Höhe von mehr als 212 Milliarden Euro liegt die EU weit vor den USA und China mit einem Gegenwert von jeweils etwa 41 und 39 Milliarden Euro (Zahlen aus 2018), https://trade.ec.europa.eu/doclib/docs/2022/february/tradoc_160053.pdf

13 https://ec.europa.eu/eurostat/statistics-explained/index.php?title=Migration_and_migrant_population_statistics#:~:text=persons%20in%202020-,Migration%20flows%3A%20Immigration%20to%20the%20EU%20from%20non%2Dmember%20countries,left%20an%20U%20Member%20State

14 Treffen der 19 Euro-Finanzminister.

15 »Enhanced cooperation« soll dazu dienen, die Blockade zu überwinden, die entsteht, wenn bestimmte Maßnahmen von einem Mitgliedstaat oder mehreren Mitgliedstaaten ausgebremst werden. Die verstärkte Zusammenarbeit ist ein Verfahren, mit dem mindestens neun EU-Mitgliedstaaten eine erweiterte Integration oder Zusammenarbeit in einem Bereich innerhalb der EU-Strukturen vereinbaren können, wenn deutlich geworden ist, dass die EU als Ganzes die Ziele einer solchen Zusammenarbeit nicht innerhalb eines angemessenen Zeitraums erreichen kann. Dadurch können sie ein anderes Tempo und andere Ziele festlegen als die Mitgliedstaaten, die sich dafür entscheiden, außerhalb der verstärkten Zusammenarbeit zu agieren. Die verstärkte Zusammenarbeit erlaubt jedoch nicht die Ausweitung der in den EU-Verträgen vorgesehenen Zuständigkeiten. Die Ermächtigung zur Einleitung einer verstärkten Zusammenarbeit wird vom Rat auf Vorschlag der Europäischen Kommission und nach Zustimmung des Europäischen Parlaments als letztes Mittel erteilt. Artikel 20 des Vertrags über die Europäische Union und Titel III des Vertrags über die Arbeitsweise der Europäischen Union: EUR-Lex – 12016M020 – DE – EUR-Lex (europa.eu).

16 European Council (2022), »Eurogroup statement on the future of the Banking Union«: https://www.consilium.europa.eu/de/press/press-releases/2022/06/16/eurogroup-statement-on-the-future-of-the-banking-union-of-16-june-2022/

17 Diese Vorschläge stützen sich auf Empfehlungen von Bürgerinnen und Bürgern, im Rahmen von Europäischen Bürgerforen und nationalen Foren: Konferenz zur Zukunft Europas – Consilium.

18 Koalitionsvertrag (2022), S. 134 und 169: https://www.bundesregierung.de/resource/blob/974430/1990812/04221173eef9a6720059cc353d759a2b/2021-12-10-koav2021-data.pdf?download=1

19 Die wichtigsten fiskalpolitischen Prinzipien sind im Vertrag von Maastricht im Jahr 1992 festgelegt: Es gibt Obergrenzen für Staatsschulden (60 Prozent des BIP) und Neuverschuldung (drei Prozent des BIP), ein Verbot gegen monetäre Finanzierung (durch die Zentralbank) von staatlichen Ausgaben und die sogenannte »No bail-out«-Klausel. Letztere besagt, dass weder die EU als Ganzes noch die Mitgliedstaaten für Verbindlichkeiten einzelner Mitgliedstaaten haften dürfen. Der Vertrag von Maastricht wurde seitdem erst durch den Amsterdamer Vertrag (1997 verabschiedet, 1999 in Kraft getreten), dann durch den Vertrag von Nizza (2003) und zuletzt durch den Vertrag von Lissabon (2009) abgelöst. Die Vertragsrevisionen haben stets die oben genannten Grundprinzipien unberührt gelassen. Allerdings gab es im Sekundärrecht, in Form eines SWP zwischen den Mitgliedern in der Wirtschafts- und Währungsunion, eine Konkretisierung der Bestimmungen hinsichtlich der Koordinierung und Überwachung der Wirtschafts- und Finanzpolitik in den EU-Mitgliedstaaten. Auch die mit dem »Sixpack« (2011) und dem »Twopack« (2013) eingeführten Legislativmaßnahmen stärken den Stabilitäts- und Wachstumspakt, den Rahmen für die Koordinierung der Finanzpolitiken der

Mitgliedstaaten innerhalb des breiteren Bereichs der wirtschaftspolitischen Steuerung.

20 Formation des Rats der Europäischen Union in der Zusammensetzung der Wirtschafts- bzw. Finanzminister der EU-Mitgliedstaaten.

21 Der Europäische Fiskalrat – ein Beratergremium der EU-Kommission – hat bereits 2018 einen solchen Vorschlag vorgelegt, mit dem Ziel, die Regeln zu vereinfachen und auf die mittlere Frist zu fokussieren. Der Vorschlag des Fiskalrates stützt sich auf den bereits bekannten Referenzwert von 60 Prozent für die Schuldenquote. Das operative Ziel in diesem Vorschlag bezieht sich aber auf die Ausgabenseite des Staatshaushaltes: Vereinfacht formuliert dürfen die Primärausgaben (ohne Zinszahlungen) des Staates demnach nur so schnell wachsen wie das Wachstumspotenzial der gesamten Volkswirtschaft. Die Ausgabenobergrenze wird für einen Zeitraum von drei Jahren berechnet, um eine mittelfristige Ausrichtung der Finanzpolitik zu gewährleisten; jeweils nach drei Jahren wird die Obergrenze neu berechnet, immer mit dem Ziel, den Schulden-Referenzwert von 60 Prozent in 15 Jahren zu erreichen.

22 Die ESM-Ökonomen schlagen vor, die bestehende Drei-Prozent-Grenze für das laufende staatliche Budgetdefizit beizubehalten, während der Referenzwert für die Gesamtverschuldung von 60 Prozent auf 100 Prozent des BIP erhöht wird. EU fiscal rules: reform considerations | European Stability Mechanism (europa.eu).

23 Eurobarometer (Juni 2022), https://europa.eu/eurobarometer/surveys/detail/2792

24 https://ec.europa.eu/neighbourhood-enlargement/index_en

Willkommenskultur 2.0

Die Aufnahme von Ukraine-Flüchtlingen durch die EU: Vorbild für den Umgang mit Schutzsuchenden allgemein?

Von Petra Bendel

2022 darf als ein Jahr gelten, in dem in der EU plötzlich wieder die Hoffnung auf eine gemeinsame und besser harmonisierte Asylpolitik aufkeimte. Der Grund: Selbst EU-Mitgliedstaaten wie Polen, aber auch Rumänien, Ungarn und die Slowakei, die sich bislang einer Flüchtlingsaufnahme im Großen und Ganzen verweigert hatten, nahmen angesichts des Krieges in der Ukraine Millionen von Menschen auf. Und zum ersten Mal wandte die EU ihre sogenannte Massenzustrom-Richtlinie an, eine Entscheidung, die zu Recht historisch genannt wird. Denn diese Richtlinie 2001/55/EG des Rates der Europäischen Union, 2001 im Zuge der Bürgerkriege im ehemaligen Jugoslawien verabschiedet, blieb aufgrund von Uneinigkeiten zwischen den Mitgliedstaaten bis dato in der Schublade.

Dieses europäische Gesetz bietet einen Mechanismus, mit dessen Hilfe Geflüchtete, die nicht in ihr Herkunftsland zurückkehren können, schnell aufgenommen werden. Konkret: Es garantiert in einer Notlage, in der sehr viele Menschen gleichzeitig ihre Heimat verlassen müssen, einen raschen und unbürokratischen Zugang zu vorübergehendem Schutz, zu Unterbringung, sozialen Leistungen, Bildung und Arbeit. Damit befreit die Richtlinie sowohl die Geflüchteten als auch die Asylsysteme der Aufnahmestaaten von der Mühsal langwieriger Asylverfahren.

Mehr noch, im Prinzip ermöglicht die Richtlinie sogar eine Abstimmung unter den Mitgliedstaaten, Geflüchtete gemäß den jeweiligen Kapazitäten mithilfe selbstverpflichtender Aufnahmekontingente (sogenannte »pledges«) solidarisch untereinander zu verteilen.

Ein solcher Schritt wäre in der Tat ein großer Durchbruch zu einer wirklich gemeinsamen EU-Asylpolitik, die seit vielen Jahrzehnten immer wieder am Streit über die Verteilung von Geflüchteten und die Teilung von Verantwortung scheitert.

Für reichlich Zündstoff in der EU sorgen außerdem diese Themen: Der 2020 vereinbarte Neue Pakt für Migration und Asyl, in dessen Folge derzeit über die Kriterien für eine Verteilung von Schutzsuchenden jenseits eines temporären Schutzes verhandelt und gerungen wird; die wachsende Ungleichbehandlung unterschiedlicher Gruppen von Schutzsuchenden (zum Beispiel von Ukrainern und Geflüchteten aus dem globalen Süden); fortwährende und immer neue Skandale um sogenannte »push backs«, bei denen Geflüchtete und Migranten unmittelbar zurückgeschoben werden, ohne die Möglichkeit zu erhalten, einen Asylantrag zu stellen; Misshandlungen seitens der Polizei und des Grenzschutzes an den EU-Außengrenzen. All diese Konflikte sind beileibe nicht neu. Doch ist ein Blick zurück an dieser Stelle notwendig, um einerseits die aktuelle Lage einzuordnen, andererseits die Interessen der Mitgliedstaaten auszuloten und pragmatische Lösungen zu finden.

Wie die sogenannte »domaine réservé« zur Abtretung nationaler Interessen an die Gemeinschaft führte[1]

Die EU-Asylpolitik war im Rahmen der ehemaligen Europäischen Wirtschaftsgemeinschaft eine rein zwischenstaatlich organisierte Politik. Das hieß: Nachdem die Mitgliedstaaten im Schengen-Abkommen von 1985 den Wegfall der Binnengrenzen vereinbart hatten, wurden ihre gemeinsamen Sicherheitsbelange lediglich untereinander koordiniert. Einige EU-Regierungen befürchteten deshalb, dass Geflüchtete wegen des Wegfalls der Grenzkontrollen nunmehr in mehreren Staaten einen Asylantrag stellen und ihr Glück versuchen könnten. Menschenrechtsaktivisten hingegen äußerten die Sorge, »Schengen« könne dazu führen, dass sich im fortan grenzenlosen Europa kein EU-Land mehr für einen Asylantrag zuständig fühlen und die Verantwortung für Geflüchtete diffundieren würde – ein Phänomen, das seinerzeit als »refugees in orbit« betitelt wurde. Derartige Befürchtungen nahmen vor allem in den 1990er-Jahren zu, als Hunderttausende von Menschen vor den Jugoslawienkriegen flohen und insbesondere in Deutschland ein Höchststand von Schutzsuchenden verzeichnet wurde.

Die Mitgliedstaaten erkannten, dass die Folgen des Schengen-Abkommens nicht nur nach einer besseren Koordination, sondern nach einer neuen und engeren Kooperation auf europäischer Ebene riefen. Dabei ging es, um insbesondere mehrfache Asylanträge von ein und derselben Person zu vermeiden, zunächst um die Frage, welcher EU-Staat für die Behandlung eines Schutzgesuchs zuständig sein sollte.

Was heute kaum noch jemand weiß: Schon in den 1990er-Jahren existierten Vorschläge zur Teilung europäischer Verantwortung, zum Beispiel nach welcher Quote Geflüchtete in Europa verteilt werden sollten. Eine Idee war die Aufteilung nach Bevölkerung und Wirtschaftskraft, in Anlehnung an den Königsteiner Schlüssel, der in Deutschland die Verteilung von Geflüchteten zwischen den 16 Bundesländern regelt.

Doch die EU-Mitgliedstaaten konnten sich nicht darauf einigen, sondern nur auf ein Zuständigkeitssystem für die Asylanträge: Das Dubliner Übereinkommen regelte fortan, dass im Prinzip derjenige EU-Mitgliedstaat für das Schutzgesuch und das Verfahren zuständig ist, dessen Territorium ein Geflüchteter zuerst betritt.

Diese Logik des sogenannten »Erstzutrittsstaates« bestimmt trotz vieler Reformbemühungen immer noch das heutige Gemeinsame Europäische Asylsystem (GEAS). Nach wie vor, auch nach der Aufnahme so vieler syrischer, afghanischer, irakischer und neuerdings ukrainischer Flüchtlinge, steht dieses Dublin-System im Mittelpunkt der EU-Debatten über eine faire Verteilung und Aufnahme von Asylsuchenden, ohne dass bislang eine Lösung gefunden worden wäre, die alle Staaten möglichst zufriedenstellt.

Auch nach der Aufnahme so vieler syrischer, afghanischer, irakischer und neuerdings ukrainischer Flüchtlinge steht das Dublin-System im Mittelpunkt der EU-Debatten über eine faire Verteilung von Asylsuchenden, ohne dass bislang eine alle zufriedenstellende Lösung gefunden worden wäre.

Bis zum Beginn des russischen Angriffs auf die Ukraine und zur Aktivierung der Richtlinie 2001/55/EG erlaubte es das Dublin-System wegen seines Prinzips des »Erstzutrittsstaates« nicht, dass sich Asylsuchende für ihren Schutz einen bestimmten Aufnahmestaat auswählen durften. Doch weil sich die EU-Mitgliedstaaten in ihren jeweiligen Bedingungen für das Asylverfahren, für die Aufnahme und die Integration von Geflüchteten enorm unterschieden, wurde immer deutlicher, dass eine bloße zwischenstaatliche Koordinierung der Asylpolitik nicht ausreicht. Aus der Sicht der Mitgliedstaaten bestand darum die Notwendigkeit, die jeweiligen Gesetze anzupassen, sprich: die Gesetzgebung zu harmonisieren.

Ein weiterer Blick zurück: Schon der Vertrag von Maastricht erklärte 1992 die Asylpolitik zu einer Angelegenheit von Gemeinsamem Interesse, beließ aber die Entscheidungsgewalt über diese Politik zunächst noch beim Ministerrat – und damit bei den einzelnen Mitgliedstaaten. Erst der Vertrag von Amsterdam beförderte 1997 (in Kraft seit 1999) die ursprünglich in der dritten Säule angesiedelte Innen- und Justizpolitik in die erste, die Gemeinschaftssäule: Das war der Startschuss zur Vergemeinschaftung der europäischen Asyl- und Flüchtlingspolitik, zu deren Umsetzung es aber eines fünfjährigen Übergangszeitraums bedurfte. Erst 2005 ließen sich die Mitgliedstaaten auf ein qualifiziertes Mehrheitsverfahren im Rat und ein Mitentscheidungsverfahren zwischen Rat und Parlament ein (das mit dem Lissabon-Vertrag zum »ordentlichen Gesetzgebungsverfahren« deklariert wurde).

Dass diese einst aus Souveränitätsgesichtspunkten streng nationalstaatlich geregelte Asyl- und Migrationspolitik, lange Zeit eine sogenannte »domaine réservé« der Mitgliedstaaten, nun endlich vergemeinschaftet wurde, lag vor allem an der Abschaffung der Binnengrenzen, an der Sorge vor einem »asylum hopping« und der Notwendigkeit, Asylverfahren und Aufnahmeprozesse in einem von Mitgliedstaat zu Mitgliedstaat so ganz und gar unterschiedlich geregelten Feld zu harmonisieren.

Doch für ein derart politisch aufgeladenes Thema entwickelte sich die nun vergemeinschaftete Politik erstaunlich rasant, und es entstand ein Gemeinsames Europäisches Asylsystem. Neben dem Dublin-System, das in Form einer Verordnung (2000/2725/EG) Eingang in das GEAS fand, gab es im Kern drei gesetzliche Richtlinien: die Qualifikationsrichtlinie (2003/9/EG), die über die Genfer Flüchtlingskonvention

(GFK) hinaus konkretisierte, wer in der EU überhaupt als Flüchtling gelten kann; die Aufnahmerichtlinie (2003/9/EG), welche die Bedingungen für die Aufnahme von Asylsuchenden und Flüchtlingen festlegte; und die Verfahrensrichtlinie (2005/85/EG), die die Art und Weise von Asylverfahren vereinheitlichte. Darüber hinaus regelte die EU die Rechte von langfristig aufhältigen Personen (2003/109/EG) und verabschiedete 2001 die bereits erwähnte Massenzustrom-Richtlinie oder, genauer: die Richtlinie zur vorübergehenden Schutzgewährung (2001/55/EG), auf die sich die Mitgliedstaaten erst 2022, nach Russlands Angriff auf die Ukraine und der anschließenden starken Fluchtbewegung, erstmals einigten.

Im Spagat zwischen Supranationalität und Nationalismus

Inhaltlich schlugen die ersten Vorschläge des Europäischen Rates und der Europäischen Kommission einen eher liberalen Kurs in der Asylpolitik ein, so wie er 1999 im Rat von Tampere festgelegt wurde. Das Ziel: ein gemeinsames Schutzsystem auf der Basis geteilter Verantwortung und Solidarität.

Dieser Kurs war freilich nicht von langer Dauer, denn bereits die Nachfolgeprogramme von Den Haag (2004), die unter dem Eindruck der Terroranschläge des 11. September 2001 und der Anschläge von Madrid 2004 geschrieben wurden, standen ganz im Zeichen der Sicherheit und Gefahrenabwehr, sie spiegelten auch deutlich die inzwischen konservativere Zusammensetzung des Europäischen Rates wider.

Spätestens das Stockholm-Programm von 2009 machte klar, dass etliche Mitgliedstaaten, zumal die neuen osteuropäischen, weit skeptischer und ablehnender gegenüber einer supranationalen Regelung, also einer Vergemeinschaftung der europäischen Asylpolitik waren. Versuche, eine gemeinsame, starke europäische Instanz für die Entscheidung von Asylverfahren einzurichten, wurden verwässert, und es gelang auch nicht, »Dublin«, das geltende Zuständigkeitsprinzip für die Behandlung von Asylgesuchen, durch ein faireres Verteilungssystem zu ersetzen.

Auch der Versuch, GEAS in der Zeit zwischen 2005 und 2014 zu reformieren, blieb schwerfällig und zog sich hin. Denn die Umsetzung der gemeinsam vereinbarten Richtlinien oblag den Mitgliedstaaten, die jedoch sowohl die Übertragung in nationales Recht als auch die Implementierung immer wieder verzögerten. Außerdem legten viele nationale Verwaltungen ihre Kompetenzen gerne weit aus.

Die Folge: Statt ihre Politik zu harmonisieren, drifteten die EU-Staaten immer weiter auseinander. Auch führte die Umsetzung der Beschlüsse nicht zu größerer Gemeinsamkeit, sondern im Gegenteil zu völlig unterschiedlichen Anerkennungsraten von Asylbewerbern, zu unterschiedlichen Aufnahmebedingungen und Asylverfahren – kurzum: zu einer regelrechten Asyllotterie. Den vorläufigen Schlusspunkt setzten die 2014 erlassenen Strategischen Leitlinien. Sie trugen die deutliche Handschrift der nationalen Innen- beziehungsweise Justizministerien, von denen etliche eine Rückkehr zum Intergouvernementalismus, zu zwischenstaatlichen Regelungen wünschten.

Statt ihre Politik zu harmonisieren, drifteten die EU-Staaten immer weiter auseinander. Es kam zu völlig unterschiedlichen Anerkennungsraten von Asylbewerbern, Aufnahmebedingungen und Asylverfahren – kurzum: zu einer regelrechten Asyllotterie.

Obwohl sich dieser Artikel vorwiegend mit gemeinsamen Regelungen zur Registrierung, Verteilung und Aufnahme von Geflüchteten beschäftigt, soll an dieser Stelle nicht verschwiegen werden, dass die Asylpolitik, die einst ausschließlich zum Bereich »Justiz und Inneres« gehörte, mit der Zeit auch zu einer Angelegenheit der Außen-, Sicherheits- und Verteidigungspolitik wurde. Die Gewährung von Flüchtlingsschutz innerhalb der EU, so die Logik, müsse mit einer Bekämpfung von Fluchtursachen, von irregulärer Migration, von Menschenschmuggel und -handel einhergehen.

Unter dem Einfluss der Innen- und Justizminister und -ministerinnen rückten die EU-Mitgliedstaaten auch immer öfter die Rückführung von Geflüchteten und Migranten in deren Herkunfts- oder Transitstaaten in den Mittelpunkt. Kritiker und Kritikerinnen dieser Politik verweisen zu Recht darauf, dass diese Entwicklung sowohl eine Folge des Mangels an legalen Zugängen zu den Asylsystemen der Mitgliedstaaten war als auch der verstärkten Grenzkontrollen durch Frontex, der rasch wachsenden Europäischen Agentur für die Grenz- und Küstenwache, sowie der fehlenden europäischen Solidarität bei der Verteilung von Asylsuchenden. All das habe zu einer Abwärtsspirale geführt, zu einer Verschlechterung der Standards und der Schutzgewährung für Asylsuchende. Die politischen Folgen des starken Flüchtlingszugangs 2015 und 2016 bestätigten diesen Vorwurf.[2]

Nach der Krise der europäischen Flüchtlingspolitik: Polarisierung und »Wettbewerb nach unten«

Das Dublin-System, das ohnehin nie richtig funktioniert hatte, kollabierte vollends im Herbst 2015. Hunderttausende Geflüchtete zogen damals von den teils überforderten, teils aufnahmeunwilligen Grenzstaaten, die eigentlich nach dem Gesetz für das Asylverfahren zuständig gewesen wären, einfach weiter, vor allem nach Deutschland und Schweden.

Das Dublin-System kollabierte vollends im Herbst 2015. Hunderttausende Geflüchtete zogen von den überforderten oder aufnahmeunwilligen, aber eigentlich zuständigen Grenzstaaten einfach weiter, vor allem nach Deutschland und Schweden.

Die Folge war ein weiteres Auseinanderdriften der EU und eine politische Polarisierung entlang zweier Konfliktlinien: zwischen dem normativen Bekenntnis und dem Nichtbekenntnis zu einem EU-weiten Flüchtlingsschutz und zwischen Befürwortern und Nichtbefürwortern einer stärker harmonisierten EU-Asylpolitik.

Die unterschiedlichen Positionen beruhen zum einen auf der jeweiligen Tradition der EU-Länder im Umgang mit Migranten, Migrantinnen und Geflüchteten, zum anderen aber auch darauf, dass manche EU-Mitglieder die Europäische Union als einen »Oktroy« empfinden, als eine ungeliebte Zentralmacht, die ihnen Regeln überstülpt und den Wunsch nach nationaler Selbstbestimmung[3] unberücksichtigt lässt. So stemmte sich zum Beispiel die Gruppe der Visegrád-Staaten (Polen, Tschechien, Ungarn und die Slowakei) mit aller Macht gegen eine (obligatorische) Umverteilung von Geflüchteten, führte restriktive nationale Maßnahmen ein und errichtete sogar neue Zäune und Grenzkontrollsysteme. Hingegen pochten die Ägais- und Mittelmeer-Anrainer Griechenland, Italien und Malta geradezu auf eine solche Umverteilung. Wiederum andere, darunter Deutschland, Österreich oder Belgien, zeigten sich bereit, trotz hoher Asylbewerberzahlen in ihren Ländern, weiter zu helfen und die Verantwortung für Geflüchtete innerhalb der EU zu teilen.

Doch eine Einigung, nach der Asylsuchende, die in Griechenland und Italien (sowie später in Ungarn) angelandet waren, anhand eines eigens entwickelten Verteilungsschlüssels hätten umgesiedelt und von

Drittstaaten aufgenommen werden können, scheiterte am Widerstand von Ungarn, der Tschechischen Republik und der Slowakei. Diese drei EU-Mitgliedstaaten weigerten sich, die mit qualifizierter Mehrheit im Rat der Europäischen Union getroffene Verteilungsentscheidung anzuerkennen.

Ungarn und die Slowakei klagten sogar vor dem Europäischen Gerichtshof (EuGH) gegen eine obligatorische Aufnahme von Geflüchteten, unterlagen und weigerten sich dennoch, dem Urteil Folge zu leisten. Die EU leitete daraufhin mehrere Verfahren wegen einer Vertragsverletzung ein. Doch insgesamt verhärtete sich die Flüchtlingspolitik – und zwar nicht nur der rechtsgerichteten, sondern auch einiger ehemals liberaler Regierungen. Dabei ergaben Umfragen, dass die jeweiligen Bevölkerungen weit weniger auf einer strikten Abschottung bestanden und sich ihre Auffassungen in der Flüchtlingspolitik gar nicht so groß unterschieden.[4]

Der Streit und die wachsende Spaltung der EU machten auch der EU-Kommission zu schaffen, als sie im Zuge der Krise der EU-Flüchtlingspolitik 2015/2016 eine Reform des GEAS anstrebte. Nur ein Beispiel: Sämtliche Versuche, das inzwischen vollends zusammengebrochene Dublin-System auf eine neue Grundlage zu stellen und die immer noch von der Zustimmung der Mitgliedstaaten abhängigen Richtlinien in Verordnungen zu gießen, die unmittelbar in den Mitgliedstaaten gelten, scheiterten an dieser Polarisierung.

Ein *Gemeinsames* Europäisches Asylsystem schien in weite Ferne gerückt, die europäischen Standards gerieten in einen sogenannten »Negativwettbewerb«, in dem sich EU-Staaten gegenseitig mit Vorschlägen für eine möglichst harsche Flüchtlingspolitik überboten. Die Folgen dieses sogenannten »race to the bottom«: In vielen Aufnahmezentren an den EU-Außengrenzen herrschten skandalöse, menschenrechtswidrige Bedingungen; Geflüchtete, die auf dem Mittelmeer in Seenot gerieten, wurden von EU-Staaten sich selbst überlassen oder sogar in Länder wie Libyen zurückgetrieben; zivilgesellschaftliche Seenotrettungsorganisationen wurden kriminalisiert.

Ein *Gemeinsames* Europäisches Asylsystem schien in weite Ferne gerückt, die europäischen Standards gerieten in einen »Negativwettbewerb«, in dem sich die Staaten gegenseitig mit Vorschlägen für eine möglichst harsche Flüchtlingspolitik überboten.

Auch innerhalb der Europäischen Union kam es zu schweren, teilweise menschenrechtswidrigen Missständen. Medien berichteten, dass Geflüchtete in Ländern wie Kroatien und Griechenland misshandelt und (kollektiv) über die Grenze in Nicht-EU-Staaten zurückgeschoben wurden, ohne dass – in klarer Kollision mit dem Völkerrecht und europäischen Recht – zuvor geprüft wurde, ob diese Geflüchteten in der EU nicht ein Recht auf Asyl gehabt hätten. Die Europäische Union, die sonst überall auf der Welt mit Aufrufen zur Einhaltung der Menschenrechte schnell bei der Hand ist, machte sich hier selbst höchst unglaubwürdig. In diesem Schäbigkeitswettbewerb konnten sich die EU-Mitgliedstaaten und das Parlament einzig und allein einigen auf den Vorrang der Sicherheitsbedenken und die Verlagerung des Flüchtlingsschutzes auf Länder außerhalb der Europäischen Union.

Ein »frischer Start«? Oder: Ein Versuch, den Karren aus dem Dreck zu ziehen

Angesichts dieser ebenso verfahrenen wie beschämend konzeptlosen Lage startete die Kommission 2020 einen weiteren Versuch, »einen frischen Start« in der EU-Asylpolitik. Das Ziel: die seit Langem zerstrittenen Mitgliedstaaten wieder stärker zu einen, die Abwärtsspirale des Flüchtlingsschutzes zu stoppen und die Migration in geordnete Bahnen zu lenken. Heraus kam ein Bündel von Kompromissvorschlägen, die nicht wirklich neu waren, aber einen gewissen neuen Drall enthielten.[5]

Für die »Aufnahme und Verteilung« von Geflüchteten, das Kernthema dieses Beitrags, sahen die Empfehlungen Folgendes vor: Wieder einmal würde die Dublin-Verordnung abgeschafft und dieses Mal ersetzt werden sowohl durch ein sogenanntes Screening vor der Einreise in die EU als auch durch ein möglichst bereits an den EU-Außengrenzen durchgeführtes Asylverfahren. Konkret: Noch vor der Einreise in einen EU-Mitgliedstaat, also vor dem offiziellen Grenzübertritt, würden Asylantragsteller registriert, ihre Papiere kontrolliert und etwaige Sicherheits- und Gesundheitsbedenken geprüft werden. Danach würde ein möglichst rasches grenznahes Asylverfahren für Geflüchtete aus Herkunftsstaaten »mit niedriger Anerkennungsquote« stattfinden sowie für Personen, deren Antrag falsche beziehungsweise missbräuchliche Angaben enthält oder die eine Gefahr für die nationale Sicherheit darstellen.

Je nach entsprechender Zuordnung ginge es gemäß den Vorschlägen der Europäischen Kommission dann so weiter: Rückführung abgelehnter Asylbewerber in ihre Heimat oder ein Drittland außerhalb der EU, Durchführung eines »normalen Asylverfahrens« (allerdings mit straffen Fristen) beziehungsweise Durchführung eines beschleunigten Asylverfahrens oder die Umsiedlung in einen anderen EU-Mitgliedstaat, der dann für das Asylverfahren zuständig wäre.

In einem weiteren Reformvorschlag verabschiedet sich die Kommission von dem – faktisch niemals umgesetzten – Prinzip der fairen Verteilung von Schutzsuchenden auf die Mitgliedstaaten und ersetzt es durch einen sogenannten »neuen Solidaritätsmechanismus«. Danach müsste nicht jeder Mitgliedstaat Schutzsuchende aufnehmen, sondern könnte stattdessen auch für andere Instrumente der »Solidarität« optieren. Der besondere Dreh gegenüber dem von der slowakischen Ratspräsidentschaft 2016 vorgeschlagenen Prinzip der »flexiblen Solidarität« besteht in der Figur einer sogenannten »Rückkehrpatenschaft«: Anstatt Geflüchtete aufzunehmen, könnte ein EU-Mitgliedstaat eine Patenschaft übernehmen für abgelehnte Asylbewerber, die in ihre Heimat zurückkehren müssen. Gelänge die Rückkehr nicht binnen acht Monaten, müsste der EU-»Paten-«Staat diese Person auf seinem Territorium aufnehmen. Aber auch weitere, zum Beispiel operative und technische Unterstützungsleistungen wären denkbar. Die Kommission will sie in einem eigenen Katalog spezifizieren.

Und auch dieser Vorschlag gehört zu den Empfehlungen: Ist ein Mitgliedstaat mit der Aufnahme von Geflüchteten und Migranten überlastet, sollen die anderen Mitgliedstaaten einen jeweils »gerechten Anteil« von ihnen übernehmen, auch bereits anerkannte Flüchtlinge dürften im Notfall umgesiedelt werden.

Doch während die Verhandlungen darüber aufgrund pandemiebedingter Verzögerungen andauerten, marschierten Putins Truppen in die Ukraine ein.

Reaktionen auf die Ukraine-Flüchtlinge: eine Chance zur Erneuerung?

Bis Ende Mai 2022 zwang der Krieg laut Schätzungen des UN-Flüchtlingskommissariats (UNHCR) rund 6,8 Millionen Menschen zur Flucht aus der Ukraine; hinzu kamen bis Mitte April etwa 7,2 Millionen Binnenflüchtlinge, von denen sich mit der Zeit ebenfalls viele genötigt sahen, ihr Land zu verlassen. Nach Schätzungen befinden sich ungefähr zehn bis zwölf Millionen Menschen auf der Flucht; das ist mehr als ein Viertel der Gesamtbevölkerung der Ukraine und die höchste Zahl an Flüchtlingen, die nach dem Zweiten Weltkrieg in einem Land verzeichnet wurde.

Angesichts des erbitterten Streits über eine europäische Asyl- und Migrationspolitik ist das beispiellose zivilgesellschaftliche Engagement, aber auch die großzügige staatliche Aufnahmebereitschaft in den mittel- und osteuropäischen Mitgliedstaaten ebenso erstaunlich wie erfreulich. Und wie anfangs erwähnt, gelang es der EU sogar zum ersten Mal – einstimmig und in nie dagewesenem Tempo –, ihre Richtlinie zum vorübergehenden Schutz in Kraft zu setzen und die Geflüchteten schnell und unbürokratisch aufzunehmen.

Eine wichtige Voraussetzung dafür war sicherlich, dass diese Aufnahme freiwillig erfolgte und nicht, wie 2015 im Vorschlag der Kommission zur Aktivierung der Richtlinie 2001/55/EG vorgesehen, mittels einer verpflichtenden Quote. Vorläufige Daten des Hohen Flüchtlingskommissariats (UNHCR) und der Internationalen Organisation für Migration (IOM) zeigen: Von allen Aufnahmeländern hat Polen mit 3,14 Millionen Menschen mehr als die Hälfte der Geflüchteten aufgenommen, das sind 82 Geflüchtete auf 1000 Einwohner. Weitere Aufnahmeländer innerhalb der EU sind Rumänien (857 000 Geflüchtete/ 44 Geflüchtete pro 1000 Einwohner), Ungarn (551 000/56 pro 1000) sowie die Slowakei (392 000/72 pro 1000) und außerhalb der EU unter anderem die Russische Föderation (728 000/5 pro 1000) und die Republik Moldau (452 000/112 pro 1000).[6]

Für Deutschland gab das zuständige Bundesamt für Migration und Flüchtlinge (BAMF) die im Ausländerzentralregister (AzR) aufgeführte Zahl von Ukraine-Flüchtlingen bis Mai 2022 mit 802 500 an.[7] Allerdings sind die verfügbaren Daten für keines der genannten Länder wirklich belastbar, da keine Grenzkontrollen durchgeführt wurden, für Ukrainerinnen und Ukrainer Visafreiheit herrscht und es so gut wie keine Klarheit über etwaige Weiterreisen in andere Länder oder Rückreisen in die Ukraine gibt. Auch ist es möglich, dass die Geflüchteten aufgrund der unterschiedlichen Registrierungssysteme von Bundespolizei, Erstaufnahmeeinrichtungen, AzR und Ausländerbehörden unter Umständen doppelt registriert werden. Ukrainerinnen und Ukrainer haben ferner die Möglichkeit, privat unterzukommen, und melden sich in diesem Falle meist erst dann offiziell an, wenn sie staatliche Leistungen beantragen.

Ukrainische Staatsangehörige sowie aus der Ukraine geflohene Staatenlose und Staatsangehörige von Drittstaaten erhalten in der EU zunächst für ein Jahr vorübergehenden Schutz (in Deutschland sogar für zwei Jahre), der auf drei Jahre verlängert werden kann. Staatsangehörigen aus Drittländern, die in der Ukraine studierten und in die EU flohen, wurde zunächst nur ein Schutz bis Ende August 2022 gewährt.

Ob sich angesichts der großen damit verbundenen Aufgaben die Solidarität unter den EU-Staaten dauerhaft erhalten lässt, wird sicherlich abermals von der Frage nach größerer Verteilungsgerechtigkeit abhängen. Denn schon die schieren, wenn auch noch wenig verlässlichen Zahlen in den Erstaufnahmestaaten Mittel- und Osteuropas zeigen, dass diese Länder entlastet werden müssen. Größere Fairness bei der Verteilung ist auch geboten, damit alle Geflüchteten möglichst gut untergebracht und versorgt werden können, sie Zugang zu Gesundheitsleistungen, zu Bildung und Arbeit erhalten. Die Richtlinie zum vorübergehenden Schutz sieht ja eigens vor, dass die EU-Mitgliedstaaten Aufnahmekontingente benennen sollen. Nur schweigt sich der Durchführungsbeschluss (EU/2022/382) über diese sogenannten »pledges« und deren Handhabung aus und formuliert kryptisch:

> »Auf der Grundlage der Informationen, die einige Mitgliedstaaten im Rahmen des EU-Vorsorge- und Krisenmanagementnetzes für

Migration übermittelt haben, liegen die über die Aufnahmekapazität der in der Union ansässigen ukrainischen Diaspora hinausgehenden Aufnahmekapazitäten bei mehr als 310 000 Plätzen.«[8]

Grundsätzlich ist jedenfalls festzuhalten: Ukraine-Flüchtlinge, die in der EU Schutz suchen, werden anders als die Geflüchteten der Jahre 2015 und 2016 mit Unterstützung der Europäischen Kommission und der Europäischen Asylagentur nicht auf verpflichtender, sondern auf rein freiwilliger Basis verteilt. Außerdem brauchen sie kein Visum und dürfen darum für zunächst 90 Tage überall in der EU direkt und legal einreisen. Folglich werden Ukraine-Flüchtlinge nicht zentral verteilt, sondern haben zunächst freie Wahl, in welchem EU-Staat sie sich aufhalten wollen. Zusätzlich wird ihnen unverzüglich temporärer Schutz gewährt, was heißt: Sie müssen kein kompliziertes Asylverfahren durchlaufen. Viele Geflüchtete aus der Ukraine hoffen jedoch auf eine schnelle Rückkehr in ihre Heimat und halten sich darum vor allem in den östlichen Grenzstaaten auf, manche pendeln je nach Kriegslage auch hin und her.

Ukraine-Flüchtlinge werden anders als die Geflüchteten der Jahre 2015 und 2016 mit Unterstützung der Europäischen Kommission und der Europäischen Asylagentur nicht auf verpflichtender, sondern auf rein freiwilliger Basis verteilt.

Die großen Unterschiede zu den Geflüchteten der Jahre 2015 und 2016 sind offenkundig: Diesen waren legale Einreisemöglichkeiten in die EU weitgehend verwehrt, sie kamen oft auf lebensgefährlichen Routen von sehr weit her, besaßen zum Teil keine gültigen Ausweisdokumente und waren nach ihrer Ankunft in Europa langen Asylverfahren ausgesetzt. Und solange ihnen ein offizieller Schutzstatus fehlte, hatten sie keinen Zugang zu Sprach- und Integrationskursen, zu Bildung, Arbeit, Gesundheitsleistungen und sozialer Unterstützung.

Darum wäre gerade jetzt im Lichte der hohen Zahl von Geflüchteten aus der Ukraine die Gelegenheit günstig, mit den bislang widerständigen Staaten an der östlichen EU-Grenze über eine längst überfällige Umsiedlung von Geflüchteten aus den südlichen Grenzstaaten zu verhandeln. Denn an beiden Grenzen tragen EU-Staaten besondere Lasten: im Osten wegen der Geflüchteten aus der Ukraine, im Süden wegen der hohen Flüchtlingszahlen als Folge des Dublin-Systems.

Im Lichte der hohen Zahl von Geflüchteten aus der Ukraine wäre jetzt die Gelegenheit, mit den widerständigen Staaten an der östlichen EU-Grenze über eine längst überfällige Umsiedlung von Geflüchteten aus den südlichen Grenzstaaten zu verhandeln.

Im Juni 2022 gab es einen weiteren Versuch, eine größere Verteilungsgerechtigkeit einzuführen: Die EU-Mitgliedstaaten einigten sich auf einen neuen, allerdings auf ein Jahr befristeten Solidaritätsmechanismus[9], demzufolge sich 13 Länder bereit erklärten, den südlichen Grenzstaaten insgesamt 8000 Geflüchtete abzunehmen – allein 3500 will Deutschland aufnehmen.[10] Das sind freilich – wie schon 2016 bei einem ähnlichen Vorstoß für die Umsiedlung von Geflüchteten aus Malta – nur äußerst geringe Zahlen, was den Schluss nahelegt, dass etliche EU-Mitgliedstaaten insgesamt wenig Neigung empfinden, in der Frage einer gerechteren Flüchtlingsverteilung Entgegenkommen zu zeigen. Auch wurde diese politische Einigung am Ende der französischen Ratspräsidentschaft mit den Verhandlungen über die Screening-Verordnung an den Außengrenzen gekoppelt, die wiederum einseitig den Staaten an den Außengrenzen die Verantwortung für Gesundheits- und Sicherheitschecks sowie die Überprüfung der Schutzbedürftigkeit auferlegt – die Slowakei enthielt sich, Polen und Ungarn stimmten dagegen.[11]

Wie es die griechische Wissenschaftlerin Eleftheria Markozani so treffend analysiert hat:

> »On the table of negotiations, Member States have been segregated into first entry states (such as Greece and Italy), which push for the introduction of a relocation system, in transit countries (such as the Visegrád countries), which oppose forced relocations, and in destination countries (such as the countries of Northern Europe). At a time when transit countries have become first entry states, there is a huge bargaining opportunity for the Mediterranean countries to push for the aspirations of an EU permanent relocation system, with a higher chance for a successful outcome.«[12]

Aber gibt es, wie Markozani nahelegt, angesichts der Tatsache, dass mit dem Ukraine-Krieg plötzlich auch Visegrád-Staaten zu Erstaufnahmeländern für Geflüchtete geworden sind, für die Südländer der EU wirklich ein neues Druckmittel? Eine große neue Chance, die Verteilungsfrage neu zu verhandeln? Das würde voraussetzen, dass identitätsbezogene Vorbehalte, wie sie 2015 und 2016 vor allem von den Visegrád-Staaten gegenüber muslimischen Flüchtlingen aus dem Nahen Osten und Asien vorgetragen wurden, unter den Tisch fallen, was eher unwahrscheinlich ist.

Trotzdem halten die Bemühungen für eine Lösung an. Hier ein weiteres Beispiel: Weil schon allein die bloße Andeutung einer (obligatorischen) Verteilung von Geflüchteten in einigen EU-Staaten sofort auf großen Widerstand stößt, empfahl der deutsche Sachverständigenrat für Integration und Migration (SVR) unlängst ein dreigleisiges Vorgehen.

Erstens möge man berücksichtigen, dass es weiterhin eine automatische Verteilung geben wird – und zwar durch die Entscheidungen von einigen Geflüchteten selbst; sie wanderten nämlich in jene EU-Staaten, in denen bereits Familienangehörige oder Freunde eine Aufnahme gefunden hätten. Zweitens könnten doch jene EU-Mitgliedstaaten, die vergleichsweise wenige Flüchtlinge aufnehmen, entsprechend ihrer wirtschaftlichen Möglichkeiten Ausgleichsleistungen erbringen, indem sie zum Beispiel Mindestkontingente für eine Flüchtlingsaufnahme benennen oder logistische Hilfe bei der Verteilung und Aufnahme leisten. Drittens könnten perspektivisch auch sogenannte Matching-Verfahren sinnvoll sein; je nach Bedarf würde man dabei prinzipiell aufnahmewillige Mitgliedstaaten und deren Kommunen mit jenen Geflüchteten zusammenbringen, die unbedingt in diese Länder wollten.[13] Denkbar wäre eine Art Vermittlungsplattform, auf der potenzielle Aufnahmegemeinden Schutzberechtigte über die Chancen auf Arbeit, Bildung oder Wohnraum in ihrer Region informieren.[14]

Nicht ohne Grund hat die erfreuliche Aufnahmebereitschaft für Geflüchtete aus der Ukraine eine hitzige Debatte darüber entfacht, warum Schutzsuchende aus anderen Weltgegenden nicht annähernd eine so schnelle Aufnahme – und Chance auf Integration – erfahren. Die Gesamtlage ist oft komplexer, als das vielfach kolportierte simple Schlagwort vom »Fluchtrassismus« suggeriert.

Die Aufnahmebereitschaft für Geflüchtete aus der Ukraine hat eine hitzige Debatte darüber entfacht, warum Schutzsuchende aus anderen Weltgegenden nicht annähernd eine so schnelle Aufnahme erfahren. Die Gesamtlage ist oft komplexer, als das simple Schlagwort vom »Fluchtrassismus« suggeriert.

Schließlich haben Deutschland und andere EU-Staaten in jüngster Zeit auch eine große Zahl von Schutzsuchenden aus Syrien, dem Irak, Afghanistan und anderen Herkunftsstaaten aufgenommen – mit häufig beachtlichen Integrationserfolgen. Außerdem: Von der Richtlinie zur vorübergehenden Schutzgewährung profitieren wenigstens auf dem Papier nicht nur ukrainische Geflüchtete, sondern auch Drittstaatsangehörige, die mit einem Aufenthaltsrecht in der Ukraine gelebt haben, fliehen mussten und nicht unter sicheren Umständen in ihre Herkunftsländer zurückkehren können, weil dort zum Beispiel politische Unterdrückung oder Krieg herrschen. Für Geflüchtete, die das nicht befürchten müssen, will die EU einen sicheren Transit zurück in ihre Heimatländer organisieren. Es bleibt zu prüfen, wie sich dies in der Realität darstellt.

Auf jeden Fall bleiben zweierlei Maß: Asylsuchende aus Afrika, Asien und dem Nahen Osten ertrinken weiterhin auf ihrer Flucht nach Europa im Mittelmeer; in Afghanistan harren Menschen verzweifelt einer Ausreisemöglichkeit; an der polnisch-belarussischen Demarkationslinie werden Geflüchtete von der Polizei brutal über die Grenze zurückgeprügelt. Anders als die visafrei einreisenden Ukrainerinnen und Ukrainer bleibt diesen Menschen meist der legale Weg in die EU versperrt, gibt es für sie keine Massenzustrom-Richtlinie, sondern müssen sie oft jahrelang auf den Ausgang eines mühseligen Asylverfahrens warten. Mehr denn je ist die Europäische Union und sind deren Mitgliedstaaten darum gefragt, ihre bisherige Asyl- und Migrationspolitik auf den Prüfstand zu stellen und gemeinsam nach Lösungen zu suchen.[15] Die Wissenschaft kann dabei behilflich sein.

Anmerkungen

1 Hier und im Folgenden Bendel, Petra 2018: »Contemporary politics of international protection in Europe: from protection to prevention«, in: Weinar, Agnieszka; Bonjour, Saskia; Zhyznomirska, Lyubov (Hrsg.): *The Routledge Handbook of the Politics of Migration in Europe*, London: Taylor & Francis Ltd., S. 293–303.

2 Ausführlich: Bendel, Petra 2017: EU-Flüchtlingspolitik in der Krise. Blockaden, Entscheidungen, Lösungen. Studie im Auftrag der Friedrich-Ebert-Stiftung, http://library.fes.de/pdf-files/wiso/13251.pdf

3 Dazu ausführlicher: Bendel, Petra 2018a: Wanderungsbewegungen nach Europa: fester Bestandteil von Politik – überall?, in: *Zeitschrift für Ausländerrecht und Ausländerpolitik*, 187–193.

4 Bertelsmann-Stiftung 2016: Mehrheit der EU-Bürger will faire Verteilung der Flüchtlinge, https://www.bertelsmann-stiftung.de/de/themen/aktuelle-meldungen/2016/februar/mehrheit-der-eu-buerger-will-faire-verteilung-der-fluechtlinge, zuletzt: 17.08.2022.

5 Bendel, Petra 2020: Neustart oder Fehlstart? Zum neuen EU-Pakt für Migration und Asyl, Open Access: https://blog.fluchtforschung.net/neustart-oder-fehlstart-zum-neuen-eu-pakt-fur-migration-und-asyl/, zuletzt: 11.08.2022.

6 UNHCR-Daten; https://data.unhcr.org/en/situations/ukraine, https://de.statista.com/statistik/daten/studie/1293762/umfrage/anzahl-der-kriegsfluechtlinge-aus-der-ukraine/#professional; IOM 2022: Ukraine – Internal Displacement Report: https://dtm.iom.int/reports/ukraine-%E2%80%94-internal-displacement-report-%E2%80%94-general-population-survey-round-4-29-april-%E2%80%93-3-may

7 Daten nach Mediendienst Integration 2022: Flüchtlinge aus der Ukraine, https://mediendienst-integration.de/migration/flucht-asyl/ukrainische-fluechtlinge.html

8 Rat der Europäischen Union 2022: Durchführungsbeschluss (EU) 2022/382 des Rates vom 4. März 2022 zur Feststellung des Bestehens eines Massenzustroms von Vertriebenen aus der Ukraine im Sinne des Artikels 5 der Richtlinie 2001/55/EG und zur Einführung eines vorübergehenden Schutzes, https://eur-lex.europa.eu/legal-content/DE/TXT/HTML/?uri=CELEX%3A32022D0382, zuletzt: 11.08.2022.

9 French Presidency of the Council of the European Union 2022: First step in the gradual implementation of the European Pact on Migration and Asylum: modus operandi of a voluntary solidarity mechanism, 20.06.2022, https://presidence-francaise.consilium.europa.eu/en/news/first-step-in-the-gradual-implementation-of-the-european-pact-on-migration-and-asylum-modus-operandi-of-a-voluntary-solidarity-mechanism-1/, zuletzt 17.08.2022.

10 Mellersh, Natasha 2022: »Germany to take in migrants from Italy under EU solidarity mechanism«, in: *Infomigrants*, 10.08.2022, https://www.infomigrants.net/en/post/42512/germany-to-take-in-migrants-from-italy-under-eu-solidarity-mecha nism, zuletzt: 17.08.2022.

11 ECRE Editorial: End Game of French Presidency – Passing on a Partial Reform, 24th June 2022, https://ecre.org/ecre-editorial-end-game-of-french-presidency-passing-on-a-partial-reform/

12 Markozani, Eleftheria 2020: A Window of Opportunity for EU Migration Policy, https://blogs.lse.ac.uk/greeceatlse/2022/05/08/a-window-of-opportunity-for-eu-migration-policy/, zuletzt: 11.08.2022.

13 Auf Länderebene wird ein solches Projekt mit der FAU Erlangen-Nürnberg und der Universität Hildesheim derzeit erprobt: https://matchin-projekt.de/, zuletzt: 17.8.2022.

14 SVR 2022a: Ukraine: Solidarische Flüchtlingsaufnahme in der EU stärken, https://www.svr-migration.de/wp-content/uploads/2022/03/Presseinformation_Ukraine_EU_Solidarische-Fluechtlingsaufnahme.pdf, zuletzt: 11.08.2022.

15 Ohliger, Rainer 2022: Zeitenwende in der Flüchtlings- und Asylpolitik 2022?, Mai, Robert Bosch Stiftung, https://www.bosch-stiftung.de/sites/default/files/publications/pdf/2022-05/Empfehlungspapier_Fluechtlingspolitik_Robert_Bosch_Stiftung.pdf, zuletzt: 11.08.2022.

Literatur

Bendel, Petra 2017: EU-Flüchtlingspolitik in der Krise. Blockaden, Entscheidungen, Lösungen. Studie im Auftrag der Friedrich-Ebert-Stiftung, http://library.fes.de/pdf-files/wiso/13251.pdf

Bendel, Petra 2018: »Contemporary politics of international protection in Europe: from protection to prevention«, in: Weinar, Agnieszka; Bonjour, Saskia; Zhyznomirska, Lyubov (Hrsg.): *The Routledge Handbook of the Politics of Migration in Europe*, London: Taylor & Francis Ltd., S. 293–303

Bendel, Petra 2018a: »Wanderungsbewegungen nach Europa: fester Bestandteil von Politik – überall?«, in: *Zeitschrift für Ausländerrecht und Ausländerpolitik*, S. 187–193

Bendel, Petra 2020: Neustart oder Fehlstart? Zum neuen EU-Pakt für Migration und Asyl, https://blog.fluchtforschung.net/neustart-oder-fehlstart-zum-neuen-eu-pakt-fur-migration-und-asyl/

Bertelsmann-Stiftung 2016: Mehrheit der EU-Bürger will faire Verteilung der Flüchtlinge, https://www.bertelsmann-stiftung.de/de/themen/aktuelle-meldungen/2016/februar/mehrheit-der-eu-buerger-will-faire-verteilung-der-fluechtlinge

ECRE Editorial: End Game of French Presidency – Passing on a Partial Reform, 24th June 2022, https://ecre.org/ecre-editorial-end-game-of-french-presidency-passing-on-a-partial-reform/

French Presidency of the Council of the European Union 2022: First step in the gradual implementation of the European Pact on Migration and Asylum: modus operandi of a voluntary solidarity mechanism, 20.06.2022, https://presidence-francaise.consilium.europa.eu/en/news/first-step-in-the-gradual-implementation-of-the-european-pact-on-migration-and-asylum-modus-operandi-of-a-voluntary-solidarity-mechanism-1/

IOM 2022: Ukraine – Internal Displacement Report, https://dtm.iom.int/reports/ukraine-%E2%80%94-internal-displacement-report-%E2%80%94-general-population-survey-round-4-29-april-%E2%80%93-3-may

Markozani, Eleftheria 2020: A Window of Opportunity for EU Migration Policy, https://blogs.lse.ac.uk/greeceatlse/2022/05/08/a-window-of-opportunity-for-eu-migration-policy/

Mediendienst Integration 2022: Flüchtlinge aus der Ukraine, https://mediendienst-integration.de/migration/flucht-asyl/ukrainische-fluechtlinge.html

Mellersh, Natasha 2022: »Germany to take in migrants from Italy under EU solidarity mechanism«, in: *Infomigrants*, 10.08.2022, https://www.infomigrants.net/en/post/42512/germany-to-take-in-migrants-from-italy-under-eu-solidarity-mechanism

Ohliger, Rainer 2022: Zeitenwende in der Flüchtlings- und Asylpolitik 2022?, Mai, Robert Bosch Stiftung, https://www.bosch-stiftung.de/sites/default/files/publications/pdf/2022-05/Empfehlungspapier_Fluechtlingspolitik_Robert_Bosch_Stiftung.pdf

Rat der Europäischen Union 2022: Durchführungsbeschluss (EU) 2022/382 des Rates vom 4. März 2022 zur Feststellung des Bestehens eines Massenzustroms von Vertriebenen aus der Ukraine im Sinne des Artikels 5 der Richtlinie 2001/55/EG und zur Einführung eines vorübergehenden Schutzes, https://eur-lex.europa.eu/legal-content/DE/TXT/HTML/?uri=CELEX%3A32022D0382

Richtlinie 2001/55/EG über Mindestnormen für die Gewährung vorübergehenden Schutzes im Falle eines Massenzustroms von Vertriebenen und Maßnahmen zur Förderung einer ausgewogenen Verteilung der Belastungen, die mit der Aufnahme dieser Personen und den Folgen dieser Aufnahme verbunden sind, auf die Mitgliedstaaten, https://eur-lex.europa.eu/legal-content/DE/ALL/?uri=CELEX%3A32001L0055

Statista 2022: Schätzungen der Gesamtanzahl der Flüchtlinge aus der Ukraine in Folge des Krieges von Februar bis Mai 2022, https://de.statista.com/statistik/daten/studie/1293762/umfrage/anzahl-der-kriegsfluechtlinge-aus-der-ukraine/#professional

SVR 2017: Chancen in der Krise: Zur Zukunft der Flüchtlingspolitik in Deutschland und Europa. Jahresgutachten 2017, Berlin, https://www.svr-migration.de/publikationen/jahresgutachten_2017

SVR 2020: Gemeinsam gestalten. Migration aus Afrika nach Europa. https://www.svr-migration.de/publikationen/jahresgutachten-2020/

SVR 2022: Krieg in der Ukraine: SVR begrüßt Pläne, die Massenzustrom-Richtlinie zu aktivieren, https://www.svr-migration.de/wp-content/uploads/2022/03/Presseinformation_SVR_Ukraine_Massenzustrom-Richtlinie.pdf

SVR 2022a: Ukraine: Solidarische Flüchtlingsaufnahme in der EU stärken, https://www.svr-migration.de/wp-content/uploads/2022/03/Presseinformation_Ukraine_EU_Solidarische-Fluechtlingsaufnahme.pdf

Über Herausgeber, Autorinnen und Autoren

Petra Bendel, geb. 1965, ist Professorin für Politische Wissenschaft an der Friedrich-Alexander-Universität Erlangen-Nürnberg. Dort leitet sie den Forschungsbereich Migration, Flucht und Integration. Sie ist Vorsitzende des Sachverständigenrats für Integration und Migration, Projektleiterin des Forschungsverbundes »Flucht, Flüchtlingsforschung, Vernetzung und Transfer« und Mitglied des Wissenschaftlichen Beirats des Bundesamtes für Migration und Flüchtlinge.

Heinrich Brauß, geb. 1953, ist Generalleutnant a. D. der Bundeswehr. Von Oktober 2013 bis Juli 2018 war er Beigeordneter Generalsekretär der NATO für Verteidigungspolitik und Streitkräfteplanung, zugleich Leiter der Abteilung Verteidigungspolitik und Streitkräfteplanung im Internationalen Stab der NATO und Vorsitzender des Verteidigungs- und Planungsausschusses des Nordatlantikrats. Heute ist er Senior Associate Fellow der Deutschen Gesellschaft für Auswärtige Politik und Mitglied des Vorstands der Deutschen Atlantischen Gesellschaft sowie Mitglied im Senat der Deutschen Nationalstiftung.

Piotr Buras, geb. 1974, leitet das Warschauer Büro des European Council on Foreign Relations (ECFR). Er ist Journalist, Autor und Experte für deutsche und europäische Politik. Zwischen 2008 und 2012 arbeitete er als Kolumnist und Berlin-Korrespondent für *Gazeta Wyborcza,* nachdem er Ende der 1990er-Jahre am Zentrum für Internationale Beziehungen in Warschau tätig war, anschließend am Institut für Deutschlandstudien der Universität Birmingham und an der Universität Wrocław, später als Gastwissenschaftler bei der Stiftung Wissenschaft und Politik in Berlin. Er ist Mitglied im Senat der Deutschen Nationalstiftung.

Sigmar Gabriel, geb. 1959, war von 1999 bis 2003 niedersächsischer Ministerpräsident, stand danach verschiedenen Bundesministerien vor und war von 2017 bis 2018 Bundesaußenminister. Zwischen 2013 und 2018 war er Vizekanzler und von 2009 bis 2017 Vorsitzender der SPD. 2019 wurde er zum Vorsitzenden der Atlantik-Brücke gewählt und legte im selben Jahr sein Abgeordnetenmandat nieder. Er gehört verschiedenen Aufsichtsräten an, hat einen Lehrauftrag an der Universität Bonn und ist Senior Fellow der Universität Harvard. Er ist Mitglied im Senat der Deutschen Nationalstiftung.

Anna Katharina Mangold, geb. 1977, ist seit 2019 Professorin für Europarecht an der Europa-Universität Flensburg und forscht dort unter anderem zur Verschränkung der Rechtsordnungen in der EU, zu den demokratischen Bedingungen europäischen Rechts und Regierens, in den Bereichen der Rechtsphilosophie und Verfassungsgeschichte sowie zu den sozioökonomischen Bedingungen rechtlicher Regulierung. Von 2012 bis 2019 leitete sie an der Goethe-Universität Frankfurt am Main das Forschungsprogramm »Demokratische Inklusion durch Recht«.

Thomas Mirow, geb. 1953, arbeitete lange Zeit für Willy Brandt, bevor ihn Klaus von Dohnanyi nach Hamburg holte, wo er zehn Jahre lang als Senator wirkte. Nach einer Station im Kanzleramt als wirtschaftspolitischer Berater von Gerhard Schröder wechselte er als Staatssekretär ins Bundesfinanzministerium. Anschließend leitete er die Europäische Bank für Wiederaufbau in London. Heute nimmt er eine Reihe von Aufsichtsratsmandaten wahr und ist Vorstandsvorsitzender der Deutschen Nationalstiftung.

Klaus Regling, geb. 1950, ist seit Oktober 2012 geschäftsführender Direktor des Europäischen Stabilitätsmechanismus (ESM) und seit Juni 2010 CEO der Europäischen Finanzstabilisierungsfazilität (EFSF). Davor war er zehn Jahre beim Internationalen Währungsfonds (IWF) in Washington und Jakarta tätig und für weitere zehn Jahre beim deutschen Bundesfinanzministerium (BMF). Von 2001 bis 2008 hatte er die Position des Generaldirektors für Wirtschaft und Finanzen bei der Europäischen Kommission in Brüssel inne.

Daniela Schwarzer, geb. 1973, ist Expertin und Beraterin für Außen- und Europapolitik. Sie leitet die Open Society Foundations in Europa und Zentralasien, die sich für Rechtstaatlichkeit und Demokratie einsetzt. Sie ist zudem Honorarprofessorin an der Freien Universität Berlin und war 2022 Pierre-Kelly-Professorin an der Harvard Kennedy School of Government. Von 2017 bis 2021 war sie Direktorin der Deutschen Gesellschaft für Auswärtige Politik.

Juli Zeh, geb. 1974, ist Schriftstellerin und Juristin. Ihr Debütroman *Adler und Engel* (2001) wurde zu einem Welterfolg und inzwischen sind ihre Romane in 35 Sprachen übersetzt. Sie wurde für ihre Werke mit zahlreichen Literaturpreisen wie unter anderem dem Thomas-Mann-Preis (2013) ausgezeichnet und erhielt 2018 das Bundesverdienstkreuz. 2018 wurde sie zur ehrenamtlichen Richterin am Verfassungsgericht des Landes Brandenburg gewählt.